농촌마을
공동체를
살리는
100가지 방법

농.촌.은. 마.을.이.다

농촌마을 공동체를 살리는 100가지 방법

정기석, 송정기

전북대학교출판문화원

농촌은 농장이 아니고 사람 사는 마을이다

민족경제론을 주창한 진보적 경제학자 박현채를 읽으면 “왜 이 나라 농업, 농촌, 마을공동체가 이 모양 이 꼴이 됐는지” 여실히 알 수 있다. 그가 남긴 저서 ‘한국농업의 구상’, ‘한국경제와 농업’, ‘한국경제구조론’, ‘민족경제와 민중운동’ 등은 우리 농업 경제와 농촌 사회가 왜 막장으로 치닫고 있는지, 그리고 우리 농민들의 민생이 왜 벼랑 끝으로내 몰렸는지 잘 설명해 준다.

박현채는 자본주의 세계 경제하에서 ‘민족경제론’으로 한국 국민경제의 독자적 가능성을 제시하며 사회변혁 운동에 앞장선 실천적 경제 이론가이다. 그는 산업간 · 계급간 · 지역간의 불균형한 발전과 국민 경제의 왜곡이 파행적 산업구조에서 비롯되었음을 일관되게 지적했으며 이것이 곧 일본 제국주의와 식민지 경제구조의 연장임을 역설했다. 아울러 농지 개혁의 실패, 잉여농산물 도입 등으로 질곡에 빠진 우리 농업의 전근대적 생산양식을 극복하기 위해 협업농업의 양성을 강조했다.

지금은 국민 100명 가운데 5명 정도가 농민이지만 1960년대만 해도 한국은 농업국가여서 국민 10명 가운데 6명은 농사를 지어 먹고 살았다. 그래서 농업은 곧 국가경제와 다름없었다. 당시 군사쿠데타로 정권을 잡은 민주공화당은 중요한 국가기간산업인 농업의 운영기조부터 정했는데 이는 농업국가로서 명운이 달린 중요한 과업이었다.

1966년 민주공화당 정책연구실에서 작성한 농업기본법안이 바로 이 결과물이다. 그만큼 공을 들인 법안이라 그런지 반세기가 지난 지금까지도 구호나 표현 말고는 크게 변한 것은 없는 듯하다. 한치의 흔들림이나 양보도 없고 인정사정도 없는 '살농정책'의 기조가 여전히 유지되고 있다.

당시 민주공화당은 한국농업의 생산력 정체와 빈곤의 원인이 농업경영의 영세성에 있다고 보았는데 이같은 진단은 비교적 정확했지만 내놓은 처방이 문제였다. 박현채 식의 표현을 그대로 빌면 "과소경영 청산을 위해 농업을 자본제적 경영을 통한 확대재생산의 경제단위로 발전시키려고" 했다. 또 "사회적으로 타당한 이윤이 실현되는 형태의 농업경영에로 농업을 자본주의화 시키는 것으로 개념되어지는 중농정책을 시행하도록" 정부에게 무거운 의무를 부과했다.

지금 우리 농촌의 문제, 마을공동체의 문제는 바로 그 지점에서부터 발화되었다는 의심이 든다. 박현채는 "그간 한국경제는 미국을 중심으로 한 국제분업체계에 긴밀한 관련을 가짐으로써 유지되어 왔다. 그것은 식량문제의 경우 값싼 미국잉여농산물의 도입으로 저농산물 가격정책을 견지하고, 저노임을 기초로 한 가공수출의 증대로 수입재원을 확보한다는 전략이 기축을 이루도록 되어 있었다. 그래서 한국은 만성적인 식량 및 원자재 수입국으로 전락하고 말았다"는 것으로 문제의 원인을 정리하고 있다.

마을이나 공동체 관련 활동과 사업이 전국 동시다발적으로 유행처럼 활발한 요즘, 한편에서는 "마을이나 공동체는 다 옳은 것인지?", "모두를 위한 마을이 과연 존재하는지" 불안해하고 의심하고 있다. "우리가 과연 마을을 잘 꾸려나갈 자신이나 자격이 있는지", "원래 국가나 정부가 책임져야 하는데 우리에게 떠맡긴 것은 아닌지" 자조하고 고민하는 목소리들이 마치 마을에서 함께 잘 살기 위해, 더 철저히 공부하고 훈련하자는 자기반성의 죽비소리처럼 들린다. 농촌공동체를 살리는 출구나 대안을 어서 찾아야 한다는 부채감과 조바심이 들기도 한다.

사회적 농민, 사회경제적 농업
사회생태적 농촌을

우리 농촌공동체를 살리는 방법에 대해 우선, 크게 네 갈래로 살펴보려고 한다. '사회적 농민', '사회경제적 농업', '사회생태적 농촌', 그리고 '사회혁신적 3農'의 길이다. 이렇게 우선 정책의 기조와 패러다임, 농정을 바라보고 집행하는 동력의 축과 방향을 크게 전환해야 한다. 법, 정책, 제도, 전략의 문제보다 농정의 문제와 현장에 접근하는 철학과 패러다임부터 고치고 바꾸는 게 급선무다.

무엇보다 사회적 약자의 표본인 농민이 그 굴레를 벗어나려면 '사회적 농민'으로 거듭나야 한다. 사회적 농민이란, 나와 내 가족만 생각하지 않고, 남과 공동체를 더불어 생각하는 농민을 말한다. '농사짓는 농민'이 '농사짓지 않는 남과 공동체'를 더불어 생각하는 '사회적 농민'으로 다시 일어서야, 농촌마을은 서로 협동하고 연대하는 예측가능하고 지속가능한 생활공동체로 진화할 수 있다.

이제 농촌마을은 협동과 연대의 '사회경제적 농업'으로 전환할 필요가 있다. 중소농, 가족농으로 흩어져 개별화된 농민들이 협동조합과 같은 농업공동체를 중심으로 뭉쳐 사회적 힘을 발휘해야 한다. '비록 자본주의 사회와 체제에 놓여 있지만, 마을 사람들이 서로를 위해, 마을공동체를 위해, 더불어 설립하고 경영하는 지속발전 가능한 사업단위체가 절실하다. 이러한 '사회경제적 농업'은 마을에 사는 마을사람들의 단순한 밥벌이 수단을 넘어 생태적이고 공동체적인 삶을 소망하는 온 국민의 새로운 삶의 방식이나, 나라 경제의 대안이 될 수도 있다.

이제 우리는 '한국형 마을 만들기'의 태생적 한계와 시행착오를 수선하고 치유해야 한다. 또한 농촌마을은 외부인의 구경거리가 아니라 내부인의 삶의 터전이라는 사실을 다시 상기해야 한다. 지난 십수 년 동안의 무분별한 관광지화, 공원화로 농촌을 형해로 만든 '토건적 마을 만들기'의 주술에서 깨어나 '사회생태적 농촌 살리기' 또는 '마을공동체 살이'로 방법론을 혁신해야 한다. 마을이 품고 있는 사회적이고, 인문적이고, 문화적인 요소와 자원들, 원주민, 귀농인, 출향인 등 내부인의 인간다운 생활과 생존을 보장하는 삶의 질 높이기에 집중해야 한다.

이같은 '3農 정책'의 원조는 다산 정약용인데 이는 농업으로 생활안정을 꾀한다는 후농(厚農), -편안하고 행복한 농촌생활을 위한 편농(便農), 농민들의 사회적 지위 향상을 위한 상농(上農)을 말한다.

'생활소득이 보장되는 농업'을 통한 '경제공동체마을', '일상생활이 행복한 농민'을 통한 '생활공동체마을', '농촌다운 농촌'을 통한 '생태공동체마을'이 우리 농촌공동체가 가야할 정도다. 그래야 농촌은 농사일만 하는 농장이 아니고 사람들이 살아가는 마을일 수 있다. 또한 이러한 여건이 충족되어야 농민이 마을공동체와 지역사회의 주체이자 민주공화국의 시민으로 당당히 주권을 누리며 살 수 있다. 이것이 바로 '농촌마을 공동체를 살리는 100가지 방법'을 펴내는 이유이자 목적이다.

정기석, 송정기

목 차

1장. '사회적 농민'을 키우자

2장. '사회경제적 농업'을 살리자

3장. '사회생태적 농촌'을 지키자

4장. '사회혁신적 3農공동체'를 이루자

1장
'사회적 농민'을 키우자

01. '농민의 생활'을 돌보자
02. '농민복지의 질'을 높이자
03. '농민과 노동자'가 서로 돌보자
04. '농민운동의 지평'을 넓히자
05. '농민의 소득'을 늘리자

우리나라에서 농민은 사회적 약자의 표본이다. 이러한 굴레를 벗어나기 위해서 농민은 '사회적 농민'이 되어야 한다. 사회적 농민이란, 나와 내 가족만 생각하지 않고, 남과 공동체를 더불어 생각하는 농민을 말한다. 또한 마을과 지역 안팎으로 서로 협동하고 연대할 자세와 각오가 서 있는 이타적이고 희생적인 농민, 혼자 하는 것보다 남과 더불어 하는 일이 경제적으로, 사회적으로 더 이롭다는 진실을 자각한 농민이다.

그러자면 우선 농민들의 생활부터 안정되어야 한다. '나와 가족이 먹고 사는 것에 대한 두려움과 불안감'이 해소되지 않고서는 남과 공동체를 돌보고 보살필 수 없다. 그러나 농촌을 지키는 우리 농민들은 늘두렵고 불안하다. 농가의 농업소득은 평균 1천만원 정도에 불과하며60%의 농민은 그조차도 못 번다. 농가소득에서 농업소득은 30%도 채 되지 않고 농업총수입에서 농업경영비를 뺀 농업소득도 32%에 그친다. 두려움과 불안감에 시달릴 수밖에 없는 현실이다.

따라서 국가는 '농민'에게 월급을 지급해야 한다. 국가의 식량주권과 국민의 먹거리를 책임지는 농업은 국가기간산업이고 여기에 복무하는 농민은 공무원 대접을 받아야 마땅하다. 그러려면 농민이 그 성직에충실히 복무할 수 있도록 '월급형 농민 기본소득제'를 시행해야 한다.

그래야 깨어 있는 도시민들도 안심하고 용기를 내어 농촌에 정착할 수 있다. 기본소득 말고도 농민들이 지역사회에 지속가능하게 정착할 수 있도록 '먹고 사는 데 유용한 기술'도 가르쳐야 한다. 지역마다 '지역사회 생활기술자 직업전문학교'를 설립해야 하는 뚜렷한 이유이자 명분이다.

'농민복지 제도'도 현실화해야 한다. 농업, 농촌, 농민에 대해서는 아예 고부가 농산업의 경제적 잣대나 농촌지역개발이라는 토건적 목표가 아니라 오로지 사회복지의 관점에서 정책을 펴야 한다. 농민복지의 시작이자 완성은 안전하고 쾌적한 주거환경이기 때문에 집이 필요한 농민들에게는 '공동생활 사회주택'을 제공할 필요가 있다.

중소농, 영세농, 가족농은 '돈 버는 농업'이라는 경제의 관점이 아니라 '사람 사는 농촌'이라는 복지의 관점과 방법으로 서비스해야 한다. 특히 농민의 의료, 노인의 노후생활 등은 공공에서 책임지는 게 맞다. 그래야 농촌지역은 '사람이 살만한' 사회복지 공동체로 재생될 수 있다. 이 사회의 약자이면서 소수집단인 농민이나 농촌주민들만의 고립적인 사업과 운동에서 벗어나 도시민, 노동자 등 국민들과 교류하고 거래하는 기회와 통로를 확장해야 한다. 그래야 농민운동도 국민운동으로, 세계운동으로 진화할 수 있다.

어차피 농사짓는 농부들만 모여 사는 농촌은 농촌이 아니라 농장에 가까운 모습이어서 마을 · 지역공동체로서는 불완전하다. 마을공동체로서 기능하려면 농부를 중심으로 교사, 사업가, 문화예술인, 기술자, 상인 등 서로 다른 직종과, 청년, 장년, 여성, 다문화가족 등 서로 다른 계층의 구성원들이 다채롭게, 조화롭게 어우러져야 한다.

그래야 마을주민들끼리 서로 돌보고 보살피는 마을공동체로써, 지역사회로서 제 기능을 다할 수 있다. '농사 짓는 농민'은 비로소 '농사짓지 않는 남과 공동체'를 더불어 생각하는 '사회적 농민'으로 거듭날수 있게 되는 것이다. 그렇게 서로 협동하고 연대할 때 마을은 예측가능하고 지속가능한 생활공동체로 작동하고 전진할 수 있다.

01

'농민의 생활'을 돌보자

1. 농민에게 '기본소득 월급'을 주자

요즘 나라 안팎에서는 기본소득에 대한 논의와 운동이 활발하게 전개되고 있는데 핀란드가 전 국민에게 월 80유로(약 100만원)의 기본소득 지급 방안을 검토중인가 하면, 위트레흐트를 비롯한 네덜란드의 일부 도시도 조만간 제한적인 기본소득 제도를 도입할 예정이다. 또 스위스도 2016년에 기본소득에 대한 국민투표 실시를 앞두고 있으며 미국 알래스카주는 이미 기본소득을 지급하고 있다고 한다. 국내에서도 녹색당이 2016년 총선 핵심공약으로 기본소득제를 채택하는 등 공론화와 실천대안 개발에 지혜와 힘을 모으고 있다.

주요 의제로 부각되고 있는 농민 기본소득제는 국민의 생명을 지키고 농업의 공익적 가치를 수호하는 농민이 농촌을 떠나지 않고 생활할 수 있도록 국가에서 소득을 보전해주자는 선의를 가진 만큼 그 명분

또한 합리적이다. 현행 4% 대의 농가 소득 대비 직불금은 농가소득을 보전하기에는 아무런 실효성도 없다. 농가소득의 50~90%까지 보전되는 독일, 스위스 등 유럽 선진농업국의 직불금 지원책에 견줄 만한 실질적 농업소득 보전책, 다시 말해 농민들에게 기본소득을 월급처럼 지급하는 방법이 필요하다.

물론 '농민 기본소득제[1]'는 사회적 합의가 있어야 한다. 아무리 좋은 취지의 제도라도 발효와 숙성 작업이 선행되어야 한다. 단계별로, 시범적으로 제도를 시행하면서 전체적인 일정과 강도를 조율할 필요가 있다. 가령 단기적으로는 18~50세의 청장년 10만 명에게 5년 이상 150만원씩 월급을 지급하는 '청년 공익영농요원제'는 어떤가. 이 방법을 시행한다면 기본소득제에 대한 일반 국민의 여론과 주의를 환기시켜 본격 도입의 단초나 발판을 삼을 수 있을 것이다. 아울러 광역 또는 기초지자체 등 특정 지역농업 단위로 범위를 한정해 일단 시범사업으로 시도해볼 수도 있을 것이다.

다음 단계에서는 '영세농 기초생활연금제', '고령농 기초생활연금제'도 고려해볼 수 있다. '영세농 기초생활연금제'는 소득인정액 하위 30%의 영세농에게, '고령농 기초생활연금제'는 65세 이상 고령농에게 지급하는 방식이다. 각각 90만명에게 월 50만원씩 지급한다면 연간 예산은 각각 5조 4,000억 원이 소요된다. 현행 기초연금제도가 일종의 노인연금제라면, '영세농 또는 고령농 기초생활연금제'란 농민연금제라 부를 수 있을 것이다.

본격적인 개념과 차원의 '공익농민 기본소득제'는 모든 농민이 수혜

---

1 정기석, 「공익농민 월급형 기본소득제 실행모델 개발」, 충남연구원, 2014. 9.

대상이다. 2014년 말 기준 약 275만 명의 농민(농가주민)에게 월 50만원씩 무조건, 무기한 지급한다면 연간 예산은 16조 5천억원 정도가 필요하다. 2016년 농식품부 예산은 14조 3,681억원이다. 과연 농식품부는 그 돈을 합리적이고 효과적인 방법으로 우리 농민을 위해 제대로 쓰고 있는가.

일본의 '취농지원제도' 처럼 젊은 귀농인에게 한시적으로 정착금 용도의 조건부 기본소득을 지급하는 것도 고려해볼 수 있다. 일본 정부는 농가의 고령화와 영농 후계자 부족이 심각해지자 의욕 있는 젊은층을 끌어들여 농업을 활성화하기 위해 '취농지원제도'를 시행하고 있다. 이는 농업을 새로 시작하는 사람(45세 미만)에게 연수기간 2년과 농업 개시 후 5년 등 최장 7년간 해마다 150만 엔(약 2천 200만 원)씩 최대 1천 50만 엔(약 1억 5천 400만 원)을 지급하는 방식이다. 연간 소득이 250만 엔을 넘거나 농업을 제대로 이행하지 않을 경우에는 지원이 중단된다. 2012년 대선 당시 문재인 후보는 매년 1만 명에게 1,000만 원의 정착자금을 지급하고 이후 5년간 매달 100만 원씩 생활자금을 지원하겠다는 공약을 내걸기도 했다.

우리 농민은 생태적이고 공동체적인 농업의 다원적 가치를 지키는 사회공익 행위자로서 충분히 존중받아 마땅하다. 농민에게 기본소득을 주면 농가의 소득안정에만 그치는 것이 아니라 농업과 농민의 사회적 지위도 덩달아 향상된다. 귀농인과 같은 신규 농업인력도 자연스레 유입되고 지역공동체 삶의 질도 높아진다. 이렇게 농촌과 지역이 살아날 때 도시와 국가도 살아나는 것이다.

다만 '농민 기본소득제' 얘기를 듣는 일반 국민들은 좀 불편할 수 있다. 당장 조세부담, 국가재정부터 걱정할지 모른다. 사는 게 힘든 도시노동자, 도시빈민들은 "왜 농민에게만 기본소득을 주느냐"며 비판할 수도 있고 농사를 짓지 않는 농촌지역 주민들도 따로 목소리를 낼 수 있다. 기본소득이라는 말과 개념이 좀 불편하면 직불금, 연금, 배당 등 다른 좋은 말도 얼마든지 있다. 이제부터 농정의 진실과 기본소득제의 가치를 국민들에게 널리 전파하고 공유하는 일부터 시작해야 한다.

'게으른 베짱이'도 당당한 국민으로서 기본소득을 받을 권리가 있다는 것이 기본소득의 기본정신이다. 기본소득을 받으면 능동성과 이타성이 늘어나 심지어 베짱이도 부지런하고 창의적인 개미가 될 수 있다는 논리다. 개미 중의 개미 '농민'에게 먼저 기본소득을 주자는 주장에 굳이 이유와 설명을 더 붙여야 하는가. 무엇보다 '국가와 정부가 나를 보살펴주고 있다'는 기분은 국민들을 행복하게 하고 춤추게 만들 것이다. 국민들은 이 말만 이해하고 공감하면 그것으로 충분하다.

"농민은 국민의 생명을 지키고, 국민은 농민의 생활을 지킨다."

2. '먹고 사는 지역생활기술'을 가르치자

귀농인이 급증하고 있는데 이는 예견된 현상이다. 도시와 직장에서 제 소임을 다하고 물러나고 있는 베이비부머만 7백만 명이 대기하고 있다. 2011년 1만 가구 돌파 이후 2014년까지 최근 4년간 귀농인구 증가세는 약 4.26배로 폭증세를 보이고 있다. 2001년 이후 누적치는 13만 4천여 가구에 이른다.

| 연도별 귀농 현황 |

구분	'01	'02	'03	'04	'05	'06	'07	'08	'09	'10	'11	'12	'13	'14
가구수	880	769	885	1,302	1,240	1,754	2,384	2,218	4,080	4,067	10,503	27,008	32,424	44,586
누계	880	1,649	2,534	3,836	5,076	6,830	9,214	11,432	15,512	19,579	30,082	57,090	89,514	134,110

※ 자료 : 농식품부 관련 통계

그런데 과연 귀농은 대안이 될 수 있을까. 국가와 도시의 삶에 억눌리고 지친 국민들에게 마을과 농촌의 삶은 숨통을 트여주는 돌파구가 될 수 있을 것인가. 기대만큼 확신은 서지 않는 어려운 질문이다.

그럼에도 귀농인은 사람이 없는 농촌과 지역사회의 새로운 '사회적 자본(Social Capital)'임에는 틀림없다. 이미 지역마다, 지자체마다 '혁신적 연결망을 구축하는 인적 자본'으로서 대접받고 있을 뿐만 아니라 사람이 너무 많아 생기는 도시의 문제, 사람이 너무 없어 생기는 농촌의 문제를 동시에 해결할 주요한 열쇠이자 고리 역할을 하고 있다.

다만 귀농인들이 저마다 지역에서 생활하고 정착할 준비를 얼마나 하고 있는지는 의문이다. 또한 농촌마을 및 지역사회 공동체를 재생하고 활성화시킬만한 사회적 자본으로서의 마음가짐과 역량을 갖추고 있는지도 미지수이며 '사회적 자본'은 고사하고 독립적 가계나 제대로 꾸릴 수 있는 '먹고 사는 기술'을 갖추고 있는지 불안하다. 물론 그렇지 않을 것이 분명하다.

대다수 귀농인들은 '지역에서 먹고 사는 기술'과 '지역의 사회적 자본으로써 역량'을 배운 적이 거의 없기 때문이다. 오로지 도시의 각급 학교에서 '시험을 잘 보는 기술과 친구를 이기고 나만 살아남는 기술'만 집중해서 배웠다. 각종 학원에서는 '취직을 잘 하는 기술이나 자본의 노예로 사는 기술'만 열심히 익혔다. 생활현장이나 지역사회 공동체에서는 쓸모가 거의 없는 죽은 지식과 정보를 암기하는 데 매진했을 뿐이었다.

농촌과 지역의 원주민들은 더 말할 나위도 없다. 그래서 무엇보다 지역의 사회적 경제는 물론 마을 · 지역사회 공동체의 사업목적까지 책임질 만한 지역사회전문가가 턱없이 부족하거나 빈약하다. 운동만 알고 사업을 몰라서 행사와 과정에만 집중하고 생활현장과 결과는 책임지지 않는 비전공자와 무경험자가 전문가 행세를 하는 지역과 기관이 적지 않다.

지역의 공동체와 사회적 경제 업무를 능히 맡아 할 최적임자는 경제학자도, 행정공무원도, 복지운동가도, 벤처사업가도, 토건기술자도, 컨설턴트나 연구원도 아닐 것이다. 사회적 경제(Community Biz)의 '사회(community)'와, 마을 · 지역사회 공동체의 '사회(commune)'를 두루 잘 공부하고 훈련한 '마을과 지역사회 공동체현장의 청장년 지역사회 전문가'라야 할 것이다. 따라서 가칭 '청장년 지역사회전문가 및 생활기술자 직업전문학교[2]'를 지역마다 세울 필요가 있다.

| 홍성 풀무농업마을대학 |

---

2 정기석, 「사회적 자본을 활용한 제주지역 농촌공동체 활력화 방안」, 제주발전연구원, 2015. 12.

그렇게 '지역에서 나도 먹고 살고, 남과 이웃도 먹여살릴 수 있는 직업적 생활기술'을 가르쳐야 한다. 그러자면 체계적이고 실용적인 학교와 교육 프로그램부터 개발해야 한다. 농사짓는 법, 집 짓는 법, 음식 조리하는 법, 옷 만드는 법, 가구를 짜는 법, 에너지를 자립하는 법, 술을 빚는 법, 장사하는 법, 책을 쓰는 법, 그림을 그리는 법, 아이들을 돌보고 가르치는 법, 노인과 장애인을 보살피는 법, 마을공동체와 사회적경제를 연구하는 법 등 '먹고 사는 데 절실하게 필요한 생활기술'에 집중할 필요가 있다. 다시 말해 지역사회에서 필요로 하는 다종다양한 '지역사회전문가'를 체계적이고 심층적으로 교육하고 육성할 '학교 밖 학교' 프로그램이라야 한다.

이때 각 광역 및 기초 지자체는 H/W(부지, 건축물 등)와 예산을, 지역의 대학은 S/W(교육프로그램, 지식정보컨텐츠, 교육멘토 등)와 청년인력, 교수요원 등 인적 자원(Humanware)을 투자하는 상호호혜적 공조 · 협업 방식의 프로젝트가 바람직 할 것이다. 그런 직업전문학교에서 1~2년 동안 서로 가르치고 배운 학생들은 말 그대로 '지역사회 전문가'와 '생활기술자'로 거듭날 수 있을 것이다.

저마다 졸업하고 지역에 터를 잡으면 마을 및 지역사회 공동체, 그리고 협동조합, 사회적 기업 등 사회적 경제조직을 관리하고 경영하는 유능하고 책임감 있는 일꾼이 될 수 있을 것이다. 동시에 학교에서 익힌 저마다의 생활기술을 직업 삼아 안정되고 지속가능한 가계도 얼마든지 꾸릴 수 있을 것이다. '지역에서 먹고 사는 두려움과 불안감'은 생활기술을 익히며 지역사회 전문가로 훈련받는 동안 모두 해소될 것이다.

3. '농촌 유휴시설'을 지역이 공유하자

전국적으로 농촌 지역 개발 사업이 벌어진 마을, 지역마다 유휴시설이 골칫거리다. 미비한 사업계획, 미흡한 운영 프로그램, 부실한 사후관리 등이 그 원인이다. 유휴시설이 증가하면서 주민들 사이에 갈등과 반목만 자꾸 깊어져 크고 작은 분쟁, 부작용, 후유증도 빈발하고 있다.

각종 기초생활기반 확충 관련 시설(예 : 커뮤니티센터 등), 지역소득증대 관련 시설(예 : 농식품 가공장 등), 지역경관개선 관련 시설(예 : 생태공원 등) 등이 이들 유휴시설인데 2011년 한국농어촌공사의 조사에 따르면 조사대상 사업지의 50%에 달하는 시설물이 폐쇄상태인 것으로 드러났다.

그밖에도 농촌 지역엔 전통적인 공유자원이 적지 않다. 지역 주민이 공동으로 사용하고 관리하던 수리계, 공동방목장, 산림계, 지역공동브랜드 등이 농촌 지역공동체의 생활, 경제에 기여하고 있다. 무엇보다 공유자원의 공동체적 이용은 지역주민 소득 제고, 취약주민 보호 외에 공동체적 문화유산 보전 및 환경보호 등의 긍정적 효과가 기대된다.

따라서 공유자원의 효율적, 안정적 관리 및 운영을 위해서는 중장기 투자, 임차료 지원, 임차기간 연장 등 정부 지원이 필요하며 협동조합, 영농조합법인 등 공유자원의 경영기반 조성도 지원해야 한다.[3] 진안마을 주식회사는 공유자원 활용의 바람직한 사례로 전 진안군 농업기술센터 건물 등 시설을 '공유재산 사용허가'를 얻어 사무실, 가공장 등으로 개조해 활용하고 있다.

---

3 김경덕, 오내원, 김창호, 「농촌지역 공유자원의 운영 실태와 개선방안 연구」, 한국농촌경제연구원 2013. 12.

한국농어촌공사에서는 '농지은행'을 운영하고 있는데 농지의 수급 조절을 통한 농지시장의 안정, 농지소유제한 완화에 따른 농지의 보전 및 관리, 도시민의 귀농촉진 등이 목적이다. '노동력부족 · 고령화로 자경하기 어려운 자의 농지 · 농지에 부속한 농업용시설'을 임대수탁 받아 전업농, 귀농희망자 등에게 임대하는 농지임대 수탁사업이 주요사업이다. '전업농 등에 농지를 매도, 영농규모 확대, 농지 이용률 증대, 농업구조개선' 등을 촉진하려는 농지매도 수탁사업도 함께 시행하고 있다.

유휴농지를 임대, 매도하는 농지은행과 마찬가지로 유휴시설을 임대, 매각하는 '시설은행'도 필요한데 이것은 농촌 지역 개발 사업 등의 지원으로 조성되었으나, 당초의 사업목적이나 기대효과와는 달리 운영성과가 부실하거나 부진한 유휴시설이 그 대상이다. 유휴화된 기초생활기반 확충 시설, 지역소득 증대 시설, 지역경관 개선 시설 등을 재활용할 수 있다면 마을 · 지역공동체사업의 활성화가 촉진될 것은 자명하다.

가칭 '농촌지역 유휴시설 지역공유 사회적경제 자산은행[4]'은 유휴시설의 거래를 중개하고 알선한다. 농업인, 농업법인, 지자체 등이 임대나 매도를 신청하고, 농업인, 농업법인 등이 임차와 매입을 신청하면 '은행'은 거래 및 지원 타당성을 심사한다. 사업 및 창업계획의 적정성 여부, 마을 및 지역공동체에 대한 사회적 기여도 등이 주요 고려사항이다. 이때 농촌의 원주민과 도시의 귀농인이 협동하고 연대하는 이른

---

4 정기석, 「'공동체사업 협동경영체'지원을 위한 농촌 유휴시설의 '지역공유 사회적경제 자산은행' 설립 및 운영 방안 연구」, 충남연구원, 2015.

바 도농상생형 공동체사업일 경우 우대 지원할 수 있다. 또 임차료, 매입대금 지원의 타당성 및 투・융자 심사도 병행할 수 있다.

| '지역공유 사회적경제 자산은행'의 운영 흐름도 |

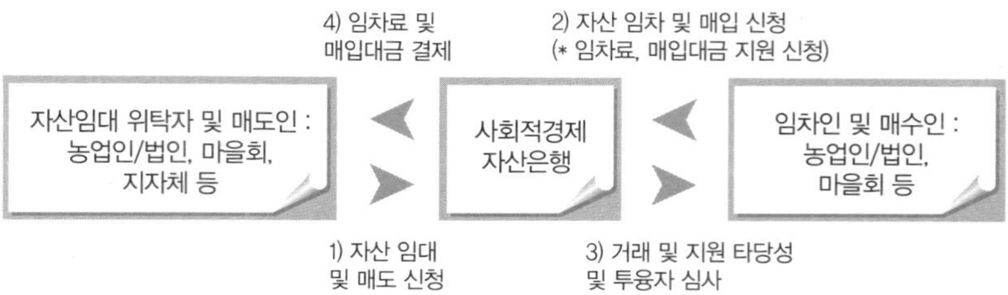

4. '농촌형 구인・구직센터'를 열자

귀농해서 농부로 살려고 해도 농사만 지어서는 먹고살기 어렵다. 우리 농가의 농업소득은 평균 1천만원 정도다. 60%의 농민은 그것도 못 번다. 농가소득에서 농업소득은 30%도 채 되지 않는다. 농업총수입에서 농업경영비를 뺀 농업소득도 32%에 그친다. 그나마 농민 자신의 노동력은 인건비에 포함하지도 않았다. 농사를 지을수록 자꾸 손해와 부채만 늘어나는 악순환이 매년 되풀이 된다.

통계청의 2014년 12월 1일 기준 농림어업 조사결과를 봐도 농사에만 전념하는 전업농가는 53.4%에 불과하다. 46.6%인 52만 2천 가구가 겸업을 한다. 부업을 하거나 품을 팔아야 겨우 먹고 산다. 겸업농가 가운데 농업수입보다 농업외 수입이 더 많은 이른바 '2종 겸업농가'가 35만 8천 가구로 전체의 69%를 차지한다. 전체 수입 가운데 농업 수입이 절반도 되지 않는 '농민인 듯 농민 아닌 농민 같은 농민'이 10명 가운데 3

명이 넘는다는 말이다.

설사 농사만 지어서 먹고 살 수 있다고 해도 농부들만 모여 사는 농촌은 농장이라 부르는 게 마땅할 것이다. 오로지 농사라는 생업만 있고 생활과 문화는 없는 사막과 같은 공간이 될 것이다. 그래서 농촌에도 다양한 사람들이 모여 살 필요가 있으며 그래야 마땅히 일(생업)과 삶(생활)과 놀이(문화)가 하나 되는 '사람 사는 마을이나 공동체'가 꾸려질 수 있다.

그러자면 농사일 말고도 귀농해서 '먹고 살만한 일자리'가 많이 만들어져야 한다. 6차 산업을 비롯해 농촌 창업을 지원하는 정책과 제도가 없는 것은 아니지만 창업이 쉬운 일은 아니라는 게 문제다. 차라리 귀농인들이 도시에서 경험하고 체득한 다양한 업무와 특기를 재활용할 수 있도록 농촌에 다양한 직종과 직장을 만들고, 취업의 문호와 기회도 더 확장할 필요가 있다. 가령 '농촌형 구인 · 구직센터' 같은 중간지원조직에서 그 책무를 맡으면 좋을 것이다.

그러나 이런 과제는 돈도, 사람도, 추진력도 없는 농촌의 힘만으로는 역부족이다. 도농교류, 도농상생 차원에서 기획력과 정책실행력이 더 강한 서울시 등 도시가 먼저 나설 필요가 있다. 서울시의 도시농업교류 일자리 사업 '이음'은 참고할 만하다. 서울인생이모작지원센터에서 5060세대를 위해 농촌에는 건강한 일손을 지원하고 도시 이모작세대에게는 새로운 인생을 설계할 수 있도록 돕는 프로젝트다.

구체적으로 농촌 일자리를 알선하고 농촌일터를 찾는 5060 인생이모작세대에게 숙박 및 출퇴근거점 공간인 도시농민경제하우스 '유목민의 집'을 제공한다. 농업경작과 축산, 화훼 등 다양한 분야의 농촌일자리, 귀농에 관심 있는 서울시민이면 누구나 무료로 참여할 수 있다.

| 다양한 농촌일자리를 창출한 구례 iCOOP 자연드림파크 |

지자체와 민간의 협력사업으로 2014년 개소한 구례 자연드림파크의 일자리 창출 사례는 단연 주목할 만하다. 아이쿱생협에서 조성한 국내 최초의 '친환경유기식품 클러스터'인 이곳에는 400여 명의 직원들이 일하고 있다. 이 가운데 250여 명은 구례 현지 주민을 채용했다. 10%의 직원이 구례로 시집온 결혼이주여성이다.[5]

직원들은 평균연령이 37세 정도이고 모두 정규직으로 정부 최저임금보다 25% 가량 더 많은 '생활임금' 시급을 지급받고 있다. 수익금을 재원으로 구례읍 보건소에 산부인과 의사 고용을 지원하고 있고 청소년수련원도 세울 계획이다. 일자리가 창출되는 구례에는 청년들이 안심하고 돌아오고 있다.

---

5 이상길, 「협동과 연대의 현장, 구례자연드림파크」, 한국농어민신문 , 2015. 6. 16.

5. '농민용 공공 사회주택'을 많이 짓자

귀농인에게는 농지, 일자리 같은 '생업'의 수단이자 도구 만큼 중요한 게 있는데 바로 생활의 터전인 '주택'이다. 살 집을 구하러 마을을 돌아다녀 보면 빈 집은 많은데 들어가 살만한 집은 많지 않다. 폐가가 된지 이미 오래 되어 고쳐쓰기 어려운 상태이거나, 상태가 괜찮다고 해도 집주인이 붙들고 놓아주지 않는 집들이 많다. 그렇다고 한치 앞이 어찌 될지 모르는 귀농의 현실에서 무조건 집을 새로 짓는 것도 현명하지 않다.

그래서 정부에서는 '귀농인의 집'을 지원하고 있다. 귀농희망자에게 주거용 주택이 아닌 일종의 귀농 예행연습을 위한 임시 거처를 제공하는 귀농 지원정책이다. 거주지나 영농기반 등을 마련하는 일정 기간 동안, 영농기술도 배우고 농촌생활의 현실도 어느 정도 파악하도록 도우려는 목적이다. 입주비용은 보증금 100만원 안팎, 월 임차료 10~20만원대로 저렴하다. 입주기간은 최소 1달에서 1년까지 해당 지자체마다 사정이 다르다.

본격적인 귀농인 정착 및 정주 지원정책은 '신규마을 조성사업'이다. 농식품부에서는 도시민들이 모여서 집단적으로 농어촌지역으로 이주할 때 진입도로, 상하수도 등 기반시설, 공동주차장, 공원 등 공동이용시설, 마을회관 등 기반시설 설치 사업비를 지원해 준다. 20호에서 99호까지 마을단위로 12억 원~30억 원까지 지원된다.

이 지원정책은 정부에서 지원해 주는 만큼 입주민들의 금전 부담이 줄어들어 귀농이 촉진될 수 있으리라는 기대효과를 노린 것이다. 하지만 부지구입비, 주택건축비, 기본계획수립, 사전환경성 검토 등의 자부담 비용도 만만치 않다. 가난한 귀농인은 해당사항이 거의 없는 지원정책이다. 무엇보다 '함께 먹고사는 문제'는 정부나 시행사에서 지원하거나 해결해 주지 않는다.

그런 의미에서 제주도의 일부 마을에서 '소규모 학교 육성사업'의 일환으로 시행하고 있는 다세대 무상 임대주택 사례는 주목할 만하다. 이른바 '학교살리기 공동주택'으로 불리는데 주로 학생 수가 줄어들어 폐교 위기에 처한 농어촌의 작은학교를 살리기 위해 취학아동을 자녀로 둔 귀농인을 유치하려는 목적이다.

가령 애월읍 봉성리 문화주택 사례를 보면, 입주조건은 다자녀, 저학년 자녀를 둔 가정이 우선이다. 초등학생이 반드시 1명 이상이되 미취학 학생 수가 많은 경우 역시 우선권이 있다. 27평형 기준으로 보증금 500만 원에 연간 임대료 300만 원 수준이다.

또 곽지리는 곽지리 · 금성리 주민과 출향인사들이 모은 성금과 마을자금, 행정기관 지원 등 25억 원을 투입, 다세대주택 24세대를 지었다. 초등학생 27명을 포함해 모두 116명의 주민이 무상으로 입주해 생활하고 있는데 인구도 늘어나고 곽금초등학교도 폐교위기에서 벗어나는 일석이조의 효과를 거두었다.[6]

재정 형편이 좋지 않은 귀농인에게는 '공공 임대주택'을 지어주는 것도 효과적인 귀농 지원정책이 될 수 있다. 말 그대로 국가 또는 지방자치단체의 재정, 국민주택기금, 공공택지 등 공공의 재정 지원을 받는데 국가, 지자체, LH공사, 민간건설업체가 건설, 매입, 임차 방식으로 귀농인에게 임대주택을 공급하는 것이다.

2016년 서울시가 처음 시작한 '토지임대부 사회주택(Social Housing)'

6 「농어촌학교 살리기 무상주택 확대 필요」, 제민일보, 2013. 4. 29.

도 바람직하다. 20~30대 서민층의 주거난 해결을 위해 서울시가 토지를 매입한 후 주택협동조합, 사회적기업 등 사회적 경제주체에 장기임대해 임대주택을 공급하도록 하는 민관공동 출자형 임대주택이다. 사회주택의 가장 큰 특징은 민간참여를 통해 공공주택사업의 재정 부담을 줄일 수 있다는 점이다. 공공재정이 100% 투입되는 매입형 공급임대주택(신축 기준)의 경우 서울시 재정 부담이 가구당 5,000만 원에 달하는 데 비해 민간자본이 투입되는 사회주택은 60% 수준으로 낮아진다.[7]

물론 이같은 공공 임대주택에 입주혜택을 부여받는 귀농인, 원주민 등 입주희망자는 엄정한 사전 입주심사를 거쳐야 할 것이다. 무엇보다 그 지역공동체의 재생과 활성화에 기여할 수 있는 사회적 명분과 책임감을 충분히 갖추고 있는지부터 살펴봐야 할 것이다.

---

7 박성대, 「서울시, 토지임대부 '사회주택' 전국 최초로 선봬」, 머니투데이, 2015. 6. 11.

02

'농민복지의 질'을 높이자

1. 농어촌특별세를 '농어민복지세'로 바꾸자

1994년 3월 제정된 '농어촌특별세법'은 우루과이라운드 협의 타결에 따라 '농촌을 특별히 보호'하기 위한 후속대책으로 마련된 것이다. 즉, '농어업의 경쟁력강화와 농어촌산업기반시설의 확충 및 농어촌지역개발사업에 필요한 재원을 조달(법 제1조)'하기 위한 목적세로 신설된 것이다.

이후 미국, EU, 중국 등과의 FTA(자유무역협정) 발효 등 지속적 시장개방에 따라 2024년까지 추가로 연장된 상태다. 이에 대해 한국농촌경제연구원은 "정부가 추가연장을 한 것은 세출 측면에서 일반회계 예산과 유사하게 운영돼 목적세로서의 부담감이 줄었고, 무역이득공유제 등 농업부문의 추가재원 지원 논의를 사전에 차단하기 위한 조치였다"고 해석하고 있다.

납세의무자는 소득세 등의 조세감면을 받는 자, 과세표준금액이 5억 원을 초과하는 법인, 증권거래세 · 취득세 · 종합부동산세 및 레저세의 납세의무자 등이다. 농어민 또는 농어민을 구성원으로 하는 단체에 대한 감면, 중소제조업에 대한 특별세액 감면, 서민주택 및 농가주택에 대한 취득세의 감면 등에 대하여는 농어촌특별세를 부과하지 않는다.

그런데 당초 정책의 목적에 맞게 농어촌특별세가 쓰이지 않는다는 비판과 지적이 많다. 한국농촌경제연구원에 따르면, 농특세가 농림어업분야 총지출에서 차지하는 비중이 18.4%(2조 6,000억 원)에서 2010년에는 23.7%(4조 1,000억 원), 2012년에는 30.4%(5조 5,000억 원)로 높아지고 있다. 그런데 농특세가 별도의 사업 분야가 정해져 있지 않고 전체 농어촌투융자사업 재원 중 일부로 운영됨에 따라 목적세로 한계가 있다는 재정전문가의 지적을 받고 있다는 것이다.

특히, 농특세의 경우 세입원이 다양하고, 세입원 자체가 경기변동에 영향을 받는 것이며, 기존 조세에 부가되는 부가세이므로 세수변동이 크다는 분석이다. 즉, 증권거래세, 종합부동산세, 취득세 등 비중이 높은 세입원들의 변동성이 높아 경기침체 등에 따른 농특세 세수증감률 변화가 크다는 것이다. 이에 따라 농특세의 경우 예산액 대비 세수부족에 따른 사업이월이 연례적으로 반복되고 있어 농식품재정사업의 원활한 추진에 한계가 있다는 지적이다. 농특세 예산액과 세수를 비교하면 각각 2009년 1,731억 원, 2010년 2,012억 원, 2012년 1조 6,826억 원, 2013년 8,982억 원, 2014년 8,634억 원의 세수가 덜 걷혀 부족했다.

그래서 농어촌특별세의 안정적 세원관리는 농정예산 확대 방안의 최우선 과제로 지적된다. 1994년 농어촌특별세가 신설된 이후 농어촌특별세의 미수납액은 지속적으로 증가하는 반면, 주식거래대금과 법인세 감소 등으로 세입원은 감소하고 있기 때문이다. 한국농촌경제연구원 박준기 연구위원 등은 관련 연구보고서[8]에서 "농특세는 세입원이 다양하고 경제여건에 따라 변동이 커 예산대비 세수 부족현상이 반복된다. 변동성이 큰 세입원을 최소화하고 세입원도 단순화해야 한다. 변동성이 큰 세입원의 의존도는 낮추고, 조세 거부감이 낮은 간접세 비중은 높이는 방식으로 세입원을 단순화하는 방안을 검토해야 한다"고 제안했다.

아울러 그는 농식품 정책사업군 재설정과 농특세 사업범위의 명확화도 필요하다고 말한다. 농특세 도입 및 운용목적은 '농어업의 경쟁력 강화와 농어촌산업기반시설의 확충 및 농어촌지역 개발사업을 위해 필요한 재원을 확보함을 목적으로 한다'고 법에 명시돼 있다. 농특세 도입 목적이 농식품재정사업 전반의 내용을 포함하고 있는 데 세입측면에서는 타당성을 갖지만 세출측면에서는 모호하다는 것이다.

따라서 농식품재정의 정책사업을 '농업경쟁력 제고', '농업인 복지 증진', '농촌개발' 등으로 구분하고, 농특세 목적에 맞는 정책에 집중하는 방안 모색이 필요하다는 주장이다. 즉, 일반회계 재원사업은 농업경쟁력 사업에 집중하고, 농특세는 농업 · 농촌의 복지증진과 농촌주민의 행복도를 높일 수 있는 사업에 집중할 필요가 있다는 것이다.

특히 농특세 사업예산과 세수 간의 일치성을 확보하기 위해 총괄관리는 기획재정부가 담당하되, 사업추진 및 관리는 농림축산식품부 주관으로 조정 · 관리하는 기능을 강화할 필요가 있다고 분석했다. 차제에 농민 기본소득 등 농민복지, 농촌복지의 유력한 재원으로 농특세

---

8 박준기 외, 「농어촌특별세 운용 실태와 정책과제」, 한국농촌경제연구원, 2014. 8.

를 특정지어 '농어민복지세'처럼 주로 활용하는 방안을 연구할 필요가 있다.

2. '농민 의료복지'는 공공이 책임지자

2015년 초 구례군에는 4년만에 산부인과가 다시 개설됐다. 구례군 보건의료원에서 산부인과 의사를 새로 배치한 것이다. 중앙정부나 지자체에서 특별히 조치한 일이 아니다. 지역의 생활공동체를 살리기 위해서는 먼저 공공의료 시스템이 복원되어야 한다는 절박감을 느낀 민간이 나섰다. 아이쿱씨앗재단에서 여성 의료복지 향상과 의료 사각지대 해소를 위해 운영지원금 2억원을 구례군에 지원한 것이다.

농촌지역에는 공중보건의사를 구하기 어렵다. 아니 절대 부족하다. 그것은 매년 공급이 줄어들고 있기 때문인데 보건복지부에 따르면 공중보건의 수는 2010년 5,179명에서 2014년 3,793명으로 1,400명 가까이(27%) 줄었다. 공중보건의가 줄어드는 이유는 여성 의사가 증가하고 군대를 다녀온 의학전문대학원 입학생이 늘어나기 때문으로 분석된다.[9]

공중보건의 감소 현상은 농촌 및 도서지역을 의료사각지대로 전락시키고 마는데 순회진료 등으로 의료서비스의 질은 떨어질 수밖에 없다. 근본적으로는 공중보건의의 수급 불안이 문제가 아니다. 농촌지역 등 소외되고 낙후된 지역의 의료서비스를 공중보건의에게 떠맡기는 식의 현행 의료 체계부터 개선해야 한다.

일단 농촌지역에는 제대로 현대화된 시설과 인력을 갖춘 병의원이

9 보건복지부, 「공중보건의 구인난 '5년간 27%' 줄어」, 연합시민의소리, 2015. 4. 16.

| 무주 보건의료원 |

거의 없다. 일반적으로 몸이 불편한 노인 환자가 직접 인근 도시까지 차를 타고 나와 통원치료를 받아야 하는 경우가 많다. 지방 도시의 농촌지역 접경구역의 길목마다 농촌에서 몰려오는 노인 환자를 호객하는 사설 병원들이 다투듯 몰려있다.

특히 농촌에서 밭일 등 궂은일을 도맡아 하는 여성농민들이 걱정이다. 심신이 고달픈 일상을 평생 살아야 하니 스트레스성 질환, 또는 울화병을 안고 산다. 경제적 여유도, 시간적 여유도 없고, 자신의 몸을 사랑할 여유도 없다. 농업인재해보장법 등 국가와 법의 보호도 제대로 받지 못한다. 그래서 농촌에는 제 나이보다 몸이 훨씬 일찍 늙어버린 여성농민들이 적지 않다.

농촌지역 사정과 농민의 형편에 맞는 공공 의료시스템이 구축되어야 한다. 돈이 안되는 농촌지역에 생길 리 없는 사설의료법인을 대체할만한 수준의 보건소 등 공공의료기관이 현대화되고 선진화되어야 한다. 산부인과 의사는 물론, 고된 농사일 때문에 근골격계 질환을 많이 앓는 농민들에게 절실한 한의사나 물리치료사도 확충되어야 한다. 고령화된 농민들을 위해 응급의료체계도 강화되어야 한다.

농촌지역에 시행되고 있는 '우리마을 주치의제'도 더 확산되고 심화될 필요가 있다. 이 제도는 의료사각지대 해소를 위해 65세 이상 노인이 많이 거주하고 교통불편으로 의료접근이 어려운 마을을 선정해 의료관련 서비스를 지원하는 사업이다. 선정된 마을에는 의사, 간호사, 행정요원, 외부강사 등이 매월 3회 정기적으로 방문해 질병예방과 건강 상담을 해준다.

3. '마을 양로원'을 마을마다 꾸리자

2016년 '농촌고령자 공동시설지원' 시범사업 예산 42억원이 국회 심의 과정에서 전액 삭감됐다. 따라서 2014년부터 시범사업으로 시작한 이 사업은 전면 중단된다. 이는 공동생활홈, 공동급식시설, 작은 목욕탕 등 농촌지역 노인들을 위한 공동생활 시설을 지원하는 농식품부의 사업이었다.[10]

이 사업은 시행되는 동안 행정자치부와 국민디자인단이 최우수 '정부 3.0 브랜드 과제'로 선정할 만큼 성과나 만족도를 평가받기도 했다. 또 "공동생활 홈 지원 사업이 농촌고령자들의 외로움을 달래주고 불의의 사고로부터 보호하는 농촌복지의 중요한 축이 되는 사업"이라는 농촌 현장의 호응도 높았다.

---

10 이기노, 「'농촌고령자 공동이용시설' 지원사업 좌초위기」, 한국농어민신문, 2015. 11. 17.

심지어 농식품부의 자체 이용자 만족도 조사결과도 고무적이었다. 조사 결과 농촌 고령자 공동시설을 이용하는 어르신들은 시설 및 정서 부문에서 높은 만족도를 보이는 것으로 나타났다. 이용자 종합 만족도는 78.8%로 2015년 성과관리 목표(75%)를 상회하는 수준인 것이다.

이용자 및 거주자의 삶의 질에 직접적 영향을 미치는 거주만족감(공동생활홈 91.4%), 정서적 만족감(공동생활홈 92.9%) 등도 매우 높은 것으로 조사됐다. 결론적으로 공동이용시설이 이용자 및 거주자의 생활여건 개선에 크게 기여했다는 사실을 말해준다. 그동안 농식품부에서 시행했던 농촌지역개발사업 가운데 이만한 만족도를 보여주는 사업이 과연 있었던가.

당초 '농촌고령자 공동시설지원' 시범사업은 홀로 사는 농촌지역의 노인이 쓸쓸히 죽음을 맞는 이른바 '고독사'를 방지하려는 정책목적으로 시작된 것이다. 농식품부와 보건복지부가 손을 잡고 독거 노인의 고독사 · 자살 예방 차원에서 도시지역의 '독거노인 친구만들기'와 함께 추진되었다.

농식품부는 이와 별도로 2013년에 '독거노인 공동생활홈' 조성을 골자로 하는 '농어촌마을 주거환경 개선 및 리모델링 촉진을 위한 특별법안'을 마련하고 충남 서천(송림마을), 전북 순창(방축마을), 전남 진도(안농마을), 경북 영주(두산마을) 등 4개마을에서 시범사업을 추진하기도 했다.

중앙정부의 사업 이전에 김제시는 2006년부터 '농촌형 그룹홈(공동생활)' 사업을 먼저 시작했다. 김제시의 지원으로 낡고 불편한 경로당을 개보수하고 마을에서 홀로 사는 노인들이 공동으로 생활한다. 무엇보다 경제적인 효과가 눈에 띈다. 노인들이 공동으로 생활하면서 겨울철 난방비와 식비 등 생활비의 절반 정도가 절감되었다.

또 요가, 생활체조 등 건강증진 프로그램에 참여할 수 있어 삶의 질이 높아지고 건강도 좋아졌다. 월 평균 병원 방문횟수가 1.4회에서 0.5회로 줄었다는 구체적인 조사결과가 있을 정도다. 노인들은 무엇보다 "혼자 지낼 때에는 입맛이 없어 식사를 거르는 경우가 허다했지만 지금은 삼시 세끼를 꼬박꼬박 챙겨먹고 있다"며 "그룹홈에서 동료들과 같이 생활하면서 외로움과 고독감에서 해방됐고, 건강도 예전보다 훨씬 좋아졌다"고 입을 모은다.

민간 차원에서는 2011년부터 다솜둥지복지재단에서 '농어촌마을 공동생활홈 조성사업' 공모사업을 진행하고 있다. 기존 노후경로당, 마을회관 등 공공시설을 지역 특성에 맞게 리모델링해 독거노인 등 취약계층 3-5가구에게 공동 거주공간을 제공해준다.

또 농촌마을 공동체사업의 선도사례지인 단양 한드미마을은 '호스피탈리티 움'이라는 일종의 '마을양로원'을 숙원사업으로 추진하고 있다. 지난 십수 년 동안 마을공동체사업에 헌신한 한드미마을 노인들의 물심양면의 수고와 기여에 대해 양로원 입주권으로 안전하고 안정된 노후생활을 보장하겠다는 의미가 크다.

오늘날 우리 농촌은 고령화, 공가, 독거노인 등으로 마을공동체 구조가 갈수록 악화되고 있다. 저출산 고령화 사회의 위기와 폐해를 사전에 방지하고 대처하기 위해 농촌 주거구조의 집단화, 현대화, 공동주택화는 더 미룰 수 없는 과업이다.

이를 위해 농촌주거환경 개선 및 리모델링 촉진 지원 특별법과 조례 제정, 중앙 및 지방정부의 예산 지원, 마을 양로원 등 노인 공동생활주택 등 표준모델 설계 및 개발, 가사 등 관리도우미 지원, 민간 사회적투자재단과 지원 협약 등의 실질적 대책이 시급하다.

지금 농촌마을에서 가장 필요한 지원사업은 단연 '마을 양로원'이라고 생각한다. 외부 관광체험객의 구경거리나 놀이터를 만들어주는 토건사업 말고, 내부 원주민의 생활을 보살피는 복지사업이 더 필요하다. 농촌마을의 노인들은 살던 마을에서, 정든 이웃들과 마음 편하게 노후와 여생을 보내기 원한다. 그리고 고독한 노인이 되고싶은 사람은 이 세상에 아무도 없다.

4. '농어촌 서비스 기준'을 한국형으로 고치자

2011년 1월 농식품부는 '농어촌서비스(Rural Service Standard) 기준'을 정해 고시했다. "도농간 공공서비스 격차를 완화하고, 농어촌에 거주하더라도 일정 수준의 공공서비스를 향유할 수 있도록 체계적으로 접근하겠다"는 야심찬 정책목적을 내걸었다.

영국(농촌서비스기준), 독일(전국토의 등가치적 생활여건 확립) 등 이른바 사회복지 선진국의 유사제도를 많이 참고한 것이다. 주로 농어촌 주민들이 일상생활을 영위하는데 요구되는 공공서비스의 기준으로, 주거, 교통, 교육, 보건의료, 사회복지, 응급, 문화여가, 정보통신 8개 분야 31개 항목을 선정했다.

시행 이후, 한국농촌경제연구원에서는 '제2차 삶의 질 향상 기본계획('10~'14)'에 근거해 농어촌서비스 각 기준 항목별 이행 실태조사를 매년 실시하고 있다. 그런데 조사 결과는 만족스럽지 않다. 항목별 목표 달성도를 점검한 결과 대부분의 기준 항목이 목표치를 밑돌고 있는 것으로 드러났다.

2012년에는 하수도, 방과후 학교, 구급차 서비스, 경찰 서비스, 초고속망 구축률 등 일부 기준만 목표를 달성했다. 하지만 이들 기준 역시 지자체별로는 목표 달성도가 낮은 시 · 군이 대다수를 차지하고 있다. 전체적으로는 백두대간 일대 시 · 군의 이행 실태가 저조하다. 특히 강원도와 경상도 지역의 시 · 군은 핵심 서비스 항목에 대한 이행 실태도 낮게 평가된다.

결론적으로 이같은 평가는 "농어촌서비스 기준 항목이 보다 현실화되어야 한다"는 현장의 주장을 입증하는 것이나 마찬가지였다. 가령 분기별 1회 전문 공연 프로그램 관람, 다문화가족 대상 자동차로 30분 내 맞춤형 서비스 제공 센터 도달 가능 등이 과연 우리 농촌의 현실에 적용할만한가. 혹 정책입안자가 탁상공론을 하면서 한국의 농촌 현실은 복지선진국 영국이나 독일과 너무도 다르다는 사실을 간과한 건 아닌가.

그래서 전문가들은 농어촌서비스 기준의 항목을 한국의 농촌 현실에 맞게 축소해야 한다고 입을 모은다. 우리 농어촌 전 지역 또는 대부분의 지역에서 현실적으로 적용 가능한 기본항목만으로 축소, 집중 시행해야 한다고 주장한다. 그렇게 해야 농어촌 지역주민들의 복지수준을 오히려 높일 수 있다는 논리다. 설득력이 있다.

당초 제도를 설계할 때에도 보건의료와 응급 · 사회복지분야에 우선순위를 두고 정책을 추진해야 한다는 의견이 지배적이었다. 특히 구급서비스와 1차 진료서비스는 최우선적으로 펼쳐야 할 정책 대상이었다. 당장 구급(응급의료)서비스만 해결돼도 농촌 의료문제의 상당 부분을 해결할 수 있다고 농어촌 주민들은 생각한다. 이게 우리 농어촌의 정확한 현실이다.

또 농어촌서비스 기준은 주관부처인 농식품부 혼자 감당하는 정책사업이 아니다. 보건복지부 외에도 여성가족부, 산업통상자원부, 환경부, 경찰청 등 각 정부 중앙부처별로 소관업무가 산재되어 있어서 이행여부에 대한 관리감독 기능이 사실상 취약하다. 뿐만 아니라 해당부처에서도 자체 실태 점검에 소홀한 것으로 드러났다. '한국형 농어촌서비스'의 컨트롤 타워가 시급하다.

5. '농촌지역 사회복지공동체'을 꾸리자

현행 '농림어업인 삶의 질 향상 5개년 기본계획'을 살펴보면, 농식품부의 농촌복지사업, 특히 사회복지분야 시설 확충 분야의 지원이 부족하다는 사실을 알 수 있다. 게다가 농촌복지사업의 시설확충 및 세부예산도 농촌현장에 맞게 반영되지 못하고 있다. 무엇보다 농촌복지사업에 대한 지역 현장의 민간 사회복지단체의 역량과 역할이 역부족이기 때문이다. 그래서 농협의 지역문화복지센터가 농촌복지사업의 중심적 역할을 담당하고 있는 실정이다.

따라서 정부의 농촌복지정책에 대한 비판과 견제 역할, 그리고 파트너 역할을 담당할 수 있는 민간 농촌복지단체의 구성과 활동이 절실하다. 그래야 현장을 잘 아는 농촌복지 관련단체들끼리 유기적인 연계와 조정이 가능하고, 농촌복지자원 개발, 농촌복지사업 조사 · 연구, 농촌복지사업 전문 인력 교육훈련 등을 원활하게 수행할 수 있을 것이다.

그러한 역할과 책임을 제대로 수행할 수있는 농촌복지단체는 마을공동체에 뿌리와 기반을 두고 있어야 마땅할 것이다. 단순하게 농촌복지사업의 사업주체로서뿐만 아니라, 농촌마을공동체 사업 또는 커뮤니티 비즈니스(Community Business)의 중심 역할을 수행할 수 있기 때문이다. 특히 농촌지역이 안고 있는 일자리 축소, 소득 감소, 복지서비스 부족 등 복합적인 문제를 해결하기 위해 '복지', '산업', '지역' 등 3자가 일체화된 정책으로서 복지농촌정책이 요구된다.

| 영광 여민동락 농촌사회복지공동체 |

그런 의미에서 '자립형 농촌복지 실현'을 표방하는 영광 묘량면의 여민동락공동체는 선도적이다. 크게, 그리고 멀리 내다보는 지역일체형 공동체를 지향하며 이 공동체는 '여민동락'의 뜻 그대로 '여럿이 함께 만드는 즐거운 세상'이다. '공경과 나눔'을 실천하는 노인복지에서 출발해 '복지시설 없는 복지'를 실천하는 생활공동체의 기틀을 다지는 게 사업목적이다.

권혁범 여민동락공동체 센터장은 "마을주민이 서로가 서로를 먼저 챙기면 농촌은 사람 살만한 곳으로 바뀐다"며, "우리 공동체는 이를 위한 중간 역할을 하며 사회 안전망을 형성하려고 한다"고 강조한다.[11] 그래서 노인 요양서비스 외에 다양한 마을·지역사회 공동체 사업을 벌이고 있다.

모싯잎떡 공장 '여민동락 할매손', 마을기업 구멍가게 '동락점빵' 등이 그 현장이다. 이러한 사업을 시행하는 것은 농촌 마을 공동체의 온기와 활력을 재생하고 복원하기 위해서는 국가 차원의 복지제도 수혜를 넘어서야 한다는 생각 때문이다. 또한 결국 정부의 지원에만 기대는 게 아니라 마을 사람들이 서로를 돌보고 보살펴야 비로소 농촌복지가 완성된다는 굳은 소신 때문이다. 그래서 우리 농촌 전통적으로 전승되는 두레와 품앗이 문화를 발판 삼아 모든 공동체사업 조직을 협동조합으로 진화시킨다는 계획이다.

진안 마령면의 농촌복지센터도 마을과 지역에 복지사업의 뿌리와 기반을 두고 있다. 이는 시혜적인 농촌복지 지원사업에 의존하지 않고 자립적인 법인, 주체적인 주민들이 자발적으로 농촌복지시스템을 구축하려는 것인데 농업회사법인 마이산향기를 따로 운영하는 이유이기도 하다.

---

11 전빛이라,「협동과 연대로 자립형 농촌복지 실현」, 한국농정신문, 2013. 10. 6.

03

'농민과 노동자'가 서로 돌보자

1. '농민회 · 노동조합 직거래결연'을 맺자

2014년 말 기준으로 우리나라 전체 노동조합원수는 190만 5,000명이다. 조직대상 노동자수가 1,842만 9,000명이니 조직률은 10.3%에 이른다. 일하는 노동자 10명 가운데 1명은 노동조합원인 셈이다.[12] 이 가운데 한국노총 소속 조합원이 전체 조합원의 44.3%(843,174명), 민주노총이 33.1%(631,415명)에 달한다. 그러니까 한국노총과 민주노총에 가입한 '의식 있는' 노동자가 약 150만 명이나 된다는 말이다.

그런데 전농(전국농민회총연맹)이나 전여농(전국여성농민회총연합)의 조직률은 파악하기 어렵다. 아마도 회비를 내는 '의식 있는' 진성 농민회원은 1%도 채 안 되는 건 아닐까 추정할 뿐이다. 전국의 농민 숫자가 수년 전부터 3백만 명 선이 무너지고 2015년말 기준으로 250여

12 『2014년 전국 노동조합 조직현황』, 고용노동부, 2015. 11.

만 명쯤 된다고 하니, 그 1%라고 해도 농민회 회원수는 3만 명도 채 안 되는 셈이다.

평소 매우 궁금하고 의아했던 것이 있다. 이렇게 적은 수의 농민회원들이 생산하는 농산물조차, 그 50배가 넘는 150만 명의 민주노총과 한국노총 노동자 조합원들은, 도대체 왜, 조직적으로, 우선적으로, 다투어 사주지 않는 것인가. '의식 있는' 노동조합원들이 왜 '동지적인' 농민회원들을 외면하는 것인가.

물론 전혀 이해가 안 가는 건 아니다. 오로지 노동자로서만, 노동조합원으로만 생활할 수는 없을 것이다. 임금협상, 단체협상 등 생계나 자존심과 직결된 절박한 현안을 다투지 않는 평소의 일상에서는 노동자나 노동조합원 이전에 한 가정의 가장으로서 '충성도 높은 대형할인마트의 싸고 좋은 상품'을 구매할 수밖에 없는 도시 소비자로서의 입장도 있을 테니 말이다.

그동안 노동자와 농민 사이에 그런 '농 · 도 상생' 노력이 전혀 없었

| 서울시청광장 노동절 노동조합 집회 |

던 것은 아니다. 2007년 전국민주노동조합총연맹 경남지역본부와 전국농민회총연맹 부산경남연맹이 '1노동조합 1농민회 자매결연'을 체결한 적이 있다.[13] 이들은 1노동조합 1농민회 자매결연사업을 통해 노동자와 농민, 도시와 농촌, 생산자와 소비자의 소통을 확대하고 우리 농촌살리기 사업을 통하여 지역공동체성을 더욱 강화하는데 앞장설 것을 다짐했다.

구체적인 결연 방식은 1개 산별연맹 · 산별노조 · 단위노조가 1개 시 · 군 · 읍 · 면농민회와 실정에 맞게 결연을 맺고 농산물 직거래사업을 벌인 것이다. 우선적으로 농민회에서 생산한 쌀을 판매하고, 특산물을 적극 홍보하거나 노동조합 행사 때 구매할 수 있도록 했다. 다만, 이후 지속적으로 추진되었는지, 성과는 기대에 부응했는지 확인할 수 없다.

오늘날 불특정 다수의 도시민을 대상으로 하는 도농교류 캠페인이니 1사 1촌 자매결연은 그 성과가 만족스럽지 않다. 농가 생활에 실질적인 도움이 크게 되지 않는다. 그래서 우선 농민회의 농민 생산자와 노동조합의 150만여 노동자 소비자 간 '동지적인' 직거래 프로그램부터 가동할 필요가 있다. 거래의 당사자와 그 상대부터 보다 명확하게, 명분있게, 긴밀하게 설정할 필요가 있다.

가령 농촌의 1개 농민회와 도시의 1개 이상 노동조합의 상호호혜적인 결연 협약을 맺고 상시 직거래의 물꼬를 트자. 농 · 노 직거래 급식 및 꾸러미사업단도 조직하고 가동하자. 노동부, 농식품부 등 중앙정부는 농민과 노동자가 상생할 수 있도록 관련 예산 등을 적극 지원하자.

---

13 윤성효, 「노동-농민단체 '무조건 퍼주기' 결연 맺어」, 오마이뉴스, 2007. 5. 3.

'동지적인' 노동조합조차 농민회의 농산물을 기꺼이 사 먹지 않는데, 일반 도시민과 국민에게 "농민의 농산물을 좀 사 달라"고 당부할 수는 없는 것이다.

2. '농민과 노동자'가 서로 배우고 가르치자

2007년 민주노총 경남지역본부와 전농 부산경남연맹의 '1노동조합 1농민회 자매결연' 사업은 단지 농산물 직거래에 그치지 않았다. 직거래를 발판으로 농민과 노동자의 상호 교류와 지원 프로그램에 더 기대를 걸었다.

그래서 애초부터 "지역 노동자 · 농민의 연대운동을 활성화시켜 실질적인 계급연대를 강화하고, 이를 통해 민중생존권을 힘있게 지켜내며, 도 · 농간의 교류증진을 통해 농업회생과 지역자치를 힘있게 실현해 내고자 한다."는 포괄적 약속을 실천서약에 담았다.

이에 따라 결연을 맺은 1노조와 1농민회가 함께 참여한 체육대회와 농촌체험행사를 매년 열었다. 특히 노조에서는 농가의 집 개량, 농기계 수리, 농촌 일손 돕기, 의료봉사, 농촌자녀 방과후 활동 등 농촌봉사 활동도 함께 벌였다. 서로 만나서 협동하고 연대할 다양하고 다각적인 소통과 기회의 장을 많이 만들었다.

적정기술을 연구하고 보급하는 흙부대 생활기술 네트워크라는 단체는 노동자들의 투쟁 현장에 화목난로를 무상 지원하는 사업을 벌이고 있다. 특히 귀농인과 농민들이 이 단체의 주요 구성원이라 자연스레 농사지은 쌀도 나누고 있다. 작은 움직임이지만 '동지적인' 농민과 노동자 연대가 이루어지는 실질적인 현장이다.

그동안 농촌마을 현장에서는 '농촌 마을만들기' 또는 '농촌지역개발'이라는 정부 지원 사업에 의해 각종 농촌체험관광 프로그램이 추진됐다. 그래서 도시민 체험관광객, 선진지 견학단, 공무원 시찰단 등이 농촌관광지, 농촌공원으로 개발된 농촌마을을 찾아 구경하고 체험하는 이른바 도농교류 행사들이 진행됐다.

하지만 이러한 행사들은 아쉽게도 정부와 외부 전문가의 매뉴얼에 따른 행사의 속성 상 천편일률적일 수밖에 없었고 무엇보다 당초의 목적이었던 농외소득 창출 효과도 기대에 미치지 못한 경우가 많았다. 애초 농촌마을은 농민이나 농촌주민들이 살아가는 삶의 터전이지 외부인의 구경거리나 놀이터가 될 수 없는 곳이기 때문이다.

어쨌든 전국 각지의 농촌마을에는 그동안 개발되고 조성된 농촌관광 또는 체험시설이 도처에 산재한다. 농촌체험센터, 관광농원, 유기농장, 농어촌관광휴양시설 등이 오지 않는 도시민을 기약없이 기다리고 있다. 재정이 풍부하지 않은 대다수의 노동조합들도 자체 연수시설이나 교육센터가 부족하거나 부재하다.

농촌마을에 조성되어 있는 유휴화된 시설들은 노동자들의 연수 및 교육 시설로 재활용하면 서로 좋을 것이다. 노동자는 그 시설을 임차해 자체적으로 '노동연수원'을 운영할 수 있을 것이다. 임대인인 농민들은 농외소득으로 임대수입을 취할 수 있을 것이다. 아울러 노동자는 농민들에게 생태건축, 적정기술 같은 생활의 지식과 기술을 가르치고, 농민은 노동자들에게 유기농사, 전통놀이 같은 생명의 지식과 기술을 가르칠 수 있을 것이다. 그렇게 농민과 노동자가 서로 배우고 가르치는 협동과 연대의 장이 펼쳐질 것이다.

3. '노동자 귀농협동조합'을 세우자

2013년, 현대자동차 노동자들은 은퇴 이후를 준비하기 위해 협동조합을 만들었다. 일명 '현대차은퇴자협동조합'이다. 대기업 노동자들이라 하더라도 은퇴 이후의 삶은 막막하다는 현실 인식을 절실하게 공유한 이들이 조합원으로 참여했다. 은퇴 이후의 즐겁고 행복한 제2의 인생을 함께 도모하려는 기대도 덧붙였다. 대기업 노동자들의 은퇴자 협동조합으로는 국내 첫 사례다.

2015년에는 현대자동차와 기아자동차 노동조합에서 은퇴자를 위한 전원주택단지 조성에 나섰다. 현 노조위원장의 당선 공약이었다. 2013년 위원장 선거 당시 조합원들을 위해 전원주택 4,000가구(울산 2,000가구)를 건립하겠다고 공약했던 것이다.

기아자동차 광주공장 노조도 은퇴조합원을 위해 지난 2012년부터 전남 담양군에 500여 가구의 전원주택을 조성하고 있다. 단일단지로는 국내 최대규모라고 한다. 노조가 '10년 후 노조원의 희망'을 조사한 결과 전원주택 생활이라는 응답이 많아 역시 선거공약으로 추진된 것이다.

특히 현대자동차가 자리잡은 울산지역에서는 이른바 베이비부머들의 무더기 퇴직이 시작됐다. 귀농하려는 퇴직자들의 수요로 울산 인근의 땅값이 대폭 상승했을 정도다. 지자체도 현대차와 현대중공업에서 운영하는 은퇴자 퇴직지원센터와 연계해 귀농교육을 실시하는 등 은퇴노동자들의 귀농행렬에 대비하고 있다.

울산 현대중공업의 정년은 60세다. 원청과 하청 소속 노동자 각 4만

| 아산 공세리 마을협동조합 |

여 명 중 원청노동자만 매년 약 1000명씩 퇴직하고 있다.[14] 특히 은퇴하고 귀향하거나 귀농해서 농사를 짓는 경우 실패 사례가 속속 들리고 있다. 무작정 귀농, 배우자 반대 귀농은 가정불화로 이어지고 생계비 증가로 가계 재정 악화가 초래된다. 적정기술, 생태건축 등 함께 책임과 의무를 분담할 수 있는 협동조합에 관심이 많지만 방법과 전망이 뚜렷하지 않다.

진안군은 '집단귀농 협동조합'을 추진하고 있다. 2015년 10월에 '협동조합설립 및 운영과 집단귀농귀촌을 통한 진안군내 6차산업단지 조성사업'에 관한 MOU를 재단법인 전북 테크노파크, 한국창업정책연구원 및 (주)원광로하스식품과 체결했다. 국내 유일, 최초의 '대규모 집단귀농 협동조합' 모델이다. 한마디로 "귀농인들에게 적정한 소득을

---

14 윤태우, 「현대중공업 정규직 10년 동안 매년 1000명 퇴직」, 울산저널i, 2015. 10. 8.

보장해줄 수 있을 정도로 지속가능하고 안정된 '일터'는 규모의 경제를 전제로 한다"는 경제논리에서 출발한다.

지자체의 지원으로 농업 융복합 사업(6차산업), 귀농어 · 귀촌지원 사업 등 농식품부 정책사업을 집단귀농 협동조합에 결합하는 사업추진 방식이다. 집단귀농 협동조합을 통해 개별귀농의 한계와 불확정성을 극복하는 새로운 귀농 패러다임을 제시해보려는 목적이다. 집단귀농 협동조합이 생산수단인 사업장은 물론, 생활환경, 생활방식을 공유함으로써 지역사회 공동체 재생과 활성화에 기여하게 되리라는 기대가 크다. 단, 일자리와 수익 창출 목표를 합리적인 수준에서 설정하는 게 귀농의 성패를 좌우할 것이다.

4. '무역이득공유제'를 노동자와 함께 이루자

결국 '무역이득공유제'는 물 건너갔다. 하지만 무역이득공유제 대안으로 '농어촌 상생기금'이 조성된다. 민간기업, 공기업, 농 · 수협 등이 매년 1,000억 원씩 '자발적으로' 기부금을 내 10년간 1조원의 기금을 마련한다는 것이다. 이 기금은 대 · 중소기업협력재단에서 관리하고 운용할 예정이다.

만일 자발적 기금 조성액이 연간 목표에 미달할 경우 정부가 그 부족분을 충당해야 한다. 이 돈으로 농 · 어촌 자녀들을 위한 장학사업, 농 · 어촌 의료 문화 지원사업, 주거생활 개선사업, 농 · 수산물 상품권 사업 등에 사용할 예정이다.

하지만 당초 의도했던 제도의 원형과는 다소 거리가 있어 아쉽다. 일단 "FTA(자유무역협정)로 인해 이익을 얻은 산업계가 '의무적으로'

기금을 납부한다"는 원칙부터 무너졌다. '자발적'으로 내는 것과 '의무적'으로 내는 것은 다르다. 마치 산업계가 농업계에 기부나 적선하듯 내고 싶은 만큼 기금을 내라는 게 아니다. 산업계에 피해를 입은 농업계에 마땅히 그 피해만큼 보상하라는 취지를 의도적으로 왜곡한 셈이다.

| 전국농민회 FTA반대 서울역 광장 집회 |

1조원이라는 기금 조성 규모도 만족스럽지 않다. 어쨌든 추후에도 기금 조성액은 지속적으로 늘려가야 한다. 농업계는 "아쉽지만, 어쨌든 여 · 야 · 정 협의체에서 합의된 '무역이득공유제 대안'(FTA농어촌상생기금)을 빨리 이행하라"고 요구하고 있다. 그러자면 '자유무역협정 체결에 따른 농어업인 등의 지원에 관한 특별법', '조세특례제한법', '대 · 중소기업 상생협력 촉진에 관한 법률' 등을 개정해야 한다.

무역이득공유제 대안이 제대로 이행되는지 이행과정에 농업인들이 참여할 수 있어야 한다. 합의문에도 이미 "기금은 기존 대중소기업협력재단에서 관리·운영하는 가운데 농어업과의 상생협력 및 지원사업을 위해 재단 내에 농어업인 등 관계자·전문가를 영입해 별도의 본부를 구성한다"고 명시돼 있기도 하다.

차제에 산업계를 대표해 경영자뿐 아니라 노동계도 이행과정에 참여할 필요가 있다. 산업계의 책임과 의무를 경영자에게만 맡겨놓는 건 좀 불안하다. 농민과 동지적 관계인 노동자들이 연대의 마음과 자세로 '무역이득공유제'의 당초 취지와 목적을 함께 관철해나갈 필요가 있다. 대중소기업협력재단의 별도의 본부에 노동자 대표도 참여해야 한다.

녹색당의 전희식 농업·먹거리특위 위원장은 "'무역이득금 공유제'라는 말부터 '농업파괴무역 부당이득금 환수제'로 바꾸자"고 강력하게 제안하고 있다. "수혜와 피해의 주체가 명확해야 하고 정책시행의 목적성이 드러나야 한다"고 보기 때문이다. 농민은 산업계나 정부에 부당한 요구를 하는 게 아니다. 자유무역협정으로 인해 입은 피해를 보상해달라는 합법적 요구를 하고 있는 것이다. '자발적인 농어촌상생기금'만으로는 농민과 농업계의 정신적, 물적적 피해를 온전히 보상할 수 없다. 부당한 초과 무역이득을 취한 산업계는 무역 피해를 당한 농민에게 '의무적으로' 보상해야 한다.

5. '농민·노동자 사회적연대기금'을 모으자

민족경제론을 주창한 진보적 경제학자 박현채는 〈한국농업의 구상〉에서 한국농업의 태생적 한계를 이렇게 분석하고 진단하고 있다.

"1966년 민주공화당 정책연구실이 세운 농업기본법안은 한국농업의 생산력 정체와 빈곤의 원인이 농업 경영의 영세성에 있다고 봤다. 또

한국농업 발전의 목표를 과소경영을 청산하여 농업을 자본제적 경영을 통한 확대재생산의 경제단위로 발전시키는 데 두고 있다. 이를 위해 정부에게 사회적으로 타당한 이윤이 실현되는 형태의 농업경영으로 농업을 자본주의화 시키는 것으로 개념되어지는 '중농정책'을 시행하도록 의무지우고 있다."

그는 또 한국이 식량주권을 상실한 근본적 원인을 미국을 중심으로 한 국제분업체계에서 찾았다.

"그간 한국경제는 미국을 중심으로 한 국제분업체계에 긴밀한 관련을 가짐으로써 유지되어 왔다. 그것은 식량문제의 경우 값싼 미국잉여 농산물의 도입으로 저농산물 가격정책을 견지하고, 저노임을 기초로 한 가공수출의 증대로 수입재원을 확보한다는 전략이 기축을 이루도록 되어 있었다. 그래서 한국은 만성적인 식량 및 원자재 수입국으로 전락하고 말았다."

자본의 식민지로 전락한 농촌에서 생겨난 농민의 난민화, 노예화는 서양의 경우에도 예외가 아니었다. 토지의 사적 소유(Enclosure 운동)에 대한 저항은 토지를 상실했거나 토지에서 추방된 농민의 반란으로 구체화되었다. 소극적으로는 토지에서 유리된 농민층이 농업 이외의 노동을 거부하는 '유랑'으로 나타났다.

특히 영국의 지배층은 이에 대해 역사적으로 악명 높은 '구빈법(1834년, 최저생계비 이하 노동자 생활수당제의 스핀햄랜드(speen hamland)에서 무원조 원칙의 신구빈법으로 개악)'으로 낙인 찍었다. 도시의 난민으로 전락한 농민들을 교도소에 수감, 강제적으로 기계적 노동에 적응하도록 강요한 것이다.

한국 현대사에서 경제발전은 한마디로 농민과 농촌의 희생 위에 이

룩된 것이다. "미국잉여농산물의 도입으로 저농산물 가격정책을 견지하고, 저노임을 기초로 한 가공수출의 증대로 수입재원을 확보"한 것이다. 오로지 농민과 노동자의 희생을 담보로 했으면서도 그 과정에서 농민과 노동자를 철저히 이간질하고 격리시켜놓았다.

노동자들은 "사회적 연대로 파업기금을 조성하자"고 외치고 있다. 노동자 파업은 노동자들만의 문제가 아니라 이 사회의 문제라는 것이다. 파업의 사회적 의미를 이해할 때 사람들은 사회적 연대를 통해 사회적 문제를 함께 해결할 수 있다는 것이다.

농민의 문제는 농민의 문제만이 아니다. 노동자의 문제, 도시민의 문제, 국민의 문제다. 더욱이 고작 5% 정도의 존재감만 겨우 잔존한 우리 농촌의, 농민에 의한, 농업을 위한 한계농정, 고립농정으로 농정의 문제는 해결할 수 없다. 노동자를 비롯한 나머지 95%의 도시민, 국민들이 함께 협동하고 서로 연대해야 한다. 그래야 생산자로서 농민은 소비자인 노동자(도시민)의 생명을 책임지고 지킬 수 있다. 소비자로서 노동자(도시민)는 생산자 농민의 생활을 든든하게 지키게 된다. 농민과 노동자가 연대할 때, 비로소 국민 모두가 함께 식량주권이나 국가주권을 100% 지켜낼 수 있다.

농민이 어려울 때 노동자들이 나서서 돕고, 노동자가 어려울 때 농민이 나서서 도울 수 있도록 '농민 · 노동자 사회적연대기금'을 모으자. 농민의 농산물 값이 떨어지면 연대기금으로 제 값을 쳐서 사 주고, 노동자가 급여체불로 돈이 없어 배를 곯으면 연대기금을 풀어 싸고 좋은 먹거리를 사 먹을 수 있도록 해주자.

04

'농민운동의 지평'을 넓히자

1. '농민당'을 만들자

스웨덴 쇠데르턴 대학교의 최연혁 교수는 "50년에 걸쳐 이뤄진 스웨덴 복지는 표심을 잡기 위한 선심성 공약이 아니라 '정치적 상생'에서 시작됐다"고 설명한다. 즉, "경제성장과 분배의 정의를 동시에 일궈내기 위해 1938년 좌우연정, 노사합의라는 대타협을 이루었다"는 것이다. 그 두 주역인 좌파 사민당과 우파 농민당의 살트셰바덴 협약은 스웨덴 역사의 물꼬를 바꾸었다는 평가까지 듣고 있다.

결국 복지국가 스웨덴을 일군 사민당의 장기집권은 사민당이나 노동자들의 독단적인 힘이 아니라 농민과 연대한 이른바 '노 · 농동맹'이 있었기에 가능했다는 것이다. 그렇다고 스웨덴의 농민당은 진보적이거나 혁신적이지 않다. 전형적인 우파로서 농민이익단체일 뿐이다. 하지만 좌파인 사민당은 사회복지라는 대의를 위해 우파인 농민당과 힘을 합친다.

대만(중화민국)에도 농민당이 있는데 1989년 창당한 당원 수 약 6,000명의 군소 정당이다. 타이완 독립운동과 토지 균분론을 주장하는 중도좌파적인 정치적 스펙트럼을 가진다. 역시 정치이념보다는 농민의 이익을 대변하는 게 존립목적이다. 대만의 민주진보당 집권기에 시행된 신자유주의 정책으로 농민들의 생계가 위협당하면서 반-국민당, 반-민주진보당 행보를 이어나가고 있다. 중도파인 민주진보당에 비해 다소 진보적인 점 말고는 크게 차별화되지 않는다.

한국에는 농민당이 없다. 농민의 목소리를 대변해줄 독자정당이 없는 것이다. 다만 '농민당'이라는 별명으로 불리는 '국회 농림축산식품해양수산위원회'에 전적으로 의존하고 있다. "농해수위 소속 의원들은 여야를 가리지 않고 하나가 돼 농민들의 이해를 대변한다"고 붙인 별명이라고 한다.

하지만 농민들은 그 의견에 선뜻 동의하기 어렵다. 농해수위를 '농민당' 대신으로 생각할 수 없다. 과연 농해수위 의원들이 농민들의 이해를 진정으로, 제대로 대변해 왔는지 믿음을 가질 수가 없다. 차라리 농해수위 소속의원들은 크게 세 부류의 의원들로 나뉜다는 주장이 더 설득력있게 들린다.

"지역구가 농어촌이고 유권자가 농어민이라 선택의 여지가 없이 농해수위를 선택한 의원, 자기 당내에서 힘이 없어 비인가 상임위인 농해수위로 밀려난 의원, 그리고 그 두 가지 조건을 다 갖춘 의원."

농민들은 2014년 9월, 농민단체 연대기구인 '국민과 함께 하는 농민의 길'을 출범시켰다. 가톨릭농민회, 전국여성농민회총연합, 전국친환경농업인연합회, 전국농민회총연맹이 연대해 대정부 투쟁을 결의했다. 정부도, 정당도 믿을 수 없다면 방법은 한 가지밖에 없다. 농민들

| 서울시청 광장 2013년 전국농민대회 '함께 살자' |

이 자신들을 믿고 '농민당'을 만들어서 그 정당의 주인이 되어 '농민의, 농민에 의한, 농민을 위한 정치'를 하는 길 말고 다른 방법이 없다.

2. '농민 정책 전문가'를 키우자

장수군농민회의 2015년 농업발전토론회는 '농민회 정책은 과연 비현실적인지', 그리고 '더 이상 투쟁만으로는 세상이 변화하지 않는지'에 대한 해답을 구하는 데 집중했다.[15] 연례행사처럼, 농민회의 숙제처럼 수행하고 있는 '아스팔트 농사'가 과연 효과는 있는 투쟁방법인지 진지하게 고민하고 점검하는 자리였다고 한다.

서울 시청앞 광장과 여의도 국회의사당 앞 아스팔트를 논밭 삼아 아

15 최중석, 「장수군농민회 2015 농업발전토론회 성황리 개최」, 한국농정신문, 2015. 10. 25.

무리 아스팔트 농사를 열심히 지어도 FTA는 속절없이 정부의 원안대로 타결되고 쌀값은 계속 떨어진다. 아스팔트 도로를 동학농민군의 전적지 삼아 정부의 실정에 맞서고 떼를 써 봐도 패하는 건 늘 농민이다. 농민 모두 물대포에 쓰러진 '백남기 농민'의 심정과 형편이 되었다.

이제 '아스팔트 농사' 말고 다른 전략과 작전이 필요하다. 농정당국의 '허구적이고 기만적인 살농정책'에 대해 '농민의 손으로 만든, 농업과 농촌을 살리는 정책'으로 정면승부를 거는 길이다. 물론 국회의 상임위도 있고, 각 정당의 정책연구원도 있고, 정부의 산하 농정 연구원도 있다. 하지만 그곳에서 생산하는 정책은 영혼과 진실이 없다. 그렇다고 민간과 농민 진영의 연구성과가 대안이 되기도 어렵다. 진정성은 있으나 실효성과 실천력을 갖출 수 없기 때문이다.

어떤 정책과 제도의 평가는 예산을 어디에, 어떻게 썼는지 들여다보면 정확히 파악할 수 있다. 농정 분야도 마찬가지다. 특히 농식품부 예산은 매년 세수 부족이나 사업의 제도적 결함 때문에 이월 · 불용되는 예산이 적지 않다. 예산 계획부터 제대로 세우지 못하는데 정책이 제대로 집행될 리 없다.

농민신문에서 농림축산식품부의 최근 4년치 결산내역을 분석한 결과[16] 이월 · 불용 예산은 2011년 1조 1,639억 원, 2012년 1조 9,919억 원, 2013년 2조 3,163억 원, 2014년 2조 8,779억 원 등 연평균 5,713억 원씩 늘어난 것으로 나타났다. 따라서 농식품부 지출액도 연평균 1조 2,338억 원씩 줄었다. 특히 2014년 이월 · 불용 예산은 예비비와 이월 예산을 포함한 농식품부 예산현액 14조 9,794억 원의 19.2%에 달했다.

16 김상영, 「이월 · 불용 농업예산 매년 는다」, 농민신문, 2015. 7. 6.

각 부처 평균인 3.7%에 견줘 5.2배나 높은 수치로서 그나마 확보한 농업 예산조차 제대로 집행하지 못하는 농정의 난맥상을 그대로 보여준다.

이처럼 농식품부의 이월 · 불용 예산 규모가 매년 늘어나는 이유는 농촌특별세 등 세수가 예상보다 덜 걷히고 농업정책 자금 지원 등 사업수요 계획이 농업 · 농촌 현실을 반영하지 못했기 때문이다. 곧 농업 정책이 '농민들을 위해' 합리적으로 계획되고 집행되지 못하기 때문이다.

국회예산정책처가 매년 펴내는 '결산 부처별 분석' 자료를 보더라도 농림예산은 대체로 '과잉책정', '과대포장'되는 측면이 짙다. 가령 2011년 6월 농식품부는 그해 수확기 쌀값을 80㎏들이 한가마당 15만 2,000원으로 예상, 2012년도 변동직불금 1,867억 원을 예산당국에 신청했다. 하지만 예산당국은 쌀값을 14만 5,000원으로 농식품부보다 낮게 책정, 변동직불금은 4,620억 원으로 대폭 증액해 국회에 제출했다. 하지만 국회는 4,000억 원을 삭감하고 620억 원만 예산에 반영했다.

결과적으로 그해 수확기 쌀값은 변동직불금 발동가격을 넘어섰다. 결국 국회에서 대폭 삭감한 수준인 620억 원조차 전혀 사용되지 않고 전액 불용 처리됐다. 2012년도 역시 전액 불용처리되었다. 농정예산을 계획하고 편성하는 데 있어 합리적인 기준도, 과학적인 예측기법도 일체 결여된 '허구와 기만'의 의도가 있는 게 아닌가 의심이 들 정도다.

심지어 국회예산정책처의 보고서조차 "이는 국회가 농림분야 예산을 증액 중심으로 심의하는 성향을 고려한 행동으로 예산당국이 농림분야 재정총량 규모를 (의도적으로) 과대포장한 것"이라고 분석했을 정도다. 깎일 것을 충분히 예상하고 미리 농림예산을 실제보다 과다하게 포장하려는 사실상 '허구적인 허수 전략'에 불과하다는 것이다.

농민들의 결기를 보여주는 '농민 투사들의 아스팔트 농사'도 물론 중요하지만 아울러 정책을 가지고 정부의 실정에 맞서 싸울 '정책 전문 투사'도 필요하다. 무엇보다 농민의 편에 설 농정예산 전문가부터 확보하자. 허구적인 '가짜 예산안'을 들이대며 농민들을 조롱하고 기만하는 농정당국과 국회의 실정을 찾아내고 공격할 정책전문가가 절실하다. 그 전문가가 농사를 잘 알고, 농촌에서 살고 있는 농민 출신이라면 필승 카드가 될 것이다.

3. '폴케호이스콜레형 농민학교'을 지역마다 세우자

세계에서 가장 행복한 나라 덴마크는 '폴케호이스콜레'와 그룬투비를 빼놓고 설명할 수 없다. 일종의 농민학교인 폴케호이스콜레는 170여 년 전 덴마크 교육의 아버지라 불리는 니콜라이 그룬트비가 시작했다. 1864년 그룬트비가 살던 덴마크는 국토와 국민의 3분의 1을 독일에게 빼앗겼다. 이 때 국가적 위기를 극복한 출발점이 바로 폴케호이스콜레운동이었다.[17]

당시 폐허의 덴마크를 재생하고 재건한 주역은 국민의 75%를 차지하던 농민들이었다. 그룬트비는 농민과 민중의 정신을 일깨우기 위해 '삶을 위한 학교'를 구상했다. 폴케호이스콜레운동은 국토개간운동과 협동조합운동으로 확산되었다. 이것은 공병대위 달가스가 주도한 국토개간운동으로 새로 2만 5천 호의 농가가 만들어졌다. 폴케호이스콜

17 시미즈 미츠루(역자 : 김경인, 김형수), 『삶을 위한 학교』, 녹색평론사, 2014. 8.

레를 졸업한 농민들은 1866년 덴마크 최초의 협동조합(생협)을 설립했다.

오늘날 폴케호이스콜레는 덴마크 전역에 100여 개가 있다. 대개 전교생 수십 명 정도의 '작은 학교'이다. 이수 학점과 시험도 없고 수여되는 자격이나 학위도 없다. 교사와 학생이 기숙사에서 공동으로 생활하면서 수업과 토론, 실천, 실습, 생활을 통해서 자기를 발견하고, 자신의 길을 찾는다.

학교체계는 유치원, 초등학교에 해당하는 프리스콜레, 기숙 중학교인 에프터스콜레, 폴케호이스콜레가 있고, 그 위에 폴케호이스콜레와 일반 초·중등학교의 교사자격을 취득하는 사범대학, 그리고 학위를 취득할 수 있는 연구소인 폴케아카데미가 놓인다. 모두 사립학교로서 정부의 재정 지원은 받지 않는다. 그래서 인사나 교과과정, 수업내용에 대해서 일체의 간섭을 받지 않는다.

우리나라에도 폴케호이스콜레 같은 농민학교가 있다. 홍성 풀무농업고등기술학교[18]다. 기독교 정신을 바탕으로 "경쟁 시험 교육을 거부하고 인문적 교양과 가치관, 일을 배워 생각하고 일하는 전인적 농민"으로서 '생각하는 농민'을 기른다. 또 "학교 자체가 농사를 지어 자급하는 생태적인 마을이 되어, 마을의 생활을 통하여 생산, 가공, 유통, 문화 등 농사를 짓는 마을의 모든 기능을 배우는 학교농촌"을 지향한다.

풀무학교는 '지역에 열린 학교'다. 학교의 모든 강의는 주민에게 개방하고 주민이 현장 교사가 되고 지역의 여러 기관이나 농장이 교육의 현장이 되어, 평생 교육의 중추 역할을 하고 지역의 종합적 발전을 주

---

18 풀무농업고등기술학교, 홈페이지 (http://poolmoo.cnehs.kr).

민, 기관과 함께 모색한다. 무엇보다 "우리 농업의 장래는 생태친화적이고 자립하는 소농이 모여 협동하는 마을 만들기에 있다는 생각에 바탕을 둔" '소농의 협동사회'를 추구한다.

일종의 농업대안대학 과정인 환경농업전공부 학생들은 자기 실현과 더불어 사는 삶을 배우고 환경친화적인 생활양식을 익히기 위해 1년 이상 기숙사에서 공동생활을 한다. 오전에는 인문 수업과 전공 등 이론 수업을 하고, 오후에는 학교 농장에서 실습을 한다. 인문 과목은 인간교육의 기본이 되는 종교, 문학, 역사, 예술 등 인문 교양과목을, 전공 과목은 지역의 특성에 따른 논농사 중심으로 원예, 축산, 과수 등 유기농업, 생태농업을 배운다. 이론과 실제가 조화를 이루도록 하는 것이다.

풀무학교 같은 '폴케호이스콜레형 농민학교'를 홍성뿐 아니라 지역마다 세우자. 덴마크가 이를 통해 국가적 위기를 극복, 오늘날 세계에서 가장 행복한 나라가 되었듯이, 우리 농촌도 살아나고, 우리나라도 행복하고 부강한 나라로 거듭날 수 있을 것이다.

4. '청년농민'을 늘리자

통계청의 2014년 12월 1일 기준 농림어업 조사결과는 우리 농촌과 농업의 실상을 적나라하게 보여준다. 우리 농가는 112만 1천 가구, 농가인구는 275만 2천 명이다. 전년에 비해 각각 1.9%, 3.4% 감소했다. 고령화에 따른 농업 포기, 전업 등이 주요 원인이다. 총 가구 가운데 농가 비중은 6.1%, 농가인구 비중은 5.5%를 차지한다. 역시 전년대비 0.2% 줄었다. 다만 1인 가구는 2.5% 증가했다.

농가 당 경지규모 1.0ha 미만이 73만 2천 가구로 전체 농가의 65.3%를 차지하며 3.0ha 이상 농가는 9만 8천 가구, 8.7%에 불과하다. 전체 평균은 1.5ha 정도인데 유럽은 수십ha, 미국은 100ha가 넘는다고 한다. 농축산물 판매금액이 1천만 원도 안 되는 농가가 71만 7천 가구로 전체농가의 64%를 차지한다. 투하자본이 많이 필요한 축산농가가 몰려있는 1억원 이상 농가는 3만 1천 가구, 2.7%에 불과하다.

농가 경영주의 39.7%가 70세 이상의 고령농이다. 60세 이상으로 범위를 넓히면 69.2%에 달하여 농가 평균연령도 66.5세나 된다. 농가인구의 고령화율은 39.1%로 전년 대비 1.8% 높아졌다. 즉, 우리 농가의 경영주, 농부의 표준형은 노인이며 따라서 우리 농촌은 '노인공화국'이다. '지붕 없는 거대한 양로원'이다.

일본의 농촌도 우리와 다르지 않다. 농민 평균연령이 66세로 65세 이상의 비율이 61.4%에 달하며, 농가인구는 2000~2020년 사이 40%가량 급속히 감소할 것으로 전망되어 농업·농촌의 해체 위기가 심각하다.

그래서 일본은 도시민, 특히 청년의 농업부문 유입을 늘리기 위해 2012년부터 청년취농자 지원 급여자금 제도를 시행하고 있다. '신규취농종합지원사업'을 통해 45세 이하의 청년 취농자에게 준비기간(2년)과 독립기간(5년)의 총 7년에 걸쳐 급여형태의 보조금을 지급한다. 지급액은 연간 150만엔(약 2,100만원)으로 급여를 받은 기간의 1.5배(최소 2년)기간 동안 독립·자영농으로 농업에 종사해야 한다.

유럽연합(EU)도 2000~2009년 사이에 농업노동인구가 25%나 감소했다. EU의 35세 이하 농가 경영주는 2000년대 이후 계속 줄어들어 2007년에는 6.1% 수준까지 떨어졌다. 역시 농촌 고령화와 농업노동의 세대교체가 심각한 사회문제가 되고 있다. 이처럼 젊은 농업인의 감소

추세는 농업선진국으로 알려진 덴마크, 네덜란드, 프랑스, 독일 등도 예외가 아니다.

그래서 유럽의회는 2015년부터 농업을 시작하거나 시작한지 5년 이하인 40세 이하의 농업인을 대상으로 최대 5년간 '젊은 농업인 직불금(young farmers' direct payment)'을 지급하기로 결정했다. 그 동안에는 신규 농업인이 기존의 직불금 체계에 접근하기 어려워 수혜에서 배제되었다. '젊은 농업인 직불금'의 연간 예산 규모는 856백만 유로(약 1조 3천억 원) 규모로 '공동농업정책'(2014-2020)예산 '제1단계'의 1.8%를 차지한다.

전남 해남 만안리에는 청년들이 모여서 농사를 짓는다. 농사만 지어서 먹고사는 전업농부 수준은 아니지만 농업공동체이자 생활공동체를 표방하고 있다. 녹색대학 등에서 농부 수업을 받은 김단 씨 등이 아버지의 농사를 물려받아 2011년부터 친구와 함께 농사를 짓기 시작했다. '미세마을'로 이름 붙인 농사공동체의 청년들은 10여 명에 이른다. 공동소유의 토지를 기반으로 마을 공동체를 꾸리는 게 목표다. 2013년 미세농부협동조합도 설립했다. 농지를 임대하려고 농업회사법인도 따로 차렸다. 모두 5만여㎡에 달하는 농지는 자급형 농지와 수익형 농지로 나뉜다. 수익형 농지에서 공동으로 농사 지은 것은 농업회사법인 이름으로 출하해 일한 만큼 소득을 배분한다.

농촌으로 내려가는 청년 농부들에게 '청년농부 직불금 또는 기본소득'을 지급하자. 그러면 전국에 '미세마을'이 민들레 홀씨처럼 퍼져나갈 것이다. 또한 청년들이 더 이상 도시 자본의 비정규직 노예로 전락하지 않을 것이다. 뜻을 함께 하고 사랑하는 사람들과 생활공동체를 이루어 미래와 희망을 노래할 것이며 마침내 우리 농촌과 지역사회,

그리고 국가는 정상화될 것이다.

5. '초국적 농민운동'에 나서자

알고 보면 우리 농민의 경쟁 상대는 대농도, 기업농도, 중간유통상이나 도매시장도, 농협도, 농식품부도, 미국이나 중국도 아니다. 이른바 글로벌푸드 시스템을 장악하고 지배하는 초국적 곡물메이저(major grain companies) 또는 초국적 농식품복합체(agrifood complex)라 할 수 있다.

"종자에서 식탁까지"가 초국적 농식품복합체의 사업 목표이자 속셈이다. 종자 개발에서부터 농식품의 생산-유통-가공-소비에 이르는 전 과정을 손아귀에 두려는 것이다. 농기계, 비료, 농약 등 농자재 산업 또한 이들 농식품 복합체의 주도하에 있다. 농산물 생산은 물론 저장, 보관, 운송 등 유통과 무역도 이들이 장악한지 오래다. 식료품 가공도 마찬가지다.

특히 미국계 카길(Cargil), 아처 다니엘스 미들랜드(ADM), 프랑스의 루이 드레퓌스(LDC), 아르헨티나의 벙기(Bunge), 스위스의 앙드레(Andre) 등 5대 곡물 메이저[19]는 세계 곡물 교역량의 약 80%, 전체 유통 시장의 75%를 독과점하고 있다. 국가 간의 FTA(자유무역협정)도 사실은 '곡물 마피아'로 불리는 이들이 배후에서 영향력과 압력을 행사하는 지경이다.

세계무역기구(WTO)의 신자유주의 자본의 첨병인 곡물 메이저는

19 브루스터 닌, 『누가 우리의 밥상을 지배하는가』, 시대의 창, 2008.

세계 곡물시장 지배에 장애요인이 되는 개별 국가의 독자적 농업·식량·먹거리 정책을 철폐시켰다. 규제철폐, 규제완화라는 명목으로 일개 기업의, 돈벌이를 위해 개별 국가의 식량주권을 좌지우지한 것이다. 지난 2004년 우리나라의 대표적인 농업보호정책 추곡수매제가 폐지된 것도 그 때문이다.

이들 곡물 메이저가 배후에서 조종한 WTO, FTA로 인해 세계는 만성적으로 식량 부족 상태에 빠졌다. 곡물 메이저는 자신들이 장악한 국제 곡물시장의 지배력과 방대하고 정확한 정보력으로 곡물무역시장을 곡물투기장으로 변질시켰다. 곡물 메이저와 결탁한 국제 투기자본들이 '곡물펀드'로 곡물시장에서 돈잔치를 벌이고 있는 것이다.

이들 초국적 곡물메이저, 초국적 농식품복합체에는 '초국적 농민운동'으로 대항할 수밖에 없을 것이다. '세계화에 맞서는 소농의 힘', 스페인어로 '농민의 길'을 뜻하는 국제농민운동조직 '비아캄페시나(La Via Campesina)'가 1993년부터 그 선두에 서 있다.

비아캄페시나는 시장주도형 농업생산방식이 아닌 소농 중심의 가족농업체제를 보호하고, 식량주권을 옹호하는 69개국이 참여하는 초국적 농민단체이다. 소농, 중농, 무토지 농민, 농촌여성, 원주민, 농촌청년, 그리고 농업노동자가 주로 참여하고 있다. 특히 '식량주권(Food Sovereignty)' 개념을 처음으로 제안하기도 했다.

조직 목표는 '농민이 가족농업에 기초한 생산을 담당하는 것이며, 민중의 식량주권을 지켜내고, 탈집중화된 식량생산과 공급망을 구축하는 것', '식량주권은 외국 농산품의 덤핑판매와 같은 외부 위협 없이 자신의 농업 및 식량정책을 결정할 수 있는 권리를 의미', '탈집중화된 식량 생산과 공급망 확보를 중시하며 현재의 기업화된 거대 곡물기업의 농업 영리활동 모델을 배격하는 것' 등이다.

한국의 전국농민회총연맹은 2003년도 칸쿤 WTO 반대투쟁에 참여하면서 가입했고 전국여성농민회총연합도 회원단체로 참여하고 있다. 비아캄페시나를 통해 한국 농민운동의 초국적 동원 전략과 캠페인 참여는 활발해지고 있다. 하지만 초국적 네트워크에 주도적으로 참여해 초국적 메이저와 맞서 싸울 힘은 여전히 미흡하다. 이를 극복하는 것이 우리 농민운동의 숙제다.

05

'농민의 소득'을 늘리자

1. '농업직불금제'부터 고치자

근본적으로 농업직불금 제도는 단순한 소득보전 대책 이상이어야 하고 농업농촌의 다원적 · 공익적 기능을 지원할 수 있어야 한다. 하지만 당초 시장 개방에 따른 농가소득 감소분 보전을 위한 대책으로 도입된 현재 농업직불금 제도는 한계가 있다.

일단 구조적 문제점부터 다양하다. 현재 운영되는 10개의 농업직불금 제도는 각각 목적, 예산, 법률, 지침, 운영기준 등이 달라서 시행체계가 복잡하고 정책목적 또한 혼란스럽다. 한정된 예산을 나눠쓰다 보니 제도당 예산 규모도 작을 수밖에 없기 때문에 직불금의 직접 대상인 농업인의 만족도와 인지도도 낮다.

충남연구원 강마야 연구위원 등은 한국의 농업직불금제의 문제점을

다음의 6가지 항목으로 정리하고 있다.[20]

첫째, 직불제별 유형이 다름에도 불구하고 비슷한 목적(소득 및 경영 안정)을 지향하고 있다. 그리고 정책목표와 성과지표 간 불일치가 많은 결과는 정책목적 설정이 명확하지 않다는 것을 증명하고 있다. 실제 직불금이 아닌데도 불구하고 직불금이라는 사업명칭과 정책목적을 사용·홍보함으로써 사회적으로 부정적이고 왜곡된 이미지를 낳고 있다.

둘째, 농업·농촌의 다원적·공익적 기능을 충분히 반영하지 못하여 영역의 한계를 노출하고 있다. 매우 제한적인 농업직불금 제도를 시행하고 있다는 것인데 생산주의적 농업을 지원하고 가격지지 축소로 줄어든 소득을 보전하는 산업정책으로서의 쌀(고정직불과 변동직불), 밭농업 직불이 중심을 이루고 있다.

대부분 소득 보전에 초점이 맞춰져 있기에 협의의 직접지불 개념 제도가 많이 실행되고 있고 광의의 직접지불 개념에 가까운 제도는 부족하여 사회구성원들로 하여금 설득력이 떨어지게 되는 자충수를 두고 있다. 이것은 향후 직불금 제도 확대를 위한 논리 측면에서 직불금 제도의 정당성에 대한 설득 논리가 부족하여 사회적 공감대를 형성하기 힘들다. 농업·농촌이 공공재라는 인식하에 공익적·다원적 기능에 대한 대가로서 보상한다는 광의의 직접 지불을 강조하고 이 영역을 확대해야 할 것이다.

셋째, 다양한 직불제 시행으로 사후의 종합적 관리 시스템과 운영 측면에서 애로를 겪고 있다. 쌀 농가 소득지지 중심인 직불제 예산편성으로 인해 다양한 품목지원의 한계, 시행체계의 복잡성 등이 제기되고

20 강마야, 「대한민국 농업직불금의 새로운 길(심포지엄)」, 국회 농림해양수산위원회, 2015. 2. 2.

있다. 그리고 하위수급자의 수혜 혜택을 높일 수 있도록 하한선을 폐지함과 동시에 중복되는 사업에 있어서 통폐합이 필요하다.

넷째, 한정된 예산 내의 다양한 직불제 시행으로 인해 지원단가 부족, 집중도 및 만족도가 저하되고 있다. 현재 직불금은 농가의 소득 수준을 보전·향상시키기에는 미흡하므로 수혜자 만족도도 저하되고 상호배타적 수급문제 해소가 필요하다. 기존의 쌀 수매제에서 쌀 직불제로 전환하면서 수매가격을 완전히 대체하지 못했다는 반응과 평가, 생산연계성 현상 발생으로 농가 간 양극화 초래 그리고 형평성 등의 문제도 제기되고 있다. 반면 일반 도시민들의 직불제에 대한 부정적인 시각(상반된 현실)이 상존한다. 납세자로서의 일반국민들은 직불제에 대한 이해가 떨어지는 상황에서 비효율적인 농업보조금의 대표적 사례로 직불금을 부정적으로 인식하고 있고 농민들 역시 의무감 없이 국가가 그냥 주는 돈 정도로 생각하고 있다.

다섯째, 농업인 역시 상호준수조건 이행에 대한 중요성을 간과했다는 사실과 관리 감독이 미흡한 현실이다. 지금까지 농업보조금을 비롯하여 농업직불금에 대해 사회구성원들로부터 전폭적인 지지를 받지 못한 것이 바로 대가에 상응하는 역할과 의무 수행여부 때문일 것이다. 앞으로 농업직불금 제도는 농업·농촌의 다원적·공익적 기능 수행 보상 차원의 환경직불 제도를 강조하고 농업인 의무준수조건(환경보전조항)을 강화해서 책임과 권한을 동시에 부여하여 구성원 합의시 정당성을 확보해야 할 것이다.

여섯째, 지역별 특성과 현실을 제대로 반영하지 못하여 지방정부의 역할·기능이 한계를 겪고 있다. 지역정책 범주로 간주될 수 있는 조건불리지역 직불, 경관보전 직불, 친환경농업 직불은 정책 시행이 미흡하고 실제로 농촌개발정책 차원에서 지방자치단체의 책임과 권한하에서 상향적으로 집행되고 있지 못한 실정이다.

국회 예산정책처 변재연 예산분석관은 심지어 그나마 책정된 직불금 예산의 집행실효성의 허점을 고백하고 있다. "2013년에 순직불성(쌀소득보전, 친환경, 밭농업, 조건불리, 피해보전 등) 예산은 대부분 집행되지 않았으며 이러한 직불제에서 무조건 증액을 요구하는 것은 바람직하지 않을 것으로 본다"는 지적이다.

또 "우리나라 농업예산 중 직불금 비중은 다른 선진국에 비해 결코 적지 않은데 농가소득 중 직불금 비중은 아주 낮은 상황이다. 이는 전체 직불제예산 중 60% 이상이 쌀소득보전에 지급되지만 농업총수입 중 쌀 수입비중은 22%까지 감소하고 다른 작물의 농가도 충분한 소득을 못 이뤄내기 때문인 것으로 분석된다"는 신중한 정책보완을 주문했다.

또 강 연구위원은 "일본, 스위스, 유럽연합 등 주요 선진국의 농정성격은 이미 산업정책에서 지역정책으로 변화하고 있다"면서 "농업직불금 제도 운영방향을 소득보조에서 농업·농촌을 공공재로서 바라본다는 관점을 유지한다는 차원의 다원적·공익적 기능 행위에 대한 보상으로 잡아가고 있다"고 설명한다. 한국도 그런 방향으로 전환, 개선되어야 한다는 주장이다.

강 연구위원은 현재 농업직불금 제도의 쟁점을 크게 5가지로 정리한다. 농업직불금의 개념과 의의, 필요성 등의 사회적 합의에 의한 정의 필요, 현행 농업직불금 제도의 핵심적인 문제에 대한 고민 심화, 농정방향의 틀을 설정하고 이와 부합한 농업직불금 제도 개선 및 보완, 선진국의 농업직불금 제도 운영실태를 수용 검토, 실효성있는 제도개선을 위한 농정예산 재편 논의 등이다.

강 연구위원은 "농업직불금제도는 기본적으로 생산주의와 산업중심주의 농업에서 벗어나 탈생산주의와 다기능농업의 시대로 전환하고있는 흐름을 반영해 개선되어야 한다고" 주장한다.

구체적인 대안으로 제1축(희망농업 직불), 제2축(생태경관 직불), 제3축(행복농촌 직불) 등 3개축을 기반으로 하는 농업직불금제도를 제안한다. 3개의 축은 각각 식량 자급 프로그램과 젊은 농부 프로그램, 농업 생태프로그램과 농촌경관 프로그램, 농촌공동체 프로그램과 농촌 안전망 프로그램 등 각각 2개의 세부 프로그램으로 나뉘어진다.

각 축별 재원 확보는 제1축의 경우 기존 농정예산의 재편 및 확대, 제2축과 3축은 기존 농업 농촌 관련 타 부처 예산의 통합적이며 협력적인 집행방식을 통해 가능할 것으로 본다. 세부 추진과제로서는 주체(중앙정부와 지방정부, 농업인) 간 역할분담 명확화, '직불금' 용어의 제한적 사용 전략, 농업직불금 제도 개선에 대한 공감대 확산 전략, 법 · 제도 · 조직기반 구축 등을 요구하고 있다.

2. '농민·농가 직불금'으로 바꾸자

유럽연합(EU)은 농정개혁 흐름을 2000년대 이후 지속가능성 방향으로 전환하고 있다. 이에 따라 직불금 제도와 농산물 생산의 비연계성, 농촌지역개발정책을 강화하면서 농촌에서 공공재적인 농업인의 경제활동(농촌 경관 보존, 환경 보존, 동물 복지 등)에 지원을 시작했다.

유럽연합의 농정의 특징은 '직불금 제도'로 대변된다. 예산은 1990년대 50%대 수준이던 것이 2000년대 40%대 수준으로 감소했으나, 직불금예산 비중은 2003년 CAP(Common Agricultural Policy, 공동농업정책) 개혁을 계기로 70%대 수준을 유지하고 있다.

직불금 운영의 특징은 기본직불(SPS)과 가산직불(환경지불, 조건불리지불)로 구분, 시행하고 있다는 점이다. 기본직불은 CAP의 직접지불제 하에서 시행되는 것으로 가격지지정책 철폐에 따른 농업인의 소득감소분을 지원하기 위한 목적으로 유럽연합 재원으로 시행한다. 가산직불은 CAP의 농촌개발정책하에서 각 회원국(및 지방정부)들의 재량에 따라 시행되고 있다. 그중 환경 지불은 농업인들의 상호 준수 요건을 뛰어넘는 환경보전활동에 따른 소요비용과 그로 인한 소득감소분을 국가의 공공재 생산 대가로 보상해주는 개념이다.

EU 등 선진국의 농업직불금 제도에서는 협의의 직불뿐 아니라 광의의 직불개념을 최대한 살려내 점차 직불 영역을 확대하고 제도의 통합화와 운영의 종합화도 추구하고 있다. 따라서 농정예산 중 직불금 예산의 비중과 규모도 확대하고 있다.

아울러 농업인들의 상호 준수조건 이행을 의무화하며 더욱 강화하고 지방정부의 역할과 권한 역시 강조하고 있다. 한편 형식상의 명칭인 직불제를 대신하여 지불 혹은 프로그램이란 단어를 사용하는데 이는 농민 외 사회구성원의 비판에 노출시키지 않으면서 농업인의 소득보전을 해주려는 세심한 배려다.

오늘날, 동서를 막론하고 농사만 지어서 농업소득으로 농가의 가계를 온전히 유지하기는 어렵다. 역부족이거나 불가항력이다. 그래서 스위스 정부는 직불금으로 자국 농가와 농민의 기본생활을 책임지고 있다. 스위스는 국토 면적이 한국의 40%에 불과하며 그중 70%는 농사를 짓지 않는 초지이다. 농가의 95%는 가족농인데 식량 자급률은 60%나

된다. 1993년부터 실시한 직불금의 효과라는 평가다.[21]

| 쌀변동직불금으로 소득을 보전받는 수도작단지 |

2011년 스위스 농가의 직불금 수입은 농가총소득의 60%를 넘어섰다. 평야지대 54%, 경사지 69%, 산악지대는 농가총소득의 95%에 이르는 경우도 있다. 35도 이상의 급경사지에서는 1ha당 620스위스프랑(72만 5,000원)의 직불금이 지급된다. 스위스의 농가총소득에서 농업소득이 차지하는 비중이 1999년 37%에서 2010년 10%로 급격하게 떨어졌지만 농가 살림살이는 나빠지지 않았다. 경사지직불금, 생태직불금 등 여러 명목의 다양한 직불금이 농가의 생활을 지켜주고 있기 때문이다.

스위스는 농업의 다원적 기능 보호를 명시적인 헌법조항(104조)으로 못 박고 있다. 안정적인 식량공급, 자연환경 보호, 농촌 경관과 농촌

21 김세진, 「'정부 직불금과 시민의 협력…지속가능한 스위스 농업'」, 한겨레신문, 2013. 9. 17.

인구 유지 등을 위해 과감하게 농업 직불금을 공급할 수 있는 사회적 합의를 이룬 것이다. 농지의 건축면적을 5% 이내로 제한하는 등의 엄격한 농지보호 장치도 두고 있다. 농사짓지 않는 사람의 농지 보유는 당연히 법으로 금지된다.

스위스 정부는 전체 농업 예산의 무려 82%에 이르는 직불금 규모를 2017년까지 그대로 유지하기로 했다. "농업의 가치를 국내총생산에서 차지하는 비중만으로 평가하는 시각은 항상 실패할 수밖에 없다. 자연 환경과 토질 등의 제한을 받을 수밖에 없는 농업의 생산성을 다른 산업과 똑같은 기준으로 비교하는 것은 공정하지 못하다"는 게 스위스 정부의 농정 철학이라고 한다.

우리나라는 '농업 · 농촌 종합대책'에서는 농식품부 예산 대비 직불사업 예산 비중을 23%까지, 농가소득 대비 직불비 비중을 10%까지 확대하겠다고 제시한 바 있다. 하지만 2013년 실적을 보면 직불사업 예산비중은 18%, 농가소득 대비 직불금 비중은 4.3%에 그치고 있다. 특히 농가소득대비 직불금 비중은 미국 12.2%, 영국 19.5%, 일본 7.9% 등으로 오히려 선진국의 대규모 기업적 농가에 대한 직불금 지급률이 한국보다 더 높은 실정이다.

무엇보다 기존의 농지 면적 기준(ha당)으로 지급되는 방식의 직불금 제도는 비합리적이다. 농지를 많이 소유한 일부 대농에게 이익이 편중되고 농지를 많이 보유하지 못한 대다수의 소농, 임차농 등은 해당사항이 없는 '그림의 떡' 일 뿐이다. 실제 농사를 짓지 않는 위장 농민들의 직불금 부당 · 위장 수령의 폐해도 빈발하고 있다.

그래서 김성훈 전 농림부장관은 "농가 단위로 기본소득 직불금을 지급하자"고 제안한다.[22] 법정 최저임금소득의 50%를 농가에 보충 지원한다고 가정하면, 농가 호당 약 월 50만 원, 연간 600만 원을 지급하면 된다. 이 기본소득을 '농가 직불금' 개념으로 전국 농가 110만 호에 일괄 지급한다면 연간 총 6.6조 원 정도가 소요된다. 2013년 기준 농가 평균소득의 17.4%, 또는 총 농림생산액의 24.4%에 해당하는 규모다.

김 전 장관은 "그 재원은 기존의 각종 직불금 예산액, 농가 110만 호 대비 근 10%에 달하는 중앙정부 지방정부 및 농진청 등 농관련 공공기관과 농축수협, 산림조합 등의 중앙 지방조직에 대한 대대적인 구조개혁으로 절감한 비용, 현 농림수산 예산액 중 비농어민 조직과 기업에 지원되는 각종 비농업적 지원비 삭감, 기존의 농림축수산식품 예산과 기금 및 농특세 예산액 중 일부 불요불급한 항목의 예산 삭감, 그리고 신규 FTA 이익공유제(신설)의 수익금 등을 상정하여 정밀 조정할 필요가 있다"고 주장한다.

3. '농산물 가격안정기금'을 모으자

2011년 12월 충북 음성군은 전국 최초로 '농축산물 가격안정기금 설치 · 운용 조례안' 주민 발의를 의결했다. 중앙의 정책으로 해결하지 못하는 가격의 불안정과 비대칭이라는 농산물유통의 구조적이고 고질적인 난제를 지역농정의 차원에서 해소해보려는 목적이다.

지난 2010년 8월 조례제정 운동 선포식으로 시작, 주민 발의안을 낸 지 2년 만의 성과다. 이로써 음성군 농민은 쌀, 고추, 복숭아, 인삼, 한

22 김성훈, 「[김성훈 칼럼] 농가에 기본소득을!」, 프레시안, 2005. 1. 8.

우, 수박 등 6개 농축산물의 도매시장 가격이 최저가격 이하로 떨어질 경우 가격안정기금의 지원을 받게 된다.

이때 농산물 최저 가격은 3년 간 도매시장 가격과 농촌진흥청에서 조사한 생산비, 현지 생산비를 참고, 매년 상반기 농 · 축산물 가격 안정 기금 운용심의위원회에서 결정한다. 차액 지원 농작물은 6,600평방미터 이내이며 한우는 연간 출하 30마리 이내로 제한된다.

이미 1차로 10억 원의 기금을 확보했고 2017년까지 총 50억 원의 예산을 추가로 확보할 예정이다. 음성군이 매년 10억 원의 기금을 출연하고 음성군내 협동조합도 기금 출연에 동참한다. 조기 시행 시점을 2015년 말로 목표하고 있다.

전라북도는 2016년 하반기 '농산물 최저가격 보장제'를 도입한다. 관련 조례를 상반기에 만들고 하반기부터 2018년까지 3년 동안 시범적으로 농산물 최저가격 보장제를 시행할 계획이다. 농업인 등이 참여한 '최저가격 심의위원회'에서 최저가격을 결정할 계획이다.

전라남도도 2015년 주민 발의로 '농산물 최저가격보장 조례'를 제정했다. 2014년 초 전국농민회 광주 · 전남연맹 박행덕 의장이 청구한 이래 19세 이상 전남 인구 100분의 1인 1만 5천여 명의 서명을 받았다.

조례안의 주요 내용은 매년 500억 원씩 10년간 5천억 원의 농산물 가격 안정 기금을 조성한다는 것. 배추 등 13개 품목의 도매시장 가격이 일정 기간 동안 최저가격 이하로 형성될 경우 최저가격과의 차액을 지원토록 한다. 13개 품목은 4대 곡물(보리, 밀, 콩, 옥수수), 7대 채소(배추, 무, 마늘, 양파, 고추, 대파, 당근), 2대 과일(사과, 배)이다.

제주특별자치도의 농산물 최저가 보장제도는 특히 보다 근본적이고 포괄적이다. 2015년 6월 제주형 농산물가격 최저가 보장제(직불제) 도입을 포함한 '한중 자유무역협정 대응 등 1차 산업 경쟁력 강화 종합대책안'을 발표했다. 최저가 보장제는 물론, 농가부채 장기상환 전환, 식품가공 및 6차 산업 활성화 등에 2020년까지 6년간 4조 5천억 원을 투입한다는 계획이다.[23]

이는 원희룡 지사의 공약으로서 "농산물 산지 가격이 떨어질 경우 재배한 채소를 산지에서 폐기하거나 수매하면서, 정부가 계약 주체(농협 또는 농가)에게 최저가격을 지급하는 것"을 주요 내용으로 한다.

아울러 농축산물 소득보전기금 설치 및 운영조례, 농·임·축·수산업의 수급안정에 관한 조례, 밭작물의 수급가격 안정기금 설치 및 운영조례 등 수급조절 기능에 한계를 노출한 기존 유사 조례의 개정 작업도 병행할 계획이다.

제주도는 이에 따라 2016년 5월까지 '제주형 농산물 최저가격 보장제' 실행안을 설계하는데 2억 원을 지원할 예정인데 검토 대상 품목은 감귤, 양배추, 월동무, 마늘, 양파,당근 등 채소류 5종이다.

또 최저가격 보장 품목을 최종 선정, 최저가격 보장제 운영 방식을 결정, 최저가격 보장 시행에 따른 재정수요를 진단하고 만족도 분석 및 수급조절과의 연계성, 정부 정책·WTO 감축대상 보조·의무자조금 등 관련 정책 연계 등을 주로 검토하며 국제무역 기준에 벗어나지 않는 선에서 의무자조금을 병행해 최소한의 농가 경영비를 보상하는 수준으로 모델을 설계한다는 방침이다.

이처럼 음성군 사례 이후 나주, 괴산, 순천, 함평, 전북, 전남, 제주 등 기초 및 광역 지방정부의 조례 제정이 이어지고 있다. 지역에서 생산

23 이정민, 「제주형 농산물 최저가직불제 도입 추진」, 제주매일신문, 2105. 6. 25.

되는 특정 농산물 가격이 최저가격 밑으로 떨어지면 그 차액을 생산자에게 보전해주겠다는 취지다. 결국 지역 농민들의 영농기반을 보호하고 생활안정을 지원하겠다는 정책목적이다.

최저가를 보장해주는 농산물 품목은 지역마다 차이가 있다. 재정 운용방식도 행정이 선호하는 일반회계와 농민이 선호하는 기금적립식으로 이견이 있다. 하지만 내용과 방식에 대한 견해차는 큰 문제가 아니다. 농산물 최저가격과 농가의 소득을 보전하려는 취지와 목적만큼은 서로 다르지 않기 때문이다. 이제 기초와 광역지자체를 이어 중앙정부도 전향적인 도입 검토와 입법화에 착수할 시점이다.

4. '공동 소득기반시설'로 소득을 나누자

농가 소득은 크게 농업소득과 농외소득으로 구분된다. '농외소득'이란 노임 · 임대료 · 이자수입 등으로 구성되는 사업 이외의 소득, 농업 이외의 임업 · 상업 등으로부터 들어오는 겸업소득, 출타 가족으로부터의 송금수입 · 사례금 · 피증보조수입 등으로 구성되는 이전수입의 합계를 말한다. 자가 소비하는 현물도 농가소득에 포함된다.

그런데 억대 농부나 대농, 기업농이 아니라면 농사만 지어서 먹고 살기 어려우니 농업소득 못지 않게 농외소득도 중요하다. 우리 농가의 소득구조, 그러니까 농가의 경제 사정은 좋지 않다. 농업 · 농촌은 비농림어업 GDP 대비 농림어업 GDP 격차가 2003년 47.1%에서 2012년 42.8%로 벌어졌다. 도시근로자 소득 대비 농가 소득격차 또한 2003년 76.4%에서 2012년 57.6%로 더 커졌다. 산업 간 · 도농 간 소득 불균형이 더욱 심화되고 있는 것이다.

일단 농가 소득원의 구조 자체가 불량하다. 최근에는 농가 소득을 주로 구성하는 소득원은 33%를 차지하는 농업소득보다 농외소득이 오히려 더 크다. 농산물 시장 개방 확대 및 경쟁 심화로 농가의 농업소득률은 지속적으로 하락하고 있다. 1995년 65.4%이던 것이 2000년 55.8%, 2005년 44.6%, 2012년 33.1%까지 떨어졌다. 급여수입, 농업임금수입 등 근로수입 증가 폭이 점점 커지고 있다는 말이다.

그래서 우리 농민들은 농가소득 구조를 정상화, 안정화시킬 수 있는 다양한 소득사업을 절실하게 요구하고 있다. 농식품부에서도 일반농산어촌개발사업을 통해 이른바 '소득기반사업'을 다각적 · 종합적 · 지속적으로 지원하고 있다. 주로 '지역자원 및 특산물을 활용한 지역소득 증대를 위한 기반시설' 등이 주요 지원대상 소득사업이다.

세부사업으로는 도농교류 활성화를 위한 농어촌체험시설, 폐교임대활용, 생태학습장, 문화체험관 등이 해당된다. 또 지역의 농 · 특산물 부가가치 증대를 위한 공동 농특산물판매장, 공동 소규모가공시설, 공동 저온저장고시설, 공동 농산물선별장 등도 적게는 수천만 원에서 많게는 수십억 원 까지 지원받을 수 있다.

지원 조건은 그리 까다롭지 않다. 행정리(동)를 단위로 10가구 이상이 모여 공동사업을 영위할 법인을 조직하면 된다. 그리고 이때 주민소득을 위한 소득기반 시설에 소요되는 사업비 총액의 20%는 수익자(주민)가 부담하는 원칙을 지키면 된다. 나머지 80%는 갚지 않아도 되는 보조금이라는 말이다. 물론 토지구입비, 건물 임차비 등은 수익자(주민)가 부담해야 한다.

자부담, 토지구입비 등의 부담이 있음에도 농민들은 소득증대사업을 우선적으로 선호한다. 그만큼 소득증대가 숙원과제이기 때문이다.

농사만 열심히 지어서 먹고 살기 어렵기 때문이다. 그런데 누구나 소득사업을 지원받을 수는 없다. 자부담금 때문이기도 하지만 사업지침을 준수하는 게 그리 간단하지 않다.

일단 사업을 잘 모르는 농민의 소득사업 참여와 합리적 운영을 위해서 '시설물 설치 및 운영 기준[24]' 등 개선할 점이 적지 않다. 사업비 단가, 설치 규모, 운영 주체, 자부담 규정 등 기준이나 해석이 불명확한 경우가 많다. 그래서 사업을 시행하고 사후관리를 책임져야 하는 농촌 주민 입장에서 대처하기 어렵고 혼란스러운 경우가 많다.

우선 시설물에 대한 설치단가 규정을 구체적으로 제시할 필요가 있다. 주요 건축, 시설물, 조경수, 브랜드 개발 단가 등에 관해 하한선과 상한선을 정확히 규정하고 안내해야 한다. 그래야 단가 부풀리기를 통한 보조금 과잉 신청, 부실한 설계도 및 사업계획서, 보조금 부정 집행의 폐단과 비리를 차단할 수 있으며 행정과 주민이 서로 믿고 사업을 추진할 수 있다.

또 다목적 광장, 레포츠 시설 등 사업내용이 모호한 사업부지를 과다 매입하거나 과대 설치하는 경우에도 규모와 사업비 상한선을 사전 규제할 필요가 있다. 다만, 오직 외형적인 규모로만 판단하지 말아야 한다. 본질적으로 지역공동체 사업으로서의 타당성과 소득사업으로서 채산성이 있는 시설일 경우, 사업계획서와 사유서를 심층 검토해 전향적으로 예외를 적용할 수 있어야 한다. 규정과 규제를 준수한다고 지역의 여건과 가능성을 무시하고 획일적이고 천편일률적인 사업을 강요하는 건 또 다른 폐단이자 부작용을 초래할 수 있다.

---

24 『2015년도 일반농산어촌개발사업 '시설물 설치 및 운영기준' 협의 워크샵』, 농식품부, 2015.

소득사업의 주체를 사전에 명시하는 것도 소홀히 할 일이 아니다. 현행 추진위원회, 운영위원회, 마을협의회 등 법인격 자체가 결여된 사업주체로는 추후 문제가 발생했을 때 법적인 책임을 지고 싶어도 질 수 없는 자기모순과 구조악에 빠지게 된다. 그뿐만 아니라 이 같은 조건에서는 사업주체의 의도된 도덕적 해이도 방지할 수 없고 처벌할 수도 없다. 사전에 마을의 일정 가구(예: 2분의 1) 이상이 참여하는 마을기업 같은 법인을 구성할 수 있는 마을공동체에게만 지원자격을 주는 진입장벽이 필요하다. 그 정도 법인조차 구성할 수 없는 마을이라면 어떠한 지원을 받을 자격도, 역량도 안 되는 것이다.

현재 소득기반사업과 체험관광사업 등 소득이 발생하는 수익사업에 한해 부지는 100%, 시설비는 20% 자부담하는 규정도 전향적으로 재고할 필요가 있다. 그 자부담 규정 때문에 소득사업이 마을공동체의 최우선 숙원과제임에도 참여하지 못하는 마을이 적지 않다. 심지어 불요

| 오스트리아 티롤지방의 공동축산가공장 및 직거래판매장 |

불급한 기초생활확충사업이나 지역경관개선사업에 아까운 사업비를 소진하고 마는 경우가 적지 않다.

물론 행정은 자부담 규정이라도 두어야 "아무나, 누구나, 무책임하게, 함부로 사업에 참여하지 못할 것"이라는 이유를 든다. 틀린 말은 아니다. 그런데 소득사업이 더 절실한 마을은 자부담조차 할 수 없을 정도로 가난한 마을일 것이다. 이런 마을에도 소득사업의 기회를 열어 주자. 그러기 위해서는 자부담으로 사전에 사업주체로서의 적정성과 책임감 여부를 확인하는 현행 방법을 사후적인 평가로 전환하면 어떨까. 발상의 전환을 해야 할 때다.

즉, 소득사업으로 발생하는 수익금을 지금처럼 소득사업에 출자하고 참여한 일부 개인과 법인에 귀속시키지 않으면 된다. 마을공동체에서 고용한 법인 상근자의 인건비 등 기본 관리비를 제외하고 남은 수익금의 전액을 마을공동기금으로 적립한다면 문제는 해결될 수 있다.

그렇게 하면 수익사업에 배타적으로 참여해 "우리끼리만 돈을 벌어 나누겠다"는 사리사욕 자체가 원천적으로 제거되는 효과가 나타날 것이다. 돈도 되지 않는 소득사업에 '아무나, 누구나, 함부로' 뛰어들지 않을 것이다. 결국 소득사업이라는 마을공동체사업은 마을 주민 모두에게는 '남의 일이 아닌 나의 일'이 될 것이다.

5. '손해보험'으로 소득안전망을 갖추자

NH농협손해보험은 겨울철 재해를 대비해 농작물재해보험과 농업

수입보장보험을 판매하고 있다.[25] 대상 품목은 농작물재해보험의 경우 포도, 복숭아, 자두, 매실, 양파, 복분자, 오디, 느타리버섯, 인삼, 사과, 배, 단감 등이다. 또한 시범사업지역에서 가입이 가능한 농업수입보장보험은 포도, 양파가 대상이다. 특히 과수 종합위험방식의 상품은 겨울철 동상해 등을 보장하기 위해 피해발생 전인 11월부터 보험을 판매한다.

2015년부터는 겨울철 농작물재해보험의 경우 적과 전에 발생하는 대부분의 자연재해를 보장하는 '적과 전 종합위험방식'의 상품에 가입할 수 있는 품목과 가입지역이 확대됐다. 기존 품목인 배와 단감에 사과가 추가됐고 가입지역도 배는 30개 시·군으로, 단감은 12개 시·군으로 확대됐다. 신규로 도입된 사과는 일단 안동, 문경, 포항지역이 대상이다.

10%, 15% 등 낮은 자기부담비율로 가입할 수 있는 품목도 포도, 매실, 오디로 확대가 됐다. 또 매년 꾸준히 보험에 가입했지만 3년간 연속적으로 보험금을 받지 않은 농가는 10%형 이상 선택(10%, 15%, 20%, 30%, 40%)이 가능하며 2년 연속 보험금을 수령하지 못한 농가는 15%형 이상 선택이 가능하다.

아울러 자연재해로 인한 농작물의 수확량 감소뿐 아니라 가격 하락까지 보상해주는 농업수입보장보험도 2015년부터 시범사업으로 실시하고 있다. 이 보험은 농가의 품목별 조수입(수량×가격)이 일정 수준 이하로 떨어질 경우 그 감소분만큼을 보험금으로 보전해주는 제도다.

---

25 서상현, 「겨울철 재해 대비 농작물재배·농업수입보장보험 판매」, 한국농어민신문, 2015. 11. 3.

최근 잦은 기상이변으로 인한 재해위험, FTA 등 개방 확대로 농산물 가격하락 위험이 커지면서 농가소득 보전을 위한 가격 하락 위험관리 제도 도입의 필요성이 인정된 것이다.

이 제도는 특히 재해발생에 따른 수확량 감소뿐 아니라 풍작 등에 따른 가격하락 위험을 관리할 수 있는 특장점이 있다. 첫 단계로 일단 콩, 포도, 양파 3개 품목에 대해 농식품부가 NH농협손해보험 등과 시범사업 추진 약정을 체결했다.

그런데 이러한 손해보험의 가입자이자 피보험자인 농민들은 이 보험상품이 불만스럽다. 농협손해보험사의 농작물재해보험금 산정 기준이 석연치 않은 경우가 적지 않기 때문이다. 이 보험사는 2015년 최악의 가뭄으로 피해를 입은 벼 재배농가들에게 '미보상 감수량'을 적용해 보험금 산정액을 대폭 깎아 지급하기도 했다.

여기서 '미보상 감수량'이란 '농가가 제초작업 · 시비관리 등 통상적인 영농활동을 하지 않아 발생한 손해'를 뜻하는 것으로 말하자면 농민들을 '보험금을 신청하려고 일부러 농사를 방치한 파렴치한 사람' 취급을 한 셈이다. 농작물보험제도는 자연재해로 인한 농가의 경영손실을 보장해 주기 위해 정부와 지자체가 세금을 지원하면서 농가에 가입을 독려하고 있는 제도이지 농협의 수익사업이 아니다.

농업수입보장보험도 마찬가지다. 농작물의 가격하락과 생산량 감소에 따른 농가조수입을 보장하려는 취지는 좋다. 하지만 현실에 맞지 않는 보상 약관으로 농민들의 불만과 원성을 사는 일이 잦다.[26] 보험사에 보상금을 신청하면 "미수확한 콩에 대해서만 피해를 인정하고 수확

---

26 강재남, 「"농업수입보장보험 보상, 수확하면 안 된다니…"」, 한국농어민신문, 2015. 11. 27.

을 한 후 창고로 가져간 농작물의 경우 약관에 따라 보상이 어렵다"는 답변이 돌아오는 경우도 있다. 보상을 받으려면 농작물을 수확하지 말고 썩게 놔둬야 한다는 얘기로 들린다.

보험료 자부담 자체가 부담스러운 중소농은 여전히 보험으로 인한 소득 보전 혜택의 사각지대에 놓여 있다. 따라서 농작물재해보험, 수입보장보험 모두 제도의 개선이 요구된다. 미국의 '농업위험관리제도(ARC)' 등 선진 사례를 연구하여 보상 약관을 합리적으로 개선해야 한다. 특히 정부의 보험료 지원률도 현행 50%에서 획기적으로 상향 조정할 필요가 있다. 그래야 이같은 '보험' 방식의 농가소득 보전정책이 '가격보전' 방식, '수입보전' 방식과 더불어 농업과 농촌의 안전망 구실을 제대로 할 수 있을 것이다.

2 장

'사회경제적 농업'을 살리자

01. '중소농'끼리 서로 돕자

02. '도시'가 먼저 나서자

03. '먹거리 정의와 안전'을 지키자

04. '지역농업'으로 지역을 묶자

05. '친환경 농업'으로 순환하자

이제 농촌마을은 협동과 연대의 마을공동체 농업으로 전환할 필요가 있다. 전체 수입 가운데 농업 수입이 절반도 되지 않는 '농민인 듯 농민 아닌 농민 같은 농민'이 10명 가운데 3명이 넘는다는 것이 우리 농업의 현실이다. 중소농, 가족농들이 협동조합 등 농업공동체를 중심으로 흩어진 작은 힘을 한곳에 모아 큰 힘으로 만들어야 한다.

이때 역량 있고 책임감 있는 사업주체의 역할을 맡아 마을공동체 농업을 이끌어 나갈 이른바 마을 · 지역공동체사업 협동경영체로서 '마을기업'도 필요하다. '비록 자본주의 사회와 체제에 놓여 있지만, 마을 사람들이 서로를 위해, 마을공동체를 위해, 더불어 설립하고 경영하는 지속발전가능한 사업단위체'가 절실하다.

가령 '친환경 순환농업 기반, 농촌경영체 중심, 도 · 농상생 생활 · 생태공동체' 같은 중소농 · 가족농 중심의 영농사업체가 적당한 형태이자 규모일 것이다. 사업구조는 1차 친환경 영농, 2차 농업바이오 가공, 3차 도 · 농 직거래 유통, 그리고 교육, 문화, 체험 등 관련 서비스를 아우르는 생태적이고 유기적인 농업경영체라면 유망할 것이다.

그래서 '중소농 · 가족농'에 걸맞은 대우를 받아야 한다. 그러자면 '중소농 · 가족농 주도 지역단위 협동조합'부터 구성하는 게 합리적이고 효과적인 정책이 될 것이다. 이때 농촌지역에 산재해있는 각종 농업관련 유휴시설을 지역 공유자산으로 재활용한다면 창업을 하거나 사업을 강화하는 데 도움이 될 것이다. 그러기 위해서는 '유휴시설 지역공유 사회적경제자산은행'을 설립할 필요가 있다.

무엇보다 농업은 농민의 일만이 아니다. 도시의 도시민, 소비자들도 국민농업의 한 주체로 자각하고 참여해야 하다. 그러자면 국민농업의 학교라 할 수 있는 '도시농업'을 장려해야 한다. 도시에서부터 농촌을 배우고 곧 결행할 자발적 하방을 철저히 준비해야 한다. 돈과 힘이 더 많은 도시의 지자체가 농촌의 지자체에 먼저 손을 내밀면 가능한 일이다.

식량주권 못지 않게 먹거리 정의와 안전도 중요하다. 우리는 이미 자유무역협정에 따른 수입농산물 유입으로 GMO(유전자변형) 농산물, 방사능 오염식품으로부터 더 이상 안전하지 않다. 식품 표시를 완전하게 하고 아이들 공공급식부터 안전하고 건강한 친환경 로컬푸드로 공급해야 한다. 그러자면 지역농업을 통한 친환경 순환농업 체계가 구축되어야 한다. 6차산업도 지역농업, 친환경농업을 바탕으로 해야 중소농, 영세농들이 참여할 여지가 마련된다.

잘만 하면, 이러한 '사회경제적 농업'은 마을에 사는 마을사람들의 단순한 밥벌이 수단을 넘어설 수 있을지 모른다. 생태적이고 공동체적인 삶을 소망하는 온 국민의 새로운 삶의 방식이나, 나라 경제의 대안이 될지도 모른다.

06

'중소농'끼리 서로 돕자

1. '중소농'은 사회복지로 보살피자

오늘날 농정당국에서 바라보는 농정의 핵심 과제는 '기업화' 또는 '산업화'다. 농업 선진화, 6차 산업 또는 ICT 융복합 농업, 스마트 농업 등의 현란한 농정구호에서 정부의 일관된 방침과 의지를 확인할 수 있다. 자유무역시대에 국제 경쟁력을 강화하려면 규모화를 통한 생산비 절감으로 가격 경쟁의 열위를 극복해야 한다는 명분이다. 하지만 불행히도 그같은 국제적인 차원까지 고려한 정책의 수혜를 받을 수 있는 농민은 많이 남아 있지 않다.

우리 농민의 평균 농지보유 면적은 1.5ha에 불과하다. 게다가 1ha 미만인 농가는 전체 농가의 65%가 넘는다. 농업소득(농축산물 판매금액)이 1,000만 원도 안 되는 농가 역시 65%, 72만 가구에 달한다. '돈 버는 농업'의 성공지표로 연간 1억 원 이상의 농업소득을 올리는 이른바 억대 농부는 2.7%, 3만 가구에 불과하며 3ha이상의 농사를 짓는 농가조차 8.7%로 10만 가구가 안 된다.

그러니까 우리 농업 · 농촌의 현실에서 기업화, 산업화의 주역이 될 농민은 일부 상위 소수에 지나지 않는다. 대다수 농민은 중소농이거나 영세농으로 분류된다. '돈 버는 농업', '부가가치가 높은 선진농업'이라는 농업경제학의 전략과 방식으로는 일부 기업형 부농을 제외하고 대다수 농민의 경제사정이나 생활환경을 개선할 수 없다.

이렇듯 중소농, 가족농 중심의 생계형 농업 구조에 바탕을 둔 우리 농업의 현실에서 기업농 중심의 상업적 농업은 적절하지 않다. 그래서 기업농이나 상업농 위주 보다는 중소농들끼리 협력과 연대를 통한 공동생산, 공동가공, 공동유통 방식의 공동체 농업모델을 개발할 필요가 있다.

협동조합 중심의 농업선진국 덴마크, 뉴질랜드 등 해외 성공 사례도 얼마든지 있다. 세계적 브랜드인 썬키스트, 제스프리 등은 협동조합을 중심으로 산지 생산자 조직화를 통한 교섭력을 키우고, 협동조합 간 연합체 구성과 참여조직의 역할분담으로 규모화 · 전문화의 효과를 발휘했다.

무엇보다 우리 농촌은 단순한 생산의 공간이라기보다 생활의 공간이라고 인식을 전환하고 바라볼 필요가 있다. 그리고 농민을 단순한 경제활동 인구로서보다 사회복지의 수혜 대상으로 바라볼 필요도 있다. 그러자면 농정의 패러다임이 전업농 육성 위주의 '돈 버는 농업' 상업화, 규모화 패러다임에서 가족농 · 중소농 중심의 '사람 사는 농촌' 중심 패러다임으로 전환되어야 한다.

대부분의 중소농은 가족노동력에 기대 자급자족해야 하는 가족농의

| 봉화 비나리마을의 중소농 · 가족농 |

처지이다. 상업화, 규모화와는 거리가 먼 순정한 생계형 농사를 지을 수 밖에 없다. 수지 타산을 맞추기도 쉽지 않다. 따라서 '중소농 · 가족농 중심'의 농업정책은 소득 중심 농업경제학의 시각으로 접근하면 안 된다. 농민 기본소득 등 기초생활 보장제, 직불제 등 농가 소득 보전, 교육, 의료, 보건, 주거, 고용 등 사회안전망, 영농 협동조합 등 사회적 경제 등을 중심으로 사회 복지 측면에서 바라보아야 한다.

2. '협동조합'에서 힘을 모으자

2015년 말 현재 8,500여 개의 협동조합이 설립됐다. 2012년 12월 1일 협동조합 기본법이 발효된 이래 3년 만이다. 하지만 주위를 둘러보면 '제대로 문을 열고 장사를 하는' 정상적인 곳은 그리 많지 않은듯 하다. 심지어 '자율과 독립' 등 협동조합의 7대 원칙을 잠시 망각한 곳도 적지 않다. "협동조합도 사회적기업과 중소기업 수준의 대우를 해달라"며 정부와 지자체의 정책지원이 하달되길 하염없이 기다리고 있는 모습이다.

그래서 김성오 한국협동조합 창업경영지원센터장은 "새로 생겨나는 협동조합 중 성공하는 것은 아마도 10% 정도 될 것으로 협동조합은 신중한 성공전략 못지 않게 실패에 대비한 전략도 철저하게 짤 필요가 있다"고 주의를 환기시키고 있다. 그렇다고 이제 막 걸음마를 뗀 협동조합 후진국 한국이 170년 넘은 유럽의 협동조합 역사와 성과에 주눅이 들 필요도 없을 것이다.

국제협동조합연맹(ICA)의 정의에 따르면 '협동조합은 공동으로 소유되고 민주적으로 운영되는 사업체를 통하여 공통의 경제, 사회, 문화적 필요와 욕구를 충족시키고자 하는 사람들이 자발적으로 결성한 자율적인 조직'이다. '사업체'이면서 동시에 '결사체'의 성격과 목적을 띤다. 기업으로 생존하고 조합원들을 만족시키면서 지역사회에도 기여한다는 세 마리 토끼를 모두 잡아야 하는 난이도가 높은 숙제다.

전체 설립 협동조합의 10% 정도를 차지하는 농업 · 농촌 관련 협동조합은 더 쉽지 않을 것이다. 농민이라는 조합원들, 농촌이라는 지역사회, 농업이라는 업종의 특성 상 수익성과 사업성, 지속가능성 측면에서 성공적 경영을 하기에 유리한 조건이 아니기 때문이다.

더욱이 협동조합기본법에 의한 협동조합보다는 '농어업경영체 육성 및 지원에 관한 법률'에 의한 '영농조합법인'이 농업 경영현장에서는 보다 혜택이 많을 수 있다. 가령 영농조합법인은 조세특례제한법에 따라 법인세 면제 등의 면세, 정부 농림사업 보조금 지원 등의 혜택이 있지만 협동조합은 해당되지 않는다.

공동체가 해체되고 경제 기반이 붕괴된 농촌 지역사회에서 협동조합은 중요한 해법이 될 수 있지만 풀어야 문제는 아직 산적하다. 정정현 농협대학교 교수 등이 발표한 「농업 · 농촌관련 소규모 협동조합의 지속가능성 확보를 위한 방안 연구」 결과[27]를 보면 이러한 문제점에 대해 실증적으로 알 수 있다.

정 교수 등이 2015년 한해 농업 · 농촌관련 협동조합 실태를 조사해 본 결과, 자금 운영의 투명성과 품질 우수성 관련 항목은 상대적으로 높은 평가결과가 나왔으나 자금 동원 능력, 판로 개척, 홍보 등은 낮은 점수를 보였다. 또 전체 협동조합의 36.0%는 현재 활용 중인 정부지원 정책이 없다고 응답했으며 향후 필요한 정부지원정책으로는 금융지원(46.7%)과 상품판로 개발지원(34.3%)으로 크게 양분됐다.

결국 정부지원정책을 활용할수록, 지역사회의 네트워크 활동이 활발할수록 매출액이 크다는 실증 분석 결과를 도출했다. 여기서 협동조합이 지역사회의 네트워크를 활용한다는 것은 협동조합의 7대 원칙 가운데 '협동조합 간 협동', '지역사회에 대한 기여'에도 부합되는 것이다.

가령 지역사회와 시장을 기반으로 생산자 협동조합은 소비자 협동조합, 지역농협, 영농조합법인, 그리고 지방자치단체와 유기적인 네트워크를 구축하면 안정적 판로와 원자재 확보 등 신뢰와 신용 기반 거래가 가능하다.

무엇보다 농민들이 현장에서 요구하는 농업의 대안은 기업농 중심, 자본투자 위주의 모델이 아니다. 중소농 중심 협동조합 방식의 '협동

---

27 홍기원, 「농업 · 농촌관련 협동조합, 정부지원 · 네트워크 활동이 관건」, 한국농정신문, 2015. 11. 15.

| 완주 한우협동조합 '고산미소' |

화사업' 모델이다. 6차 산업화든, 스마트 농업이든 소규모, 영세 농업 경영체가 많은 우리 농촌의 공동체 특성과 다기능성을 살리면서 추진되어야 마땅하다. 본질적으로 농업이 근간이기 때문이다. 농기업 창업, 일자리 창출, 농가소득 제고 등은 그 협동화사업의 선순환 구조 속에서 부산물로 따라오는 것이다.

근본적으로 인구밀도가 낮고 생산인력이 부족한 농촌에서 사업을 영위하는 행위 자체가 시장 실패의 위험을 안고 있다. 농촌지역에서는 구조적으로, 환경적으로 충분한 규모와 지속가능한 기간의 상권형성도 어렵다. 이럴 때, 농촌의 주민들이 협업을 통해 생산 · 소비협동조합을 결성한다면 시장실패의 가능성을 낮추는 등 유력한 자구책을 마련할 수 있다.

무엇보다 이렇게 '협동사업화'를 통한 자조적 지역사회 발전 전략은 주민 삶의 질 향상, 지역사회 내부역량 증진 등의 효과를 가져온다. 행정, 주민 등 지역사회 발전의 추진주체는 효과의 극대화를 위해 지역사회의 주민 다수의 이익을 추구하기 때문이다. 특히 다수가 참여하는 '지역사회 또는 지자체 단위의 협동조합' 방식은 개별 농민 구성원의 욕구보다는 지역사회 공통의 발전을 지향하므로 정책적 명분도 충분하다.

특히 협동조합은 지역사회의 사회적 자본(Social Capital)을 증진시킨다. 지역사회 주민들이 협동조합에 참여하면서 협동조합의 발전과정, 조합원 역할, 리더십 등을 경험하고 공유하면서 사회적 자본을 형성하게 되는 것이다. 이는 곧 지역사회와 구성원들이 사업조직을 만들거나 강화하는 데 요긴하게 활용할 수 있는 자산이 된다.

무엇보다 과소화되고 사회적 활력이 저하된 농촌지역에서는 사회적 연결망이 침식되거나 부재한 경우가 많다. 따라서 사회적 관계를 형성하거나 복원하는 조직화 활동이 절실하다. 협동조합을 설립하고 운영하는 방법, 협동조합을 통한 '협동사업화'가 최적의 대안이 될 수 있는 이유다.

다만 농촌지역 협동조합의 정상화, 활성화를 위해서는 관련 제도와 법이 뒷받침되어야 한다. '농어업경영체 육성 및 지원에 관한 법률'부터 개정할 필요가 있다. 법인세 및 부가가치세 면제 등의 지원대상인 농업회사법인은 상법상 법인 형태로만 설립이 가능하다(조세특례제한법 제68조, 제105조, 제106조). 따라서 농업법인(영농조합법인 및 농업회사법인)과 동일한 수준의 지원이 가능하도록 협동조합을 농업법인의 한 형태로 인정할 필요가 있다. 농식품부의 보조금 및 융자 지원 정책사업은 주로 '농어업경영체 육성 및 지원에 관한 법률'에 규정된 농업법인을 대상으로 하기 때문이다. 농업인들의 협업적 농업경영체 성격의 협동조합을 설립할 경우, 이 법률의 지원대상에 포함시키는 게 형평성에도 부합한다는 판단이다.

협동조합금융도 난제다. 문제는 협동조합 경영지원, 협동조합 대출, 협동조합 투자 등 3가지로 정리할 수 있는데 이것을 해결하기 위해서는 우선 경영 지원, 회계 · 재무컨설팅 등 사업경영의 전문성, 역량 확보가 중요하다. 또한 협동조합의 특성에 부합하는 재무제표 평가, 신용평가 및 신용등급 기준 마련이 최우선 과제다. 협동조합 유형별, 성장단계별 금융수요 조사, 최적의 자금조달 방안도 수립되어야 한다. 법적, 제도적 한계가 존재하는 기존의 농협, 신협, 금고 등 금융협동조합들이 협동경제의 금융파트너 역할을 할 수 있도록 위상을 재정립해 이른바 '협동조합경제 금융생태계'를 구축할 필요가 있다.

적어도 농촌에서 협동조합으로 '돈'을 많이 벌지 못하더라도 '사회적 결사체'의 최적화 모델이 될 수는 있다. 협동조합은 그동안 농촌정책에서 견지해온 농촌의 내생적, 자조적 지역사회 발전전략을 개선하는 적당한 대안으로 보인다. 인구밀도와 생활서비스 접근성이 낮은 농촌 지역사회에 적정한 가격으로 재화와 서비스를 공급하는 데 협동조합이 유력한 수단과 경로가 될 수 있다. 이것이야말로 인구 과소화, 지역사회 공동화, 중앙과의 격리 등으로 발생하는 농촌지역의 '사회적 배제(Social Exclusion)' 문제를 해결하는 최적의 해법으로 보인다.

3. '사업시설과 기회'를 공유하자

2015년 7월, 완주군은 제2호 로컬푸드 가공센터를 준공했다. 구이면, 상관면, 이서면 지역 농업인이 농식품 가공을 위해 공동으로 사용하는 공유시설로 총 사업비 12억 원을 투자했다. 이를 통해 완주군의 대표적 성공정책으로 자리잡은 로컬푸드 사업을 보다 활성화시키려는

| 완주군민이 공유하는 완주군 거점 농민가공센터 |

목적이다.[28] 완주군은 이미 지난 2012년 고산면에 제1호 거점농민가공센터를 개장한 바 있다.

구이면에 자리잡은 센터는 495㎡ 규모로, 다양한 품종의 지역농산물의 제철 가공이 가능하도록 교육실습실, 반찬 가공실, 습식 가공실, 건식 가공실, 냉장보관실 등의 시설을 갖추고 있다. 특히 품목·형태별로 생산 장비를 구비, 구이·이서·상관 지역의 농민들은 생산한 지역농산물을 다양한 로컬푸드 가공식품으로 개발할 수 있다.

아울러 거점가공센터에서는 농식품 가공창업아카데미 교육도 시행

---

28 정재근, 「완주 구이·상관·이서 대상 제2호 로컬푸드 가공센터 운영」, 전북도민일보, 2015. 7. 10.

된다. 약 4개월의 과정으로 반찬가공반, 습식가공반, 건식가공반, 소이푸드가공반 등 4개 과정으로 운영된다. 1차 단순 생산을 넘어 2차 농식품 가공을 통한 농촌 창업을 촉발시킬 수 있을 것으로 기대된다. 거점가공센터를 활용하면 농민들이 개별적으로 따로 농식품 가공사업 허가를 받거나, 시설 설치비 등 사업비를 따로 투자할 필요가 없기 때문이다.

충청남도는 '농산물 공동 가공센터 구축사업'을 지원하고 있다. 2015년에는 총 50억 원의 사업비를 마련, 자부담 20%의 조건으로 2개소를 선정하여 농산물 공동가공센터를 구축 · 운영하고, 창업보육지원 사업, 연계시설인 체험장 및 판매장 등 운영을 지원하고 있다. 지원 대상자는 생산자 단체가 포함된 사업단으로 법인 또는 협동조합과 5개 이상의 작목반, 그리고 농업인 150명이 참여해야 한다. 공모사업 선정 후에는, 특수목적 법인을 운영주체로 설립해야 한다. 공유시설인 만큼 1인 최고 지분율은 제한된다. 농업인 1인 투자의 경우 특수 관계인(가족)포함 25% 이내, 법인 또는 협동조합의 경우 30% 이내이다.

2015년 사업대상지로 선정된 서산시는 서산시 농산물공동가공센터를 건립하고 있다. 부지 67,612㎡에 21억 5,000만 원을 들여 889㎡규모(지상2층)의 전략식품가공실, 소량가공 및 창업보육실, 제품검사실 등을 갖춘 농산물공동가공센터를 2016년 6월 준공을 목표로 추진하고 있다. 농식품 가공기술 또는 아이디어가 있지만 가공시설을 자체적으로 갖추지 못한 서산시의 농업인에게 가공식품 시제품 및 판매용 제품을 생산할 수 있도록 지원하려는 목적이다.

농식품부는 6차 산업화 지원책의 일환으로 농민들이 농식품 가공 등에 활용할 수 있도록 '시설 디렉토리 구축사업'을 진행하고 있다. 그동안 농식품부 등 중앙정부와 지자체가 다양한 재정지원 사업을 통해 설치한 제조 · 가공 시설의 가동률이 높지 않은 고민을 해소해보려는 처방이다.

어차피 6차 산업화를 제대로 수행하려면 제조 · 가공시설이 필수적인데 사업자마다 새로운 시설을 설치하기보다는 기존에 설치된 시설을 활용하는 게 효과적이고 효율적이라는 계산이다. 따라서 기존의 종합 또는 거점가공지원센터는 물론 지역별로 설치되어 있는 제조 · 가공시설을 6차 산업화 추진 사업주체들이 활용할 수 있도록 각 지자체마다 제조 · 가공시설의 유형별 실태를 파악하여 디렉토리를 구축하고 있는 것이다.

이같은 농식품 가공시설 외에 농산물의 규격화 · 상품화에 필요한 집하장 · 선별장 · 포장장을 갖춘 농산물 산지유통센터(APC, Agriculture Products Processing Center) 등 유통, 체험, 교육 등의 사업 분야에서 기존에 농촌지역에 산재된 다종다양한 유휴시설을 재활용한다면 제한된 농정 예산 집행의 효율성도 높일 수 있다. 아예 '(가칭)농촌지역 유휴시설 지역공유 사회적경제 자산은행'을 설립해 창업 및 사업을 준비하는 농민들에게 임대, 매각, 출자 등을 통해 활용할 수 있도록 관련 법률과 제도를 마련할 필요가 있다.

4. '마케팅보드'를 조직하자

'마케팅보드(유통위원회)'는 농민, 특히 시장 가격 결정 구조에 접근조차 하기 어려운 중소농들의 숙원이다. 이는 영국, 영연방국가를 중심으로 20세기 초반부터 시작되었다. 아프리카 나이지리아에서는 '코코아 마케팅 보드'가 설치되어 1977년 이후 차와 커피 시장까지 이 기구에서 통제하고 있다. 생산, 판매에 대해 조언과 장려 수준을 넘어 완전한 통제 권한을 갖고 있는 것이다.

일차적인 마케팅 보드의 역할은 시장조사, 판매 증진, 정보제공 등에 그친다. 관련 상품에 부과되는 수수료로 재정을 충당하는데, 스리랑카의 '차선전위원회'(Tea Propaganda Board), 짐바브웨의 '담배수출증진위원회'(Tobacco Export Promotion Council) 등이 있다. 본격적인 마케팅보드는 포장 규격화 · 품질분석 등을 통해 판매 조건을 규제하는 권한을 행사한다.

마케팅 보드를 설립하는 기본 동기는 '생산자 가격 안정'이다. 가격 변동이 극심한 수출용품을 생산하는 경우 가격 안정은 더욱 절실하다. 내수용품 중에도 과일, 채소 등 쉽게 썩는 농산물의 판로를 미리 계획해야 하기 때문에 마케팅 보드가 필수적이다.

품목별 마케팅보드는 유통명령, 유통협약, 자조금제도 등과 연계해 대자본 중심의 농산물 시장에서 중소농의 주체적 대응을 가능하게 하는 적극적 제도다. 이같은 마케팅보드는 국가가 관리하거나 승인한 실체적 권한을 행사하며, 농산물의 구매 혹은 판매의 통제에 대한 합법적 권리를 부여받는다.

우리나라는 WTO협정 체결 등으로 2004년 이후 감축대상보조(AMS)를 1조 4,900억 원으로 유지하고 있는 형편이다. 향후에도 계속 감축할 수밖에 없을 것이다. 따라서 현재와 같이 정부 주도의 농업보조금을 위주로 하는 개별농가 지원책은 지속되기 어렵다. 이제 우리도 뉴질랜드(키위), 캐나다(버섯), 네덜란드(원예) 등 농업선진국들처럼 마케팅보드, 통합 마케팅조직에 배타적으로 권한과 책임을 부여해야 한다. 해당품목 생산자들이 자조금사업과 전국 단위 수발주 통합에 참여하게 해야 한다.

우리나라에도 이미 생산자단체 의무가입과 의무자조금 납부와 관련한 입법 사례가 있기는 하다. '축산자조금의 조성 및 운영에 관한 법률', '농수산 자조금의 조성 및 운용에 관한 법률' 등이다. 또 '독점규제 및 공정거래에 관한 법률'에서도 다른 법에 따른 정당한 행위는 해당 법의 예외로 인정하고 있다. 따라서 우리나라도 선진 농업국처럼 법에 근거해 의무자조금 관리 위원회, 통합 마케팅조직에 배타적인 권한과 책임을 부여할 수 있을 것이다.

특히 국내외 선례를 감안할 때, 지역연합과 연계해 품목 사업을 육성하는 생산자조직화제도를 도입하는 방안이 바람직할 것이다. 외국은 기초생산조직부터 품목별로 발전한 반면, 우리는 농가와 농협 모두 지역에 기반을 두고 있는 게 특징이다. 따라서 양곡, 원예, 축산 등 전 품목을 포괄하는 지역연합을 중심으로 품목별 마케팅 보드와 전국연합을 육성하는 방안이 적합하다.

정부도 이를 중심으로 통합패키지형 정책사업을 추진하는 방안이 효과적일 것이다. 이처럼 생산농가의 협동적, 연합적 사업조직을 중심으로 추진되는 정책은 농협의 경제사업 활성화 정책과도 서로 부합되는 것이다.

마케팅 보드가 가동되면 공동시장 개척과 정보 지원이 가능하다. 시장별로 잠재적 시장을 확인하고 이에 따른 시장세분화, 표적화, 포지셔닝을 참여 업체별로 추진할 수 있고 국내 · 외 시장정보도 수시로 제공할 수 있다.

또 협업농업과 원료검증 · 마케팅을 할 수 있다. 농산물 수급이 원활하게 이루어 질 수 있도록 협업농업체제를 운용하고 마케팅 및 영업도 지원할 수 있다. 아울러 R&D(연구개발), 품질 · 시설관리 등 제품 지원도 가능하다. 제품 개발 및 개량이 가능하도록 기술지도 또는 R&D 자금을 지원하고, 시설운용 및 보완을 위한 체계적인 지도를 할 수 있다. 전문 인력풀 조성, 참여기업 직원 재교육 등 인력 지원도 마케팅 보드의 기본 기능이다.

5. '중소농 농업공동체'를 꾸리자

농식품부는 2011년부터 '마을단위 농업공동체' 사업을 시행하고 있다.[29] 대부분의 농지가 영세 분산 필지 상태인 영농구조에서는 개별경영의 규모화에 한계가 있기 때문이다. 설사 규모를 확대해도 효율적 경영은 어렵다. 개별경영 단위의 규모화는 농업 경쟁력을 확보하기에는 미흡하다.

그래서 지역자원을 종합적으로 활용해 복합화 · 다각화할 필요가 있다. 복합화 · 다각화의 경우 개별경영보다 다수의 구성원이 참여하는 '조직경영'방식이 유리할 것이다. 이처럼 개별경영의 한계를 보완하기 위한 마을단위 영농활동의 조직화, 공동 경영을 통해 적정한 규모의 개별 경영체의 영세성이 극복될 수 있다.

농식품부의 '마을단위 농업공동체'는 "농업비중이 높은 마을단위로 공동 영농 · 판매 등을 수행하는 지역농업조직을 구성하고, 지역경제의 구심체로 육성"하는 것이다. 우선 조직화를 통해 지역자원을 종합적으로 활용하는 지역성을 확보할 수 있다. 또 지역주민과 지역농협 · 농

29 『마을단위 농업공동체 시범사업 추진방안』, 농식품부, 2010. 12.

업법인 등이 자발적으로 결성하는 공동성도 도모할 수 있다. 나아가 자립성과 지속성을 가질 수 있는 경영방식으로 수익성도 추구할 수 있다. 형태는 민법상 법인 · 조합, 농업법인, 협동조합 등 다양한 조직으로 확대가 가능할 것이다.

마을 단위로 농지의 단지화가 가능하기 때문에 농지규모화의 효과가 직접적으로 나타난다. 지역의 농지 보전과 관리에도 효과적이다. 또 영세한 농가가 공동으로 조직화하면 농업의 지속성도 증가한다. 단기적으로는 농업생산 유지를 통해 경작포기지 발생을 방지하고 장기적으로는 지역단위의 후계자 확보대책으로 기능할 수도 있다. 또한 농지의 단지화, 농기계 공동이용으로 비용도 절감된다.

일본의 경우, 평균 0.8ha(벼 48a, 콩 32a)의 경지면적을 가진 37호(총면적 30ha)가 각각 개별 경영을 한 경우의 전체 비용은 121,400천 엔이나, 마을 영농의 경우 개별 경영의 45%(55,000천 엔) 수준으로 비용이 절감된 사례를 확인할 수 있다.

지금 추진되고 있는 농업공동체 조직화 유형은 생산자 조직 주도형, 농협 주도형, 지자체 주도형으로 구분된다. 생산자 조직 주도형은 개별농가로서 감당하기 어려운 생산과정의 일부 또는 전부를 조직화를 통해 실행하는 생산 단계에 해당한다. 의성 의로운 쌀 생산자연합회처럼 주로 농협의 계통출하를 목적으로 하는 품목조직이나 공동출하, 가공, 유통을 위한 생산자 모임이 주도한다.

농협 주도형은 APC(농산물산지유통센터), RPC(쌀도정공장)를 중심으로 유통 혹은 생산 부문의 규모화 · 계열화를 추구하는 지역농협 중심이다. 농협 중심의 친환경쌀 생산 · 유통 단지인 '용인 원삼농협'의 사례가 대표적이다. 지자체 주도형은 중앙정부로부터 투입되는 자금이나 제도를 지역(마을단위)과 효과적으로 결합시키는 유형을 말한다. 지자체가 직접 유통 등의 경영에 참여하거나 출자를 통해 경영에 참여하는 '안성마춤 클러스터'를 예로 들 수 있다.

경북도도 '경북형 마을영농 육성사업'을 시행하고 있다. 농지는 개인소유, 경작은 마을단위 공동소유가 특징이다. 마을단위의 경작을 통해 경영비를 대폭 줄여 농업 경쟁력을 높이려는 정책목적이다. 일본의 '집락영농'의 성공사례를 국내 최초로 벤치마킹해 경북지역의 농업 특성에 맞게 개량, 시범적으로 실시하는 사업이다.

마을 영농의 경영 주체에 따라 마을주도형 모델 · 농협주도형 모델 · 기업주도형 모델 · 혼합형 모델 등으로 분류된다. 기존의 개별소유와 개별관리 방식의 영농에서 농지 소유자와 이용자를 분리하여 농지 및 농기계 공동이용, 작업별 노동력 집중 투입 등을 통해 생산비용을 최소화하고 마을 전체의 농업경쟁력을 높여나가는 것이 최종 목표다. 3억 원 내외의 사업비는 마을 영농을 운영하는 전문 경영인이나 농기계 운영자 등의 인건비, 농기계 창고, 저장시설, 공동 농기계 구입비 등에 사용된다.

07

'도시'가 먼저 나서자

1. '자발적 하방(下放)'을 하자

도시에는 사람이 너무 많이 산다. 우리 국민 10명 중 9명은 도시지역에 살고 있다. 정확하게 인구의 91.66%인 4,705만여 명이 도시민이다. 도시지역 면적은 국토의 16%에 불과하며 실제 도시민이 거주하는 주거지역은 2.4% 밖에 안 된다. 이 좁은 땅덩어리에 그 많은 사람들이 몰려 살고 있는 것이다. 국토교통부가 발표한 통계이니 과장이나 거짓말은 아닐 것이다.

거꾸로 농촌에는 사람이 너무 없다. 우리 국민 10명 가운데 채 1명도 농촌에 살지 않는다. 농사를 짓는 농가 인구는 5.3%인 275만여명에 그친다. 농민 5명이 농사를 지어서 95명의 도시민을 먹여살리는 꼴이다.

게다가 농부 10명 중 7명은 환갑 넘은 늙은 농부다. 10개 농가 중 6개 농가의 농지면적은 1ha도 되지 않고 연 소득 1천만원에 그친다. 농사를 지어서는 도저히 먹고 살 수 없다. 안타깝지만 통계청에서 발표한 자료이니 사실일 것이다.

도시에 올라와 거리를 거닐다 보면 국민 10명 중 9명이 도시에 모여 있다는 사실을 체감할 수 있다. 보도에는 서로를 경계하는 표정의 도시민들이 넘친다. 차도에는 위험한 자동차들이 가다서다를 반복하고 있다. 그런 도시민의 군상과 자동차의 물결 속에 휩쓸릴 때마다 도시에서 마을이란 가능한지 의심과 회의가 자꾸 증폭된다.

마을이란 본디 '주로 시골에서, 여러 집이 한데 모여 사는 곳'을 뜻한다. 도시에서는 마을 보다 동네라고 부르는 게 더 타당하다. 농촌의 마을은 생활과 생업이 거의 한 공간에서 이루어진다. 마을공동체의 원형은 농촌에 있다. 도시의 동네에서는 생활과 생업이 멀리 떨어지거나 흩어져 있다. 생업이라는 지상과제 때문에 생활은 적당히 양보되고 희생된다. 집 보다 직장에서 소진하는 일생이 더 많다. 일상의 삶에 저녁이란 없고 사람 조차 생업 다음 순서로 밀리기 일쑤다. 삶과 일이 서로 만날 틈이나 겨를이 별로 없다.

프랑스의 사회학자 에밀 뒤르켐은 도시의 '동네(quartier)'를 '기계적 연대와 배제의 공간'으로 규정했다. 도시의 동네에 사는 주민들은 서로 보살피고 챙겨주기 어렵다는 것이다. 공동체이기는 커녕 어서 벗어나고 싶어하는 비정한 생활공간이라고 탄식했다. 그래서 '유기적 연대'를 하자고 호소하지만 도시에서는 쉽지 않은 일이다.

그렇다면 도시의 동네를 과연 삶과 일이 하나되는 마을이나 공동체로 전환할 수 있을까. 도시의 행정, 전문가, 주민들이 협동하고 연대하면 동네는 마침내 마을이 될 수 있을까. 어쩌면 마을공동체 사업이나 운동의 기대효과란 기껏 당의정 진통제나 신경안정제 수준이 아닐까. 고단하고 외로운 도시생활을 일시적, 일회적이나마 위로하고 치유하는. 그래도 도시에 사는 동안 아무것도 안 하느니 뭐라도 하는 게 나은 걸까.

'마을이 세계를 구한다'고 했던 마하트마 간디가 생각하는 마을도 도시에 있지 않다. 그는 마을의 물질과 영혼을 다 빼앗은 게 바로 도시라고 지적하고 가해자 도시는 피해자 마을에 적절한 보상을 해야한다고 고발했다.

오늘날 도시는 사람과 자원, 기회와 희망을 독과점하고 있다. 이것들은 원래 모두 농촌마을에 있던 것이었다. 어서 주인에게 되돌려주어야 한다. 마땅히 농촌에 보상해야 한다. 먼저 너무 좁은 도시에 너무 많이 몰려들어 사는 도시난민들부터 제 고향으로, 정처로 돌아가야 한다. 자발적으로 하방해 마을의 시민으로 전향해야 한다.

그래야 사람이 너무 많이 살아서 생기는 도시의 문제, 사람이 너무 적게 살아서 생기는 농촌의 문제가 동시에 해결될 수 있다. 그러자면 이제 도시의 마을공동체 정책도 '모든 시민 끌어안기'의 강박증에서 벗어날 필요가 있다. 차라리 '도시 난민의 자발적 하방'을 돕는 데 더 힘을 쏟아야 한다.

간디는 인도가 몇 안 되는 도시에서가 아니라 70만 마을에서 발견되어야 한다고 믿었다. 대한민국의 진가도 마을에서 찾을 수 있다. 마을로 내려가자. 삶과 일과 놀이가 하나되는 마을로 내려가서 '사람' 처럼 살자.

2. '농촌의 마을시민'으로 살자

독일은 고작 전 국민의 2%가 농민이다. 그런데 국민의 60%는 농촌

지역에 거주한다. 전 국민의 92%가 도시지역에 사는 우리나라와 극명하게 대비된다. 독일의 농촌은 농사를 짓는 곳이 아니다. 사람이 살아가는 주거환경이자 생활공간이다. 그래서 독일 농정의 목표는 우리나라 처럼 '돈 버는 농업'이 아니다. 그저 '사람 사는 농촌'일 뿐이다.

지금 우리 농촌에서는 농사만 지어서 먹고 살기 어렵다. 앞에서도 말했듯이 우리 농가의 농업소득은 평균 1천만원 정도이며 60%의 농민은 그것도 못 번다. 농가소득에서 이것저것 다 뺀 순수한 농업소득은 30%도 채 되지 않고 농업총수입에서 농업경영비를 뺀 농업소득도 32%에 그친다. 그나마 농민 자신의 노동력은 인건비에 포함하지도 않은 것이다. 농사를 지을수록 자꾸 손해와 부채만 늘어나는 악순환이 매년 되풀이 된다. 순정한 농부로서 살아가기 어려운 곳이 우리 농촌의 현실이 되었다.

더욱이 농사를 짓는 농민들만 살아가는 곳은 그저 '농장'이며 농촌이라 부를 수 없을 것이다. 마을이나 마을공동체라 하기에도 어색하다. 사람이 살아가는 마을로서 농촌은 모름기지 농부들 뿐만 아니라 다양한 '마을시민[30]'들이 모여 살아가야 한다.

여기서 '마을시민'이란 농사를 짓든 농사를 짓지 않든 농촌에서 살아가는 사람들을 말한다. 마땅히 행정적인 의미로서 '농촌마을 주민'의 1차적인 단계와 경지는 넘어선다. 자기와 가족들의 생계와 안녕만을 걱정하지 않는다. 남과 이웃도 돌보고 보살피려는 노력을 기꺼이 한다. 그리고 마을공동체와 지역사회의 지속가능한 발전을 위한 역할과 책임도 끊임없이 고민한다.

---

30 정기석, 『마을시민으로 살아가는 법』, 소나무출판사, 2011.

이른바 많은 귀농인들은 '자립형 소농'을 꿈꾸며 농촌에 내려온다. 소박한 밥상, 자발적 가난까지 감수하려는 각오도 다진다. 하지만 생활이란 현실이어서 처자식을 먹여살려야 하는 가장으로서의 숙제는 하방한 마을까지 따라붙는다. 국가주의와 자본주의로부터 한 발짝 벗어나기는 했지만 완전한 자유와 해방을 쟁취하기는 어렵다.

그렇다고 농사를 지어서 먹고 살 조건과 자신은 없다. 땅도, 돈도, 기술도 없고, 농부로서의 품성과 체력도 부족하다. 비록 농부로서 자립하지는 못하더라도 농촌에서 살고 싶은 마음은 변함이 없다. 그럴 때, 몸과 마음에 맞지 않는 어설픈 낫과 호미 보다, 저마다 도시의 소시민으로 용케 버티면서 챙겨둔 생활의 농기구를 꺼내들 필요가 있다.

치열한 도시의 직업전선에서 갈고 닦은 경험, 기술, 노하우, 지식정보 같은 빛나는 무형자산들을 생활의 도구이자 무기로 삼아 1지망이었던 농부로서의 삶에서, 2지망 농촌주민 또는 마을시민으로서의 삶으로 전환하는 것이다.

그렇게 농촌주민으로서 딛고 선 마을공동체와 지역사회에서 자기의 자리를 찾을 수 있다. 더 이상 외지인이나 주변인이 아닌 주체적인 '마을시민'으로 행세하고 대접받을 수 있다. 예측가능하고 지속가능한 '생활귀농'이 얼마든지 가능해진다.

마을이 '삶과 일과 놀이가 하나 되는' 공동체가 되려면 생명창고를 지키는 농부를 중심으로 '서로 다른 다채로운 사람들이' 무지개처럼 어우러져야 한다. 마을기업가, 마을 농민운동가, 마을 먹거리 사업가, 마을 살림운동가, 마을행정가, 마을회사원 등 '경제적 마을시민'이 필요하다. 마을목사, 마을교사, 마을 평생교육사, 마을 교육 운동가, 마을 책방 주민, 마을학자 등 '교육적 마을시민'도 필수적이다.

그리고 마을선비, 마을사진가, 마을기자, 마을영화감독, 마을화가 등의 '문화적 마을시민', 마을건축가, 마을연구원, 마을인문운동가, 마을디자이너, 마을기술자, 마을의사 등 '생태적 마을시민' 등이 마을에 모여 함께 살아야 한다. 그래야 비로소 마을은 '사람 사는 대동사회'가 될 수 있다.

3. '문화예술의 힘'으로 농촌을 살리자

| 마을영화로 마을공동체를 되살리는 신지승 마을영화감독 |

양평 연수리에 사는 신지승씨는 마을영화만 찍는 영화감독이다. '마을영화'란 시나리오부터 연기까지 마을 주민들과 감독의 공동 작업으로 제작하는 영화를 말한다. 신 감독은 농촌과 도시를 가리지 않고 전국의 마을을 돌며 마을영화를 찍는다. 영화를 통해 마을공동체를 복원하고 재생하려는 목적이다. 영화라는 문화의 힘으로 마을을 살릴 수 있다고 믿는다.

제주도의 이른바 '문화예술 이주민' 현상은 주목된다. 제주도의 농촌 지역에는 서울 등 도시 청장년들의 자발적 이주행렬이 이어지고 있다. 제주 올레를 비롯한 여러 지역에서 제주도의 토착 원주민과 도시의 이주민들 사이에 문화와 예술을 테마로 다양한 협동과 연대의 네트워크가 생성되고 있다.

이러한 육지 예술가들의 제주도 '문화 이주' 행렬은 제주시 등 도시 지역보다는 서귀포시, 애월, 조천, 성산 등 도시의 외곽, 농산어촌 지역에 주로 집중되었다. 개인 작업실, 공방 등을 비롯해 갤러리, 카페, 게스트하우스 등을 열고 작품활동을 하면서 생활과 생업의 공간을 동일시하는 현지 정착모델을 제시했다.

특히 작가들의 인적 네트워크를 바탕으로 많은 국내 · 외 예술인들이 제주를 방문하고 전시회를 열었다. 또 젊은 청년문화 이주민들을 중심으로 플리(Flea)마켓과 프리(Free)마켓이 곳곳에서 펼쳐졌다. 장터와 작품전시회와 공연이 어우러진 복합적인 문화축제의 장이 벌어진 것이다. 제주도는 이들 이주민과 지역주민 간의 상생을 지원하는 '정착주민지원위원회'까지 출범시켰다.

그중 제주시 애월읍 봉성리에 터를 잡은 '재주도 좋아' 문화이주민 그룹의 활동은 기대를 모으기에 충분하다. 2012년 제주 애월의 해녀학교에서 만난 문화예술인 5명이 함께 하는 비치 코밍(Beach Combing) 공방이다. 2014년 제주 문화예술재단의 빈집 프로젝트 지원금 1억원을 받아 비어있던 마을창고를 개조해 마을로 들어오게 되었다. 서울, 삼척, 부산 등지에서 제주도로 이주한 이들 가운데 4명이 제주에서 결혼해 가정까지 꾸리는 등 제주도민으로 정착에 성공하였다.

이밖에 가시리문화마을, 강정마을을 지키면서 친환경 농업도 배우는 달빛서림, 감귤창고를 개조한 안덕면 서광동리의 카페 감귤창고, 작목반 선과장을 목공방으로 개조해 수산리 마을에 입주한 신샘공방, 저지리 문화예술인촌의 마을창고를 개조해 터를 잡은 탐라표류기, 삶의 기술을 가르치려는 신산리의 지구마을평화센터 등 문화예술 이주민들이 주도하는 '제주도형 대안마을'의 사례는 지금 차고 넘친다.

남은 과제는 육지의 문화예술 이주민들과 제주도의 원주민들을 서로 씨줄 날줄로 이어주고 엮어줄 수 있는 연결형, 관계형 사회적 자본을 어떻게 발굴하고 개발하는가라고 생각한다. 마을시인, 마을선비, 마을사진가, 마을기자, 마을영화감독, 마을화가 등 '문화예술 이주민'들은 예민한 문화의 더듬이를 움직여 세상의 불의와 부조리를 누구보다 먼저 찾아 알린다. 그들은 마을의 자존심과 마을 사람의 인격을 지키는 파수꾼을 자처하고 있으며 그들의 방식으로 마을을 살리고 있다.

4. '도시와 농촌의 지자체'가 손을 잡자

서울시는 500억원의 기금을 별도로 마련해 18개 광역 및 기초지자체와 상생협력사업을 벌이고 있다. 오는 2018년까지 지역특산물을 살 수 있는 '상설직거래시장'을 2배 늘리고, 지역관광명소 2,000개를 함께 발굴한다는 야심찬 계획이다.[31]

이 상생협력사업에는 광주 · 충남 · 전남 등 3개 광역자치단체, 거창군 · 고령군 · 고창군 · 금산군 · 남해군 · 수원시 · 순천시 · 영월군 · 완도군 · 완주군 · 정읍시 · 진안군 · 철원군 · 포천시 · 함평군 등 15개

31 남형도, 「서울시, 500억 들여 18개 지자체와 '상생사업'」, 머니투데이, 2015. 6. 4.

기초자치단체가 참여하고 있다.

박원순 서울시장은 "지역 격차로 인한 우리 사회의 병은 '서울과 지방', '수도권과 비수도권', '도시와 농촌'의 상생으로 치유할 수 있다"며 상생협력사업의 의미와 가치를 부여하고 있다. 이로써 서울시는 오는 2018년까지 지역농민과 도시민이 만날 수 있는 상설직거래시장을 현재 15개소에서 30개소까지 늘린다. 특히 거주 공간에 여유가 있는 어르신과 주거공간이 필요한 대학생을 연결하는 등 도시 유휴 주거공간을 공유, 시세의 50%이하로 공급해 지역학생들의 주거비 걱정을 덜어주기로 했다.

또 18개 지자체들과 손을 잡고 현재 67개인 지역관광명소를 2000개소까지 발굴하고 확대한다. 20개 이상의 폐교는 리모델링해 숙박형 자연캠핑장과 자연체험공간 등으로 조성한다. 이를 실천하기 위해, 도농상생지원센터도 설치해 상생교류사업을 지원하고, 일반예산 및 대외협력기금 총 500억 원을 마련해 투자재원으로 활용할 계획이다.

전라남도는 서울시의 상생 협력사업으로 귀농 희망자들이 사전 체험을 할 수 있는 '서울농장'을 2016년 5월 개장할 예정이다. 서울시가 19억 9천만 원의 예산을 확정하고 함평읍 석성리 소재 구 석성초등학교 폐교를 리모델링해 조성한다. 부지와 농지 2만 5천 855㎡, 건물 962㎡ 규모의 서울농장에는 귀농희망자 15세대가 함께 머물며 사전 적응을 할 수 있도록 주거시설도 갖춘다. 또 서울시민 1천 500명이 주말, 주중 등을 이용해 농촌체험을 하게 될 교육시설, 영농실습시설, 농촌체험시설 등도 들어선다.

서울 성북구는 전남 나주, 담양, 신안, 영광, 충남 예산 등의 지역농협과 친환경 쌀 공급업체와 협약을 체결, 각 지자체를 대표하는 우수

| 서울시청 광장에서 열린 서울도시농업박람회 |

한 친환경 쌀을 연간 1,000톤 이상 공급받기로 했다. 아울러 나주시, 담양군, 신안군, 영광군, 예산군 등 5개 자치단체장과 도시-농촌 간 지속가능한 교류와 상생발전을 위한 상호 협력도 약속했다.

오늘날 농촌의 중요성, 농가의 존재감, 그리고 농민의 자존감은 지속적으로 줄고 있다. 농촌은 인구 수로 나, 산업 규모로 나 고작 3~5% 남짓이다. 나머지 95%가 넘는 돈, 에너지, 기회, 그리고 희망은 모두 도시에 있다. 5%밖에 안 되는 농민이 95%의 도시민을, 국민을 먹여살리는 기형적인 구조다. 그래서 식량자급률은 23%대 밖에 안 된다. 휴대폰, 자동차를 내다팔아 외국에서 식량을 수입해오지 않으면 우리 국민들은 굶어야 한다. 도시와 농촌이, 그 지자체끼리 서로 손을 잡고, 함께 나누지 않으면 안 되는 이유다.

5. '도시농업'에서 농촌을 배우자

생업 중심의 공간인 도시는 마을이나 공동체를 이루기에 다소 부적절하다. 그래서 그런지 오늘날 생활공동체를 만들려는 노력과 운동이 농촌보다 오히려 도시에서 더 절실하게 벌어지고 있다. '마을에서 살고 싶은 소망과 그리움이 더 커서' 그런게 아닌가 싶다. 도시텃밭 등 도시농업 운동이 도시에서 확산되는 이유도 바로 이것 때문일 것이다.

도시농업은 도시라는 차가운 공간을 따뜻하고 인간적인 공간으로 치유한다. 도시농업에 참여하면서 지식과 노동을 나누는 이웃들은 나눔공동체의 정서와 가치를 공유한다. 농민은 도시민의 생명을 책임지고 도시민은 농민의 생활을 책임지는 도농상생의 전초기지가 바로 도시텃밭, 도시농업이다.

정부도 도시농업 활성화 방안을 적극 추진하고 있다. 2012년 5월 '도시농업의 육성 및 지원에 관한 법률' 시행 이후 지자체마다 조례를 제정해 속속 참여하고 있다. 도시농업을 통해 국민들의 삶의 질을 향상시키고 행복을 제고하겠다는 정책목표다. 도시민들의 농사체험이 주는 정서함양, 건강증진, 공동체회복 등 순기능에 주목한 것이다.

도시농업 참여자 수도 급증하는 추세다. 2010년 15만 명 수준에서 2014년 108만 명을 넘어 4년 사이 7배나 증가했다. 도시텃밭 면적도 2014년 668ha로 같은 기간 동안 6.4배나 증가했다. 도시농업의 수요 증가를 미처 따라가지 못할 정도다. 하지만 도시화의 진전에 따라 농사체험 공간은 거꾸로 점차 축소되고 있다. 도시농업의 확산 분위기가 위축될 우려마저 제기된다.

무엇보다 우리의 도시농업은 쿠바, 네팔 등 제3세계의 생계형 도시농업과는 출발부터가 다르다. 유럽 선진국에서 하는 취미생활이나 여가선용 프로그램 목적의 농업과도 방향과 방법이 달라야 한다. 근본적으로 우리의 도시농업은 식량위기, 에너지위기, 기후변화로 인한 자연재해, 신자유주의로 인한 농업 붕괴에 대비하는 법 등 사회적 차원의 공동체 운동일 필요가 있다.

따라서 도시농업의 진정한 가치와 효용은, 단지 도시나 도시민만을 염두에 두어서는 안 된다. 오히려 '농촌과 도시의 상생 발전'을 매개하고 촉발하는 데 있다. 농촌이 주곡개념에서 식량기지라면, 도시는 부식거리를 생산하는 식량 자급기지가 돼야 한다고 본다. 따라서 도시농업의 궁극적인 목적과 가치는 다름 아닌 '도농상생', '국민농업'의 해법이 될 수 있다.

도시농업을 경험한 도시민들은 국내산 농산물에 대한 이해도와 애정이 깊어져 농민들이 생산하는 좋은 농산물과 먹거리의 구매력이 증폭될 것이다. 따라서 도시농업과 농촌농업의 상생을 촉발할 수 있다. 도시민들은 텃밭농원 등 도시농업 체험활동을 통해 도시의 공동체성을 회복하게 된다. 이렇게 형성된 도시공동체 활동은 자연스레 농촌공동체와의 교류와 직거래로 이어져 도농상생 네트워크의 넓이와 폭이 확대, 확산된다.

도시농업은 무엇보다 근본적으로 판매(Sale)보다는 나눔(Share)에 초점을 둘 필요가 있다.도시농업이 단지 도시민의 농산물 자급자족, 생태적인 여가활동에 그쳐서는 안 된다는 사회복지 차원의 접근이다. 그래서 도시농업은 결국 공동체(Community)를 지킨다. 도시농업 공동텃밭은 공원, 아파트단지, 기업체, 학교, 어린이집, 경로당, 병원 등 다양한 공간과 영역에 조성되고 있다. 각 영역별로 준비, 학습, 체험 등 실천과정을 통해 그리고 참여자들의 대화와 협업을 통해 '협동과 연대'의 사회적이고 공동체적인 고유한 집단문화가 형성될 수 있다. 나아가 사회적기업, 마을기업, 협동조합 등 공동체사업(커뮤니티 비즈니스)의 형태와 단계로까지 발전할 수도 있을 것이다.

도시농업의 성공적인 실천을 위해서는 도시지역의 국 · 공유지 중 공영도시농업농장 개설, 민영도시농업농장의 개설 · 운영 경비 지원 등의 정책 지원이 수반되어야 한다. 체험교육농장, 학교농장(School Farm) 등과 연계한 '도시농업학교'도 열어야 한다. 또 도시농업공원을 위한 별도의 공간 확보가 어렵기 때문에 미집행 도시공원, 또는 기존 일반공원의 도시농업 공원 전환도 적극 고려해야 한다. 그리고 도시농업 공동체와 농촌 생산 · 유통공동체 사이의 도농상생 네트워크도 맺어야 한다.

08

'먹거리 정의와 안전'을 지키자

1. '먹거리 정의 운동'에 나서자

넓은 의미로 '먹거리 정의'란 일반적인 '먹거리 보장(Food Security)' 전반으로 확장된다. 좁은 의미로는, 농촌의 중소농이 주로 생산하는 유기농산물 등 '좋은 먹거리' 구매대금을 정부, 지자체, 기업, 개인 등이 대지급해 도시나 농촌의 저소득 취약계층에게 기부하는 방식의 '좋은 먹거리 기부프로그램'을 말한다.

전북 장수군 하늘소마을에는 좁은 의미의 '먹거리 정의'를 실천하는 '먹거리 정의 운동가'가 산다. 지니스테이블의 박진희 대표다. 저소득층의 유기농 공급을 주요 사업목적으로 하는 사회적기업이다. 도시에서 환경운동, 노동운동을 하던 박씨는 2009년 귀농하면서 소규모 유기농 농사를 시작했다. 그런데 유기농산물을 직거래로 구매하는 소비자들은 어느 정도 소득수준을 갖춘 이들이라는 사실을 깨달았다.

사회운동가 출신답게 저소득 취약계층은 유기농으로 농사 지은 좋

| 장수 하늘소마을에 귀농해 먹거리정의 운동을 벌이는 박진희 · 김성래부부 |

은 먹거리에 접근할 기회조차 차단되어 있는 현실이 안타까웠다. 결국 "누구든지 좋은 농산물을 먹을 권리가 있다."는 사업비전을 내걸고 먹거리 정의(Food Justice) 운동에 나섰다. 지역의 영양플러스 사업 유기농산물 공급, 지역아동센터 급식자재 유기농 공급부터 시작하여 이제는 구매액의 10%에 상당하는 먹거리를 취약계층에게 공급하는 소비자-생산자-취약계층 기부연계 시스템까지 가동하고 있다.

박씨가 생각하는 먹거리 정의는 "생산, 유통, 가공, 소비되는 모든 영역이 공정해야 한다"는 것이다. 나아가 "소득에 관계없이 누구나 기본적인 먹거리를 조달 받을 수 있는 사회적 시스템이 만들어져야 한다"는 것까지 포함한다. 결국 인간에 대한 사랑, 휴머니즘이 바탕이 되어야 한다는 것이다. 그래서 구매력을 갖춘 특정 계층만이 아닌 모두가 좋은 먹거리를 먹을 수 있는 시스템을 만들려고 먹거리 정의 운동을

펼치고있다.[32]

'먹거리'는 식량, 음식, 식품 등 필수재(Necessary Goods)다. 금수저나 흙수저 어느 누구에게도 생존에 필요한 최소량 이상의 먹거리는 반드시 공급돼야 한다. 따라서 식량과 음식 같은 필수재는 국가 재정이 우선 투입되어야 마땅하다. 그만큼 먹거리는 사람이 생활하고 생존하는 데 필수불가결한 자원이다.

우리 정부도 취약계층에게 다양한 먹거리 지원정책을 펴고는 있다. 국민기초생활보장제도, 학교와 노인 급식지원, 푸드뱅크사업, 임산부 및 영유아 보충영양관리사업 등이다. 이른바 '먹거리 정의(FoodJustice)'를 실천하려는 정책목적을 띠고 있긴 하지만 여전히 다수의 취약계층이 복지의 사각지대에 방치돼 있는 실정이다. 우리 사회가 '먹거리 부정의' 상태에 빠져있기 때문이다.

먹거리 대안운동을 하는 운동가들은 "현재의 먹거리 체계가 지불능력이 있는 소수의 계층만이 선택 가능하고 접근할 수 있는 '부정의(Injustice)'한 상태"로 규정한다. 따라서 "국가의 적극적인 개입과 전략적 접근을 통해서만 근본적인 문제를 해소할 수 있다."고 주장한다. 먹거리의 문제는 개인의 선택의 문제가 아니라, 사회적 환경과 구조의 문제 때문이라는 것이다. 가령 '부익부 빈익빈' 같은 사회 양극화 현상이 주원인이라는 진단이다.

그렇다고 '먹거리 정의'는 마냥 국가나 정부에게 맡겨 놓을 일이 아니다. 부정의한 국가나 정부에서는 할 수 없는 일이기 때문이다. 그렇다면 우선 농·도상생 차원의 민·관 협력 또는 민·민 협력 방식으로

---

32 「(인터뷰) 푸드앤 저스티스 지니스 테이블 박진희」, 환경정의, 2015. 7. 29.

도 민간에서 얼마든지 시작할 수 있다. “도시의 후원자, 독지가가 농촌 중 · 소농의 유기농 먹거리 등 ‘좋은 먹거리’를 자발적으로 유상으로 구매 또는 대지급해서 도시나 농촌의 저소득 취약계층에게 무상으로 기부”하는 방식으로 하면 된다.

‘먹거리 정의’ 운동은 소비자와 생산자 모두를 이롭게 한다. ‘소비자인 취약계층은 좋은 먹거리를 제공받아 좋고, 생산자인 농촌의 중 · 소농은 농산물을 좋은 곳에 판매할 수 있어 좋다. 이런 상호호혜적이고 지속가능한 농 · 도상생 프로그램을 통해 먹거리 정의는 물론 사회 정의가 앞당겨질 수 있다.

2. ‘GMO 먹거리’를 뿌리 뽑자

2015년 농식품부 GMO(유전자변형) 개발사업단에서는 GMO 벼(쌀)에 대한 안전성 심사 신청 계획을 밝혀 논란을 일으켰다. 미백 기능이 있는 화장품 원료를 전제로 2016년에 산업용 GMO 쌀 재배 허가를 받고 국민 반응을 살펴본 후에 ‘밥상용 GMO 쌀’도 본격 상용화한다는 계획이다.

GMO 사업단은 쌀에 이어 GMO 잔디, 바이러스 저항성 GMO 고추도 이어서 안정성 심사를 청구할 수 있으며, 농촌진흥청 농업과학원 GMO 개발사업단이 이미 개발해 놓은 200여 가지 GMO 작물들 또한 안정성 심사 예정인 것으로 의심되고 있다. 물론 상용화를 하려면 소비자단체, 생산자단체의 사전 동의가 필수적이지만 국민은 정부를 잘 믿을 수 없다.

기본적으로 국내 GMO(유전자변형) 농산물 관리시스템 자체가 총체적으로 부실한 게 문제다. 관련정보 비공개, 상품표시 무력화, 사후 관리 부재 등의 사례가 다발하고 있다. 특히 사료용 GMO 농산물은 농식품부가 관리하고 식품용 GMO 농산물은 식약처 소관업무로 이원화되어 '부처 칸막이' 등으로 인한 GMO 농산물 및 식품 관리시스템이 비효율적이고 무책임한 것으로 비판받고 있다.

특히 수입검사 과정에서 단순히 수입물량에 대해서만 전산관리를 하므로 수입금액은 알 수 없고, 회사에 대한 정보는 개인정보보호법에 따라 공개하지 않아 소비자의 알 권리가 심각하게 침해되고 있다는 사실도 거듭 지적받고 있다.

농식품부가 발표한 GMO 농산물 수입현황 자료에 따르면 2011년부터 2013년 7월 말까지 수입한 사료용 목화씨는 총 356,098톤, 배합사료는 485톤, 사료용 콩(2011년)은 129톤에 달하지만, 수입금액이나 수입업자는 일체 감추고 있다.

특히 지난 2008년 이후, 사료용 GMO 수입업자가 GMO 농산물을 국내 운반하고 가공하는 과정에서 도로변이나 가공공장 주변에 비의도적으로 환경방출된 옥수수, 면실유 등 낙곡이나 자생식물체가 발견되어 형사고발된 사례도 빈발하고 있어 사후관리시스템을 근본적으로 재정비할 필요성도 제기되고 있다.

더욱이 경실련 소비자정의센터가 식약처의 자료를 근거로 조사, 분석한 보고서에 따르면, 2012년 한 해 동안 유전자변형 가공식품(GMO) 1만 3000여 톤이 수입되었으나, 대형마트 등 시중에서 판매되는 상품 가운데 GMO 표시 제품은 미국산 식품 9종 뿐인 것으로 나타났다. 결국 GMO 농산물을 가장 많이 수입하는 4대 대기업(CJ제일제당, 대상, 삼양제넥스, 사조그룹)이 생산 · 판매하는 전 제품에서는

GMO 표시 제품이 전무한 사실이 밝혀진 것이다.

2014년에도 우리나라 식용 GMO 수입량은 2013년(168만 톤) 대비 36% 증가한 228만 톤(옥수수 126만 톤, 대두 102만 톤)으로 세계 1위를 기록했다. 사료용 GMO 역시 854만톤이나 수입돼 무려 1,000만 톤을 넘었다. 가히 'GMO 수입 천국'이라는 오명이 따라붙을만 하다.

무엇보다 농식품부나 식약처가 GMO 수입 농산물 및 식품에 대한 수입업자별 정보마저 공개하지 않아 '소비자기본법'에서 규정한 8대 권리 중 '알 권리'와 '선택할 권리'를 심각하게 침해하고 있는 게 문제다. 또 기업의 개인정보 및 영업비밀 보호라는 이유는 지극히 비논리적인데 단순 GMO 수입현황자료를 개인정보로 볼 수 없기 때문이다.

식약처에 신고한 수입품목과 수입량이 독립된 경제적 가치를 가지거나 상당한 노력에 의하여 비밀로 유지된 정보라고 볼 수 없고 기업의 영업비밀에 해당하지도 않으므로 식약처의 조치는 소비자의 알 권리보다 기업의 이익을 우선하는 처사로 볼 수밖에 없는 것이다.

따라서 소비자의 불안감과 먹거리 위험환경을 해소하기 위해서 GMO 원재료를 기준으로 하는 GMO 완전표시제를 도입해야 한다. GMO 관련 정보도 투명하게 공개해야 한다. 현실적인 대안으로 원재료 사용함량 순위나 유전자조작 DNA 등 성분의 잔류여부와 상관없이 GMO 표시를 하고 수입승인 여부와 상관없이 모두 GMO 표시를 하는 GMO 표시제를 강화하면 된다. 아울러 표시제의 준수를 감시·감독할 수 있는 엄격한 이력추적 가능성 제도를 시행하는 게 최선의 방법이다. 결국 식품위생법 개정 등 관련 제도의 개선과 법제화가 시급하다.

3. '방사능 오염식품'을 막아내자

우리나라와 일본에서 음식물의 세슘 기준치는 100Bq/1kg이다. 그러나 일본의 식품안전분야 1인자로 고와카 준이치씨는 이 기준이 1.1Bq/1kg로 낮춰져야 한다고 한국 정부에 권고한다. 체르노빌 사고의 영향이 계속되고 있는 우쿠라이나 정부 보고서를 근거로, 1.1베크렐의 방사성 물질 섭취가 두통을 비롯한 여러 신체적 질환의 원인이 된다는 것을 경험적으로 밝혀낸 것이다.[33]

방사능 물질의 위해성을 표시하는 단위 베크렐은 1초당 원자핵이 붕괴하는 개수를 가리키는 것으로서 10베크렐이면 초당 10개의 핵분열이 일어난다는 의미다. 우리 정부는 현재 1킬로그램당 100베크렐 이상인 경우에만 수입 제한 등의 조치를 취하고 있지만 100베크렐 이하인 경우 인체에 안전하다는 과학적인 증거는 어디에도 없다.

우리 정부는 2011년 3월 후쿠시마 원전사고 이후 일본산 수입수산물에 대해 매 수입시마다 방사능 검사를 철저히 실시하고 기준 이내 안전한 수산물에 대해서만 통관하고 있다. 일본산 수입수산물의 방사능 검사 결과, 미량이라도 방사능이 검출된 수산물에 대하여는 구체적인 수치를 포함하여 관련 내용을 홈페이지를 통해 공개하고 있다. 2013년 9월부터는 후쿠시마 등 8개 현의 수산물 수입을 전면 금지했다.

또 식약처는 현재 일본산 농산물 · 수산물 · 가공식품 · 식품첨가물에 대하여 일본 정부의 검사성적서 첨부와 아울러 매 수입시마다 방사능에 대한 정밀 검사를 하는 등 2중적 안전 장치를 운영하고 있다.

---

33 문형구, 「"방사능 기준 100분의 1로 낮췄더니 두통이 사라졌다"」, 미디어오늘, 2015. 12. 22.

그러나 이같은 정부의 조치에도 불구하고 사고 지역의 방사능 오염수 유출이 심각한 수준이라는 세계 석학과 유수 언론들의 경고가 끊이지 않고 있다. 일본산 수산물에서는 세슘이 지속적으로 검출되고 있다. 후쿠시마 핵사고 이후 수입된 수산물 중 방사성 물질이 검출된 수천 톤의 물량에 대해서도 정부는 "기준치 이하라 안전하다"며 통관 및 유통을 허용했다.

특히 '기준치 이하는 안전하다'는 말은 반과학적인 거짓으로, 미량의 방사능 물질이라도 인체에 축적되는 속성이 있으므로 장기적으로 반복해서 노출되면 위해하다. 미국 과학 아카데미(National Academy of Sciences)의 연구결과에 따르면, 피폭량의 증가에 따라 암 발병도 비례하여 증가하는 것으로 밝혀졌다.

후쿠시마 원전사고 이후 우리나라는 방사능 검사기준을 세슘 기준으로 킬로그램 당 370Bq에서 100Bq로 낮춰 일본산 수산물 유입을 차단했다. 그러나 김익중 동국대 의대 교수는 "방사선 피폭량과 암 발생은 비례하고, 의학적으로 안전한 최저 기준치(역치)가 없기 때문에 일본산 수산물 수입은 전면적으로 금지하는 게 맞다."고 주장한다.

또 시민 방사능 감시센터 김혜정 운영위원장은 "정부는 지금 하고 있는 수입금지 조치에 더해 대만 등 비슷한 입장에 있는 나라들과 국가 차원의 기구를 만들어 (공동) 대응해야 한다. 일본산 수산물 뿐만 아니라 방사능 오염수의 영향을 받은 태평양산 수산물에 대한 방사능 기준치도 더 높여 (안전 점검을) 강화해야 한다."고 권고한다.[34]

근본적으로 일본산 수산물 등 식품에 대한 방사능 검역 기준치부터

34 배지열, 「방사능 오염수가 아직도 바다로 '콸콸'」, 단비뉴스, 2015. 12. 29.

상향 조정되어야 한다. 그리고 제정된 이후 변화된 현실을 반영하지 못한 상태인 법적 방사능 허용 기준치도 강화해야 한다. 시 · 도교육청 등 장비 및 담당인력 확보, 조례 제정 등을 통한 식품방사능 검사 시스템 및 식품 안전망도 철저히 구축해야 한다. 사고 5년이 지난 후쿠시마 원전 앞바다에는 방사성 물질이 섞인 대량의 냉각수가 여전히 흘러나오고 있다. 후쿠시마 원전사고는 아직 진행중이다.

4. '식품 표시'를 완전하게 하자

2015년 말 GMO(유전자변형) 식품과 건강기능식품에 대한 표시를 확대하는 내용의 '식품위생법 개정안'이 국회 본회의를 통과했다. 이로써 GMO 기술을 활용한 품목을 원재료로 사용해 제조 · 가공한 GMO 식품은 그 원재료 사용함량 순위를 고려하지 않고 표시하도록 했다.

개정 이전의 GMO 표시제도는 원재료 5순위 이내 제품, DNA 또는 외래 단백질이 남아있는 제품에만 GMO 표시를 하도록 규정하고 있었다. 그런데 그것이 문제가 되었다. 기업은 이를 악용해 원재료 5순위 이내에 GMO가 포함되지 않게 사용하고, 식용유나 간장 등의 식품에 GMO를 사용해 표시제도를 무력화했다.

이제는 함량과 무관하게 모두 표시해야 한다. 현행 '식품 등의 표시기준'은 모든 원재료를 표시하게 되어 있는 반면 GMO 식품과 건강기능식품에 대해서만 주요 원재료 5순위로 규정해온 것은 불합리했다. 소비자의 알 권리를 침해하고 국민건강을 위협하는 독소조항이었다 .

하지만 여전히 제조 · 가공 후에 GMO DNA 또는 단백질이 남아 있지 않은 식용유와 간장 등의 경우는 GMO 표시 대상에서 제외했다.

완전표시제를 시행하고 있는 유럽연합(EU), 중국 등은 잔류여부와 무관하게 모두 표시하도록 한다.

식품표시란 식품에 관한 각종 정보, 즉 구성 성분, 중량, 제조일자 및 유통기한, 사용방법, 영양성분 등에 관한 정보를 제품의 포장이나 용기에 표시하는 것을 말한다. 생산자는 소비자가 건전한 식생활을 할 수 있도록 정확한 구매 정보를 제공해야 한다. 소비자는 자신의 요구에 맞게 식품을 선택할 수 있어야 한다. 그래야 믿을만한 공정한 거래가 가능하다. 결국 식품완전표시제는 소비자를 완전하게 보호하는 제도가 될 수 있다.

현행 식품표시제는 2006년 식품위생법 개정에 따른 것이다. 개정법에 따라 가공식품 속에 든 식품첨가물을 비롯, 모든 원재료에 관한 정보를 제품 용기나 포장에 표기하는 게 의무다.

하지만 첨가물에 대한 충분한 정보 제공은 여전히 이뤄지지 않고 있어서 현행 식품표시제에 대한 소비자들의 불만과 의심은 계속되고 있다.

가령 사용된 원재료 상위 2순위 이외의 원산지 표기는 기업 자율적으로 알아서 해도 된다. 또 최근 3년 내 3번 이상 원산지가 변경됐거나 최초 생산일 기준 1년 이내 3번 이상 원산지 변경이 예상될 경우 원산지를 '수입산'이라고 표기하는 것이 가능하다.

법적으로 허용된 식품첨가물 605가지 중 약 300가지는 첨가물 이름을 생략하고 기능명만 기재하는 것이 허용된다. 복합원재료(2종류 이상의 원재료 또는 성분으로 제조, 가능한 식품)가 해당 제품의 원재료에서 차지하는 중량 비율이 5% 미만인 경우, 또 복합원재료를 구성하고 있는 복합원재료의 경우에는 그 명칭 또는 해당 식품의 유형만 표

시 가능하다.[35]

'예외없는' 식품완전표시제를 주장하는 iCOOP(아이쿱)생협의 설문 조사 결과에 따르면 식품 표기 중 소비자의 공개 요구가 가장 큰 부분은 원산지와 GMO 관련 부분이다. 각종 FTA(자유무역협정), TPP(환태평양경제동반자협정) 등으로 농산물 수입이 증가하고 그에 따른 식품 안전에 대한 우려가 높아지고 있기 때문이다. 따라서 생산자는 소비자에게 최대한 많은 정보를 공개해 소비자가 알고 선택할 수 있는 권리를 보장할 책무와 도의가 있다.

5. '공공급식'은 친환경 로컬푸드로 하자

2010년 서울시 최초로 친환경 무상급식을 시작한 성북구는 2012년부터 담양군 금성농협과 산지 직거래를 하고 있다. 관내 47개 유치원에 친환경쌀 급식 지원을 하려는 목적이다. 먹거리의 보편적 권리에입각, 공공급식에 제공되는 모든 식재료의 사용 기준과 원칙을 세우고친환경급식을 실천하는 지자체는 성북구가 최초다.

2013년에는 식품안전의 기본을 지키자는 취지를 담아 'NON-GMO 성북'을 선포하는 등 학생중심의 시각에서 안전한 급식체계를 갖춰 나가고 있다. 유니세프가 '대한민국 1호 아동친화도시'로 인정할 정도다.특히 현재 학교에 국한되어 있는 급식지원 책임을 어린이집, 유아시설등 공공급식시설에까지 확대할 예정이다. 공공급식에 관해서는 원스톱 통합관리시스템을 구축하려는 것이다.

---

35 김수현,「소비자 알 권리 충족 '예외없는' 식품완전표시는 언제」, 메디컬투데이, 2105. 9. 25.

학교급식은 지역에서 생산한 농산물(로컬푸드)를 지역에 소재한 학교의 급식 식자재로 공급하는 사업이다. 미국은 연방정부와 주정부, 그리고 비영리단체 등이 연계해 FTS(Farm to School) 학교급식 프로그램을 운영하고 있다. 무엇보다 학교급식을 지역농업과 유기적으로 긴밀히 연결하는 게 특징이다. 급식 수혜자인 학생과 급식 공급자인 농민이 지역공동체 안에서 자연스레 상생하는 구조다.

우리나라도 학교급식은 지자체가 주도하여 지역에서 생산된 친환경 농산물을 학교급식에 공급하고 있다. 2003년 7월 전남 나주시에서 국내 최초로 학교급식조례를 제정하면서 '국산농산물 소비 촉진'과 '아이들의 건강권'을 지켜내자는 목적을 내걸었다. 조례는 우리 농산물 및 친환경 우수 농산물만을 학교급식에 이용할 수 있도록 법제도적 근거로 기능하며 그에 따른 재정적 지원도 필수적이다.

그러나 모든 공공급식이 성북구나 나주시처럼 지자체의 책임 아래 신뢰와 안전을 바탕으로 시행되지는 않는다. 우리 지역에 나는 로컬푸드 농산물을 제쳐두고 서울 농수산물 도매시장에서 구매하는 경우도 적지 않다. 교육청과 지자체의 협력체계가 미흡하고 지역농업의 연계성이나 연대구조가 부족하기 때문이다.

2006년 3월 '식품기부 활성화에 관한 법률'이 제정된 이후 다양한 영양개선 및 식품지원 사업이 추진되고 있다. 정부양곡 지원 · 우유무상급식지원(농식품부), 국민기초생활보장제도 · 영양플러스 · 기부식품제공 · 아동급식지원(보건복지부), 노인무료급식 사업(지방이양) 등이다. 하지만 대부분 급식지원 사업은 로컬푸드, 친환경 등 식재료의 품질에 대한 고려는 거의 없다. 질보다는 양에 급급하다.

또 현물을 제공하는 경우 사무적으로 위탁 공급하는 형태이거나 현금이나 바우처를 지급해 알아서 사 먹도록 하는 식이어서 급식 수혜자가 좋은 먹거리에 접근하기 어려운 구조다. 따라서 현재 초·중학교를 대상으로 확대되고 있는 친환경 로컬푸드 무상급식 방식을 여타 공공급식 등 먹거리 지원 사업에 적용할 필요가 있다.

우선 어린이집의 영유아 대상, 국공립병원과 공공기관 대상, 정부 예산지원으로 운영되는 민간 사회복지시설 등에도 친환경 로컬푸드 식재료가 우선적으로 공급되도록 법제화해야 한다. 그러자면 광역과 기초자치단체에 학교급식을 비롯한 공공급식 전반을 총괄하는 급식지원센터를 설치할 필요가 있다.

이렇게 공공급식을 통해 생산자와 소비자의 거래 네트워크는 물론, 학교와 지역사회의 연대체계가 구축될 수 있다. 결국 이 체계는 국가의 식량주권과 먹거리 정의를 토대로 더욱 공고해질 수 있다. 그렇게 되면 일반 국민들도 안전하고 좋은 '친환경 로컬푸드' 먹거리를 얼마든지 공급받을 수 있다.

09

'지역농업'으로 지역을 묶자

1. '로컬푸드'로 지역을 농사짓자

2012년 국내 최초로 로컬푸드(Local Food) 직매장을 개장한 완주 용진농협이 3년 만인 2015년 10월 전주시내에 2호점을 개장했다. 용진농협 로컬푸드 직매장은 2013년과 2014년 2년 연속 100억 원 이상의 매출을 달성하며 로컬푸드 직매장 선도모델로 자리잡고 있다.

특히 완주군 관내의 소농, 고령농 등 농업인이 당일 생산한 농산물을 농협이 마련한 상설매장에 직접 가져와 생산자 실명제로 진열한다. 로컬푸드 출하농민의 70%가 60대 이상 노인이다. 용진농협은 판매를 책임지고 수수료 10%를 제한 90%의 수입을 출하농민 통장으로 입금한다. 로컬푸드 직거래가 지역의 고령농과 영세소농의 판로 확대에 적합한 대안유통 채널임을 실증하고 있다.

로컬푸드 직매장에는 현재 농산물 300개 품목, 가공품 150개 품목, 축산물 50개 품목이 진열되어 있다. 제대로 구색을 갖추고 있는 셈이

| 동김제농협 로컬푸드 직매장 |

다. 이곳에서는 품목의 다양성과 적정한 소득 보장을 위해서 1000명이 넘는 농민 생산자 조합원들과 늘 논의하고 협력해야 한다. 그래서 예측가능하고 지속가능한 '다품종 소량생산' 체계 농사를 구축하려고 한다.

신선 농산물 외에 가공품은 완주군에서 지원한 마을기업들과 연계해 진행했다. 떡메마을, 학동마을 등 농산물 가공 마을기업은 완주군의 마을회사 정책으로 소규모 가공공장을 마련할 수 있었기 때문이다.

특히 고산면의 1호 거점농민가공센터와 구이면의 2호 거점농민가공센터는 로컬푸드 가공품 생산을 위한 소중한 공유자산이다. 소정의 교육과정을 이수한 완주군 농민은 누구나 이곳에서 제조 허가를 취득하고 농산물을 가공할 수 있다. 현재 완주 로컬푸드 매장에 진열된 장아찌, 청국장, 두부 등 140여 가공품이 그렇게 생산되었다.

당초 완주 로컬푸드는 완주군과 용진농협 등 9개 지역농협 · 축협이 공동출자한 제3섹터형 농업회사법인이었다. 2014년 초 출자자 1,040명, 자본금 7억 원의 협동조합 '완주 로컬푸드'로 전환했다. 이제 용진 로컬푸드와 완주 로컬푸드는 협력관계의 별도 법인체다.

농협 전체적으로는 용진농협 1호점 이후 75호 농협 로컬푸드 직매장이 2015년 말 개장했다. 농협 로컬푸드 직매장은 유통단계 및 비용 최소화로 농가소득 증대와 소비자 실속 구매를 가능하게 하고 유통거리 축소로 환경보전(탄소발자국 감소) 및 지역경제 활성화 등에도 도움을 주고 있다는 평가를 받고 있다. 우리 농산물 유통의 문제 해결을 위한 패러다임 혁신을 이끌고 있는 것이다.

"지역에서 생산된 농산물을 그 지역에서 소비하자"는 로컬푸드(Local Food) 운동은 생산자와 소비자 사이의 먹거리 이동 거리(Food Mileage)를 최소화한다. 그래서 인간의 건강과 지구의 환경을 지키고 지역사회의 공동체활동, 도농상생을 촉진한다.

미국, 영국 등 선진국은 일찍부터 로컬푸드 확산을 위해 농민시장(Farmer's Market), 학교급식, 공공급식 등 민간 차원의 노력을 기울였다. 정부 차원에서도 "Know your farmer, Know your food(당신의 농부를 알고 당신의 먹거리를 알자)" 라는 구호를 내걸고 적극 지원하고 있다. 미국의 2013 농업법에는 로컬푸드 정책을 통합적으로 지원하는 프로그램(Farmers market and local food promotion program)이 새롭게 추가되기도 했다. '지산지소(地産地消)'로 함축되는 일본의 로컬푸드 운동도 1990년대 중반 이후 활발하다.

완주 로컬푸드의 성공 비결은 한마디로 '주민의 재조직'으로 설명할 수 있다. 2012년 1월부터 사업준비단을 만들어 4명의 사업단원들이 완주군의 350여 마을을 찾아 돌아다녔다. "연로한 농민들이 농사만 잘 지어 깨끗하게 다듬고 포장해서 마을회관 앞에까지만 가져다 놓으면 사업단에서 제품을 실어가고, 매장에서 판매한 뒤 대금을 1주일에 한 번 씩 각자 통장으로 넣어준다"고 설명했다. 처음에는 긴가민가했으나 설명한 대로 통장에 돈이 들어오기 시작하자 텃밭농사 정도나 짓던 할머니, 할아버지들이 활력을 되찾았다. 완주군이라는 지역공동체에도 활기와 온기가 돌아왔음은 물론이다.[36]

2. '꾸러미'로 농가살림을 꾸리자

전여농(전국여성농민회총연합)은 꾸러미 사업을 벌이고 있다. '언니네 텃밭'으로 부른다. 2009년 상주 봉강, 안동 금소, 제주 우영 등 생산자공동체부터 농사짓는 일과 건강한 먹거리를 연결해보자는 취지로 서울 여성회, 부산 여성회 등 소비자를 대표하는 각 지역 여성회와 함께 시작했다.

언니네 텃밭 사업은 크게 '제철 꾸러미'와 '언니네 장터' 두 분야로 나뉜다. 주로 단품목은 장터에서 취급한다. 이 사업에 동참하고 있는 전국 17개 마을공동체마다 10명 내외의 여성 생산자로 구성되어 있다. 꾸러미마다 국산콩 두부, 방사 유정란을 기본으로 제철 채소, 과일, 곡류 등 8~10가지 품목이 포장된다. 한 해 동안 모두 100여가지 품목이 제철에 맞춰 꾸러미로 구성된다.

도시의 소비자와는 꾸러미만 주고받고 끝나지 않는다. 도시의 소비

36 김재호,「 완주로컬푸드 안대성 대표 "철저한 준비, 행정과 주민의 신뢰가 사업 성공 이끌어"」,전북일보, 2015. 2. 4.

자가 생산지를 방문해 농업과 농촌을 체험하는 도농교류 프로그램도1년에 두 차례 정도 벌인다. 소비자는 누가, 어떻게 농사를 지어서 보내주는지 농토와 농부의 얼굴을 직접 보며 확인할 수 있다.

2015년 3월 현재 소비자 회원은 1,500~2,000명 정도에 달한다. 서울 등 수도권에 60%의 소비자 회원이 모여있다. 17개 생산자공동체마다 100여 명 꼴이다. 매출은 늘고 있지만 운영비로만 수지타산을 맞추기는 아직 적자를 보고 있다. 자체 매출로 최소 운영구조를 만드는 게 당면 목표다.

더 중요한 목표는 여성농민의 소득보전이다. 특히 고령 여성농민에게 일정한 소득을 지원하는 게 중요하다. 월 60~70만 원 정도의 평균 소득이 발생하는데 일상적으로 소득이 발생하지 않는 농촌에서 작은 돈이나마 일정한 소득이 생기는 건 의미가 크다. 매월, 월급처럼 통장에 돈이 들어오니 가계를 예측가능하게 안정적으로 꾸릴 수 있다. 무엇보다 남편이나 손자 용돈도 줄 수 있어 가정에서 대접과 지위가 달라졌다.[37]

제주도 무릉리의 '무릉외갓집'은 성공적인 마을공동체사업의 사례로 꼽히며 제주도를 대표하는 직거래 농산물 브랜드로 자리잡았다. 박원순 서울시장, 조정래 작가, 양희은 가수 등이 회원일 정도다. 처음에는 무릉2리 마을회로 사업을 시작했는데 2011년 법인으로 전환해 무릉리를 비롯한 39명의 생산자 조합원이 참여하고 있다.

2014년에는 매출액 4억 원, 꾸러미 회원 600명을 넘는 성과를 거두

---

37 「"보여주고 싶어요. 여성 농민들이 분명히 존재한다는 걸"」, '한화친환경사회적기업 지원사업' 블로그, 2015. 7. 15.

었다. 2014년 행정자치부의 '우수 마을기업상', 2015년 농수산물유통공사의 '직거래 우수상'을 받기도 했다. 사업기획 단계부터 제주올레의 후원을 받고 꾸러미사업을 전문적으로 운영하는 벤타코리아의 지원을 받은 것이 큰 힘이 됐다.

주력 사업은 '농산물 꾸러미 직거래' 분야다. 온라인 회원을 대상으로 명절 등 특수 이벤트,단품 직거래도 병행한다. 무엇보다 꾸러미 직거래를 시작하면서 무릉리 농민들이 농사를 안정적으로 지을 수 있게 되었다. 소비자, 판로가 확보되어 있으니 나머지 무릉리 농민들도 생산자 조합원으로 참여하도록 할 계획이다.

꾸러미 직거래 사업과 같은 공동체지원농업(CSA, Community Supported Agriculture)은 소비자가 생산자와 계약을 해서 계약기간 동안 농산물을 배달받는 시스템을 말한다. 공동체지원농업의 원형은 일본의 테이케이(teikei, 제휴)인데 이후 유럽을 거쳐 미국에 도입되면서 본격 활성화되었다. 미국은 2009년 현재 전국에 2,500개소가 넘는 CSA가 있는 것으로 추정된다

최근 1인가구 · 맞벌이 가구 및 노령화 가구의 증가로 소량구매 · 택배 등과 같은 새로운 농산물 구매형태에 대한 요구가 높아지고 있다. 친환경 · 안전한 농산물 및 기존 소매유통에서 제공하기 힘든 상품에 대한 수요도 지속적으로 증가하고 있다. 또 산지에서는 소품목 대량생산 중심의 계열화된 생산 · 유통이 확대되면서 소량 · 다품목 영세농가를 비롯하여 급증하는 귀농인의 판로 확대의 필요성이 높아지고 있다.

'꾸러미 직거래 사업' 같은 공동체지원농업(CSA)은 로컬푸드 운동의 대표적 실행방식으로 기존의 소매유통 · 생산자 중심의 농산물 유통체계의 대안이 될 수 있다. 소비자가 생산계획부터 수확까지 직접 참여

| 꾸러미사업을 하는 마을기업 제주 서귀포 '무릉외갓집' |

하고 생산자와 작황의 위험도 서로 공유 · 분담하는 '인간적인 쌍방향 유통체계'로 떠오르는 이유다.

제철 농산물 주기적 배송 등을 위한 본격 사업화를 위해서는 전여농의 언니네 텃밭, 제주도의 무릉외갓집 마을기업처럼 생산자의 조직화가 무엇보다 중요하다. 또 다종다양한 제철 농산물을 선별 · 소포장해서 통합배송할 수 있도록 마을공동체 단위의 공동작업장 설치도 필요하다. 소비자가 모여있는 도시에는 소비자와 생산자가 연대하는 협동조합형 직매장도 설치할 수 있다.

3. '6차'는 1차 지역에서 시작하자

지금 우리 농촌 들판에는 난데없이 6차 산업화의 깃발이 나부끼고 있다. 정부는 바로 그곳에서 우리 농업의 돌파구가 열린다며 홍보하고 강변하고 있다. 그러나 6차 산업화를 추진하는 현장마다 가만히 들여다보면 기대보다 걱정이 먼저 보이는 경우도 적지 않다. 그곳에 농민은 없고 자본과 기업만 우뚝하거나 농업은 잘 안 보이고 공업과 서비스업만 무성하기 때문이다.

6차 산업화는 "농촌에 존재하는 모든 유·무형의 자원을 바탕으로 농업과 식품·특산품 제조·가공(2차산업) 및 유통·판매, 문화·체험·관광 서비스(3차산업) 등을 복합적으로 연계함으로써 새로운 부가가치를 창출하는 활동"으로 정의된다. 정부는 오늘날 농업 부가가치와 농가 소득이 정체되고 농촌의 활력이 저하되는 상황을 해소하려면, 농업에 2, 3차 산업을 접목하는 6차 산업화의 방법론을 채택해야 한다고 거듭 주장한다. 6차 산업화를 하면, 농업 부가가치와 농가 소득도 증대되고 일자리도 창출돼, 지역경제의 활성화와 공동체 회복이라는 정책목적을 달성할 수 있다는 것이다.

하지만 실제로는 1차 농산물 재배는 없고 2차 농식품 제조와 3차 농촌관광과 유통 서비스만 영위하는 사례가 자주 눈에 띈다. 그렇다면 1 곱하기 2곱하기 3을 해서 6차 산업이라는 공식은 성립되지 않는다. 0 곱하기 2곱하기 3을 하니 도로 0차 산업의 공허한 모양새가 되는 셈이다. 그래서 2차 농식품 가공과 3차 농촌관광, 유통 직거래를 아무리 열심히 한다 해도 6차 산업의 출발지점이자 바탕이 되어야 할 1차 농산물 생산이 비어있거나 모자라면 아무 소용이 없다.

6차 산업정책이 추구하는 지역 내 연대(시너지) 효과도 한계가 있어 보인다. 일반적으로 6차 산업화는 통합적 관점보다는 개별 경영체 · 마을단위로 진행되는 게 특징이다. 지역 내 주체들 간의 연대를 통한 시너지 효과 창출에 구조적으로, 근본적으로 한계가 있는 것이다. 또 실제 현장에서는 농산물, 식품, 체험, 관광 위주로 사업이 진행되면서 지역의 문화, 역사, 음식 자원의 활용 및 서비스 산업화라는 융복합적 정책의 목표지점과는 거리가 멀어 보인다.

정부의 느닷없는 6차 산업 드라이브 정책에 6차의 의미와 의도를 잘 알 수 없는 농민들은 불안하기만 하다. 입을 모아 불신과 우려의 목소리를 토로하고 있다. "농촌의 모든 유 · 무형의 자원을 제조 · 가공해 유통 · 판매 · 문화 · 체험 · 관광서비스와 연계해 부가가치를 창출한다"는 6차 산업에 대한 정의가 그저 막연하고 막막하다며 한숨을 쉰다.

무엇보다 '공동체농업과 농촌공동체' 방식을 '농정의 정도'로 알고 살아온 우리 농민들의 눈에는 왠지 옳고 바른 길이 아닌 것처럼 보인다. 들으면 들을수록 나는 할 수 없는 남의 일처럼 들린다. 자본력과 기술력의 기업농을 내세운 6차 산업화는 대다수의 소농, 가족농에게는 그저 그림의 떡일 뿐이다.

참여하고 싶어도 대다수에게 문턱이 높은 정책은 좋은 정책이라 할 수 없을 것이다. 모름지기 올바른 정책이라면 자본이 모자라고 기술이 부족한 소농일지라도 얼마든지 참여할 수 있어야 한다. 그래야 비로소 정부가 좋아하는 표현대로 정책의 효과를 극대화할 수 있을 것이다. 일부 가진 자만 독과점할 수밖에 없는 정책은 정책이 아니고 어쩌면 특혜로 오해 사기 십상이다.

무엇보다 6차 산업화의 출발점이자 주체는 농민 생산자라야 하며 1

차 수혜자는 1차 농산물 생산의 주체이자 주력인 중소농이 되어야 마땅하다. 그래야 6차 산업화 정책의 혜택이 대농, 기업농이 아닌 중소농에게 공평하게 분배될 수 있다. 그렇지 않으면 중소농은 그저 6차 산업을 주도하는 농식품 가공업체의 단순한 원료 공급자로서 '을'의 위치에서 벗어날 수 없다. 중소농은 자본력, 기술력, 경영능력이 없어 기업화, 규모화에 나서기 어렵기 때문이다.

결국 중소농들이 6차 산업의 당당한 주체로 정부의 정책에 동참할 수 있으려면 소규모 부업 수준으로나마 참여할 수 있는 통로를 열어줘야 한다. 소규모 식품 제조·가공에 대해서는 별도의 완화된 시설 기준부터 마련할 필요가 있다. 또 충남, 완주 등의 공동가공센터 사례처럼 행정적, 기술적 지원인프라도 지역거점마다 구축해야 한다.

아울러 무엇보다 농민들이 현장에서 요구하는 '6차 산업화'의 대안은 중소농 중심의 '협동화사업' 모델이 적정할 수 있다. 6차 산업화 정책은 농촌의 공동체 특성과 다기능성을 살리면서 추진되어야 마땅하다. 6차 산업은 본질적으로 1차 농업 생산이 근간이기 때문이다. 이때 고용창출이라는 정량적, 직접적 목표보다는, 상부상조하는 공동체정신, 지속가능한 자원순환시스템 등을 통한 농촌 소득증대의 선순환 구조를 염두에 두어야 함은 물론이다.

근본적으로 인구밀도가 낮고 생산인력이 부족한 농촌에서 6차 산업화 같은 농산업의 사업화, 기업화는 시장 실패를 피하기 어렵다. 농촌 지역에서 구조적으로, 환경적으로 충분한 규모와 지속가능한 기간의 상권형성도 어렵다. 이럴 때, 1차 농업의 주체인 지역의 중소농들이 돈과 힘을 모아 6차 산업화를 위한 생산협동조합을 결성하면 시장실패의 가능성을 낮추는 유력한 자구책이 될 수 있을 것이다.

4. '마을장터'에서 지역을 만나자

농촌에는 상설시장이 거의 열리지 않는다. 지역사회와 지역경제가 붕괴돼 그럴만한 상권도 형성되지 않고, 구매력도 존재하지 않기 때문이다. 그래서 대신 읍, 면마다 5일장이 열린다. 그것도 작은 면에는 5일장의 전통조차 사라진지 오래다.

5일장은 조선시대의 장시(場市)에서 역사가 시작된 것이다. 보통 5일마다 열리던 사설시장에서 보부상이 농산물, 수공업 제품, 수산물, 약재 등을 유통시켰다. 특히 삼남지방에서는 기근과 재난이 장시 형성의 계기가 되어 지역마다 장시를 통해 교역권이 형성되었다.

조선시대처럼 오늘날 농촌지역의 5일장도 보부상과 같은 외지의 전문상인들이 시장의 주요 길목과 좌판을 점유하고 있는 경우가 많다. 그 지역의 농민이나 상인들은 들러리를 서는 듯한 모양새다. 그래서 5일장마저 지역상인과 주민들의 경제력과 삶의 질 제고에 크게 기여하지 못한다. 수입농산물까지 취급하는 농협의 하나로마트가 전통시장의 역할과 기능을 대체하고 있다. 농촌지역은 시장 공동체마저 마을공동체처럼 해체 위기에 놓인 셈이다.

그래서 중소기업청은 문화관광형 육성사업 등 5일장, 전통시장의 복원을 위해 정책을 펴고 있다. 전통시장만이 가진 다양한 먹거리, 볼거리, 길거리, 살거리 등의 콘텐츠 개발, 문화예술 접목, 문화공간 조성, ICT융합을 통해 시장과 관광지를 연계해 지역의 상권을 살려보겠다는 목적이다.

전북의 문화관광형 시장은 완주 고산미소시장, 정읍 샘고을시장, 무주 반딧불시장 등이 유명하다. 그중 완주 고산미소시장은 몇십 년 동안 이곳에서 장사한 원주민 상인과 귀농인 등 초보 청년 상인들이 공존하고 있어 이색적이다. 고산면의 특산품인 곶감, 마늘, 한우 전문 판매장을 중심으로 완주의 대표사업인 로컬푸드 친환경 농산물도 다채롭다.

무주 반딧불시장은 정기용 건축가의 무주 공공건축 프로젝트로 설계, 조성된 명소다. 2013년부터는 무주시장 상인회와 문화관광형시장 육성사업단이 1일, 6일 정기장 외에 매주 토요일 야시장을 따로 열고 있는데 무주의 특산물인 천마, 도라지, 더덕 등 '화이트 푸드'를 판매하는 무주군특산물장터로 차별화시켰다. 무주시장 상인들이 참가하는 무주시장푸드, 아트페어, 무주청년장터, 다문화장터 등도 볼거리다. 협동조합 북카페도 등장했다.

전남 장흥 용산장에는 2013년부터 귀농인들이 모여 '마실장'을 따로 꾸린다. 귀농인, 농민들이 직접 채취하거나 생산 · 가공한 상품을 들고 나오는데 용산 오일장(1일과 6일)과 주말이 겹치는 날에 열린다. 그런데 물건을 많이 팔아서 돈을 벌겠다는 목적은 뒷전이다. 믿을 수 있는 먹을거리, 공예품 등을 사고 팔거나 물물교환을 한다. 때로 작은 공연도 하고 화덕, 직조 등 생활에 요긴한 적정기술도 교류한다. 그렇게 서로 마음을 나누는 소통하는 공간의 의미가 크다.

농민시장(Farmer's Market)은 인근 지역에서 생산된 농산물을 농민이 소비지 도시 내의 특정 장소에 정해진 날짜에 직접 가지고 나와 판매하는 장터를 뜻한다. 농협경제연구소에 따르면 미국에는 농민장터가 꾸준한 증가세를 보이고 있는데, 1994년 1,755개에서 2011년 7,174개로 매년 전국적으로 1천 개씩 증가하고 있다.

유럽에 가보니 이른 아침부터 마을의 광장에는 농민장터가 열리고 있었다. 시장이 마을 한복판에서 열리니 마을이 살아있다는 느낌을 받았다. 장흥의 마실장은 강진 정거장, 해남 모실장, 벌교 녹색살림장 등 인근지역으로 점점 퍼져나가고 있다고 한다. 자유시장(Free Market)이든 벼룩시장(Flea Market)이든 지역의 농민들이 만나고 어울릴 수 있는 마을장터는 마을과 지역이 살아나는 명백한 신호다.

5. '지역 농업유산'부터 되살리자

2002년 유엔식량농업기구(FAO)는 세계중요농업유산제도를 도입했다. 농어업자원의 다양한 가치를 세계적 수준에서 지정 · 보존하려는 목적이다. 우리나라는 2012년 3월 농식품부에서 '국가농어업유산제도'를 도입했다.

역시 국내 농산어촌 자원의 다원적 가치를 국가차원에서 보전 · 관리하려는 목적이다. 보전 · 전수 · 활용이 필요한 농어촌의 자원을 농어업 유산(遺産)으로 지정하여 지역 브랜드 및 관광자원으로 활용할 수 있도록 하겠다는 것이다. 나아가 세계농업유산으로 등재하려는 시도도 하고 있다.

그동안 소홀히 했던 농업유산의 가치를 새로 조명하고 평가하기 시작한 것이다. 농어업 유산은 지역주민이 환경에 적응하면서 오랜 기간 동안 형성되고 진화해 온 지역의 소중한 공유자산이다. 보전 · 유지 및 전승할 만한 가치가 있는 전통적 농어업활동 시스템은 물론, 활동의결과로써 나타난 농어촌의 경관 등 모든 산물이 포함된다.[38]

가령 완도의 구들장 논, 남해의 다랑이 논, 신안 염전 등 오랜 시간

38 박윤호,「전통 농어업유산은 지역 살릴 핵심자원」, 농민신문, 2015. 10. 26.

주민의 전통적 농어업활동의 결과로써 형성된 것을 말한다. 따라서 농업유산의 주인도, 주체도 농민을 비롯한 지역의 주민들이다. 마땅히 농어업 유산의 관리 및 활용은 지자체와 지역주민이 중심이 되어 이루어져야 한다. 다시 말해 보존 · 규제 중심의 문화재와 차별화할 필요가 있는 것이다.

그래서 농식품부는 지자체와 주민 간에 농어업 유산 자율관리협정을 체결하는 등 자율적으로 관리해 나간다는 원칙을 세우고 있다. 지정된 유산의 효율적인 관리 · 보전 등에 필요한 법적 지원근거를 마련하는 한편, 농어업 유산의 형상 및 관리 정도에 따라 지원정도를 차별화하겠다는 것이다.

| 지역농업유산으로 지정된 제주 밭담 |

지정된 유산 중 우리나라를 대표할 수 있는 독창적 유산은 FAO의 세계중요농업유산(GIAHS)등재를 추진하고 있다. 세계중요농업유산제도(GIAHS : Globally Important Agriculture Heritage System)는 FAO

가 2002년부터 시작한 프로젝트이다. 차세대에 계승해야 할 중요한 농법이나 생물다양성 등을 가진 자연 · 농업 보존지역을 해당국가의 신청을 받아 심사하며 2년 단위로 세계중요농업유산으로 인정받는다. 우리나라 등재 후보는 지정된 농어업 유산의 정기적 모니터링을 통해 선별할 예정이다.

농어업 유산제도의 시행으로 인해 농산어촌지역의 사라져가는 유산에 대한 가치를 재발견하는 계기가 마련되었다. 아울러 농어업 유산이 지역의 전통농업을 복원하는 자원이자 자산으로 기능할 수 있다. 또 지역개발의 자원으로 특색있고 차별화되는 농산어촌을 만드는데 기여할 수도 있다.

국내 1호는 2013년 1월 지정된 전남 청산도 구들장논이다. 2호는 제주 흑룡만리 돌담 밭, 3호는 구례 산수유농업, 4호는 전남 담양 대나무밭, 5호는 금산 인삼, 6호는 하동 차밭이다. 이 가운데 1호와 2호는 세계중요농업유산으로 인정받았다. 살고 있는 농촌마을 주변을 둘러보자. 소중한 지역의 농업유산이 혹 잊혀지거나 사라져가고 있는 건 없는지. 그 농업유산이 마을과 지역을 되살릴지 모른다.

010

'친환경 농업'으로 순환하자

1. '친환경 인증법'을 준수하자

김성훈 전 농림부장관은 정부의 친환경인증제도에 대해 비판적이다. "중앙 및 지방자치단체들과 관련기관들은 친환경농정의 업적을 과시하기에 급급하고, 자재생산자 등 업체들은 친환경 농민들이 받게 될 보조금을 갈취하는데 눈독을 들이는가 하면, 민간 인증기관들은 얄팍한 수수료 따먹기에 여념이 없다보니, 묵시적으로 이들 3자가 종종 합작하여 애꿎은 고령화 · 부녀화된 농가들까지 친환경 유기농 인증을 받도록 끌어들이는데 연대하는 사례가 빈번해졌다."고 법과 제도가 왜곡되고 변질되고 있는 친환경농업 현장의 병폐를 지적하고 있다.

농식품부는 2016년부터 '친환경농산물 의무자조금' 제도를 도입한다. 1000㎡이상 유기 · 무농약인증 농업인(농업법인 포함)과 친환경농산물 취급 조합, 그리고 1000㎡미만 유기 · 무농약인증 농업인 가운데 희망자가 그 대상이다. 이에 따라 모든 친환경농업인은 인증 신청시

인증기관에 자조금을 납부해야 한다. 인증면적 전체를 대상으로 자조금이 10a당 3000~5000원이 거출되면 정부 출연금 50%를 적용해 75억원의 기금이 조성될 것으로 예상된다.

그러나 정부가 의욕적으로 도입하는 이번 자조금제도가 기대하는 정책효과를 거둘 수 있을지는 미지수다. 친환경농업 육성을 위한 새로운 제도 개발과 도입도 중요하지만, 그 전에 친환경 농산물 인증사업의 고질적 문제점부터 재정비하는 게 보다 시급한 현안이 아닐까.

친환경인증제도 관련 비리 사례는 다종다양하다. 공무원에게 허위 영농일지를 작성케 하고, 쌀 · 보리 등을 친환경농산물로 거짓 인증하거나 브로커들이 소개비 · 농자재 보조금 등을 노리고 친환경농산물 인증기관과 결탁, 거짓 인증을 남발한 사례가 수시로 적발된다.

정부도 그동안 민간인증기관 관리 강화와 생산 · 유통조사 확대 등 신뢰 제고 대책을 중점적으로 추진했다. 2013년에는 인증기관 삼진아웃제도를 도입하고 단체인증요건 강화, 연대책임 도입 등의 조치를 취했다. 또 2014년에는 인증기관 요건과 행정처분을 강화한데 이어 인증심사원의 자격 · 처분규정을 신설하는 등 인증제도를 대폭 강화했다.

마침내 2015년 12월, 친환경농산물 인증관리 대폭 강화를 골자로 하는 '친환경 농어업 육성 및 유기식품 등의 관리 지원에 관한 법률 개정안'이 시행됐다. 우선 민간인증기관의 관리를 엄격히 하기 위해 인증업무와 관련해 벌금형 이상을 선고받은 자는 3년간 민간인증기관 임직원으로 재취업을 금지한다. 민간인증기관 지정취소 항목에 인증관련 벌금형 이상을 선고받은 인증기관(법인)을 포함하고, 인증기관 취소 후 재지정 신청 제한기한을 현행 2년에서 3년으로 늘린다. 민간인증기관의 기관운영, 인증업무 추진실적 등을 평가해 등급을 부여하고 그 결과를 공개한다.

제4차 5개년 친환경육성계획에서는 친환경 인증농가의 책임도 더 강화했다. 농가는 최근 2년 이상 기록한 영농일지 자료를 보관해야 한다. 생산자단체(5농가 이상)는 1인 이상의 생산관리자를 지정 · 운영해야 한다. 재배토양은 오염 우려 기준을 초과하지 않아야 하고 유기농산물 재배농지의 토양에서는 잔류농약이 검출되어서는 안 된다. 재배용수의 수질은 농업용수로 적합해야 하고 종자는 유기농산물 인증기준에 맞게 생산된 종자를 사용해야 하며 유전자변형농산물인 종자는 사용할 수 없다.

| 횡성 공근리 한살림 유기농생산공동체 |

그런데 법률 개정은 이번이 14번째로 그동안의 법 가운데 가장 강력한 법안으로 평가된다. 유기식품 인증기관이 고의 또는 중대한 과실로 인증을 한 경우 인증기관 지정을 취소하도록 법적 근거를 마련하고 형사 처벌도 할 수 있도록 한 게 특징이다.

그런데 식품업계의 해묵은 숙원인 유기동등성 폐기 문제가 아직 해결되지 않았다. 유기 동등성이란 특정국가에서 유기식품으로 인증받으면 우리나라에서 별도의 인증절차를 밟지 않아도 국내 인증을 받았을 때와 같은 효력을 부여하는 것이다. 이제 유기가공식품 인증제를 전면 실시하고 친환경농업육성법 개정안의 유기식품 인증기준 동등성 규정을 삭제해야 한다.

하지만 친환경농업의 발전은 법이나 처벌이 능사는 아닌 듯하다. 사후처방이나 미봉책이 아니라 보다 근원적인 문제의 원인을 살펴볼 필요가 있다. 본디 친환경농업은 농민, 인증기관, 정부 정책담당자, 그리고 소비자 등 이해관계자 모두가 조화롭고 유기적으로 어우러지는 네트워크과 시스템을 구축하는 게 관건이다. 이같은 친환경농업 생태계 구성원 가운데 누구라도 가치와 목적을 공유하지 못한다면 전체 시스템은 불안하고 불안정해질 수밖에 없다.

2. '유기농 3.0' 시대로 나가자

유기농 3.0시대가 괴산에서 열렸다. 세계 최대 유기농업단체인 IFOAM(국제유기농업운동연맹)은 2015년 10월 괴산세계유기농엑스포에서 '유기농 3.0' 선언을 공식 발표한 것이다.

유기농 1.0시대는 1920년대부터 1970년대 초반까지 발전해 온 개척기로 관행 농업의 문제를 자각한 소수 선구자들이 발전을 주도했다. 19세기 말과 20세기 초에 농업이 받아들이고 있던 지침들과 관련된 문제들을 관찰하고 근본적인 변화의 필요성을 보았다. 유기농 운동의 예지력 있는 개척자들은 우리가 살고, 먹고, 농사짓는 방법과 우리의 건강과 지구의 건강 사이에 전체적이고 건강한 관계를 보여줬다.

1970년대부터는 국가별 유기농 육성법과 유기농 인증제도가 확립되고 유기농업 관련운동이 활발해지면서 유기농 2.0시대가 전개됐다. 1.0시대의 개척자들에 의해 개발된 문헌들과 농업 시스템들이 표준으로 체계화되었고, 법규화되었다.

유기농3.0 시대는 21세기에 들어서 유기농업이 지역 공동체를 넘어 전세계적으로 지속가능한 식품 공급시스템을 구축해 나아가는 새로운 패러다임이라는 의미를 지닌다. 유기농을 주류로 자리잡게 하고 유기 시스템을 우리 지구와 인류가 직면한 수많은 도전들을 해결하기 위해 필요한 해법으로 인식하도록 만드는 것이다. 아울러 유기농 부문과 농업생태, 공정무역, 슬로우푸드 등 주요 지구 문제에 활발하게 참여하는 새로운 공동의 비전을 개발하는 것이다.

스위스의 농업경제학자인 IFOAM 마커스 아벤츠 사무총장은 "유기농 3.0이 추구하는 지속가능한 농업은 식품공급 차원을 넘어 환경오염, 자원고갈, 생물종다양성 보존 등 세계적인 당면 과제들을 함께 고민하는 수준 높은 혁신을 통하여 실현된다."고 밝히고 있다.

'유기농 3.0 괴산 선언'은 '모두의 편익을 위한, 진짜 지속가능한 생산과 소비를 위한 유기농 3.0'으로 함축된다. 서문에서는 "유기농 원칙과 실행이 모든 인간 사회와 지구의 다양한 생태계에게 어떻게 편익을 제공할 수 있을지에 대한 비전을 공유하자."면서 "우리는 모든 사람들의 선을 위해 유기농업의 원칙-건강, 생태, 공정, 배려-을 구현하려는 우리의 의도를 선언한다."고 명시하고 있다.

'유기농 3.0'의 실천전략은 건강, 생태, 공정, 배려의 원칙에 의해 통일된 아래 6개의 주요 특성을 포괄한다. 유기농의 핵심인 다양성을 일관되게 촉진하면서 하나로 모든 것을 해결할 수는 없다는 점을 분명히 인식하는 지점에서 출발하는 것이다.

1. 보다 많은 농부가 유기농으로 전환하여 최선의 실행을 받아들이게 하며, 전반적인 생산성과 품질을 향상하는 혁신의 문화
2. 지역과 권역 수준에서 최선의 실행을 향한 지속적인 개선
3. 3자 보증과 인증을 넘어 유기농업을 확산하기 위해 유기농의 진정성을 투명하게 보장하는 다양한 방법들
4. 진정으로 지속가능한 식량과 농사에 상호 보완적이고 공정하게 접근하는 많은 운동 및 단체들과 동맹하여 보다 광범위한 지속가능성 관심사 포함
5. 가치사슬을 따라서 그리고 지역 수준에서도 상호의존성과 진정한 파트너십을 인정하는 농장에서 최종 제품까지 전체적인 권한 부여
6. 비용을 내면화하고, 전체 파트너로서 소비자와 정책 입안자들에게 투명성을 높이며, 농부들에게 권한을 부여함으로써 진정한 가치와 공정한 가격 결정[39]

3. '자연순환농업 협동농장'을 조성하자

농식품부도 농업의 공익적 기능을 충분히 이해하고 인정하고 있다. 그래서 가축분뇨공동자원화사업, 자연순환농업활성화사업, 광역친환

39 「유기농 3.0 선언」, 세계유기농엑스포, 2015. 10. 11.

경농업단지조성사업, 경축순환자원센터 등 친환경농업을 장려하고 육성하는 정책사업을 지원하고 있다. 이처럼 농업의 공익적 기능을 구현하기 위해서는 농축산업의 유기농업화가 필수적이다. 따라서 농축산업의 유기화에 따른 생산자의 노동력, 소비활성화, 자재 보급 등의 제반 비용은 정책적으로 지원해주는 게 타당하다.

나아가 유기농업의 환경오염을 걱정하면서 농식품부의 친환경농업 정책에 이견을 나타내는 환경부의 4대강 비점오염원 관리 등 농축산업 오염물 관리대책 예산까지 농식품부에서 흡수, 총괄하는 게 바람직하다. 이로써 지역에서 발생되는 가축분뇨 등의 부산물을 이용한 퇴비화 사업으로 지역 경종농업과 축산업의 순환이 이루어질 수 있도록 이른바 '유기농 순환농업단지'를 지역마다 조성하는 게 효과적인 방안이 될 것이다.

친환경농업(environment agriculture)은 '농업과 환경의 조화로 지속가능한 농업생산을 유도하여 농가소득을 증대하고 환경을 보존하면서 농산물의 안전성도 동시에 추구하는 농업'으로 정의된다. 일반적으로 유기농업을 포함해 저투입농법까지를 포괄한다. 또 '자연순환농업'은 '특정 자재의 사용 또는 특정농법에 한정되지 않고 자연계 물질순환의 균형을 추구하는 모든 농업을 포괄한다. 구체적으로는 가축분뇨, 퇴 · 액비 등 유기질 자원을 토양에 환원시켜 토양을 건전하게 유지 · 보전 하면서 농업생산성을 확보하려는 목적이다.

결국 친환경농업이나 자연순환농업은 농업의 경제적 생산성만을 고려하는 관행농업에서 탈피, 농업과 환경, 식품안전성을 동시에 고려하는 농업을 하자는 것이다. 근본적으로 친환경농업은 자연순환농업처럼 순환적이고 종합적인 농업체계와 생태계 메커니즘을 활용한 고도의 농업행위와 가치를 추구한다.

다만 '가축분뇨를 활용한 퇴 · 액비 등의 유기질 자원을 토양에 환원시켜 토양을 건전하게 유지 · 보전하면서 농업생산성을 확보하는 농업'은 너무 좁은 의미에 불과하다. 여기에 담지 못하는 가치가 있다. "자연 생태계의 영속적인 물질순환기능을 활용, 작물과 가축이 건강하게 자라게 하고, 농축산물의 안전성과 품질을 높이려는 농업"을 포괄해야 한다.

'제3차 친환경농업 육성 5개년 계획'에 따르면 무농약 이상 친환경 농산물 재배면적을 2017년까지 15%로 확대한다. 특히 유기농 재배면적 비중 목표치를 새롭게 신설, 2017년까지 4%로 확대한다. 또 친환경 농산물 재배비중은 2012년에는 7.3% 수준이던 것을 2017년까지 10%로 확대한다. 이를 위해 친환경 단지/지구를 2013년 44곳에서 2017년 60곳으로 늘린다는 계획이다. 아울러 친환경농산물 유통 시장 규모는 2012년 3조 원 수준에서 2017년 5.7조 원으로 확대하고, 친환경농산물 직거래 비중은 2012년 15%에서 2017년 30%로 확대할 계획이다.

무엇보다 친환경지구 및 광역친환경단지의 확대를 통해 지속가능한 저탄소 자원순환형 모델을 구축한다는 방침을 세우고 있다. 이를 위해 유기농 특구, 생태마을 등 지역밀착형 단지, 품목별 유기농 특화단지를 구축하겠다는 계획이다. 실천 기반 조성을 위한 토양 지력 증진도 강화한다. 토양개량제 · 유기질비료 · 녹비작물 종자대 지원 확대를 통해 화학비료 사용을 줄이고 토양유기물 함량은 높인다는 목표다. 가축분뇨 자원화와 이용도 확대한다. 이를 위해 공동자원화시설(누계)은 2013년 88개소에서 2015년 120개소로 확장하고, 자원화율(퇴 · 액비화율)은 2009년 85%에서 2015년 90%로 제고한다.

| 옥천 산계뜰친환경영농조합 |

다만 이같은 정부의 친환경 유기농업 지원 및 육성 계획은 농민들의 신뢰를 얻지 못하는 게 문제다. 김성훈 전 농식품부장관은 "자연순환원리에 따라 친환경 유기농업이 환경생태계를 살리고, 소비자의 건강과 생명에 안전을 보장하며, 개방화된 세계의 저가 해외농산물 수입 홍수 속에서 가격으로는 경쟁력이 없으나 품질과 안전성으로 우리 소비자를 계속 감동시키는 농정을 추진하는 데에 냉담하거나 관심이 적다."면서 개탄하고 있다.

그렇다면 가족농, 중소농이 주도하며 자연순환원리에 충실한 친환경 유기농업으로 작동되는 '자연순환농업 협동농장'을 지역마다, 지자체마다 조성하면 어떨까. 농민들은 분명 정부의 친환경농업정책의 진심과 진실을 이해하게 될 것이다.

4. '가족농'을 중심에 세우자

독일, 오스트리아 등 유럽의 선진농업국에서는 기업농과 가족농의 구분이나 대립이 없다고 한다. 거의 모든 농가가 가족농이기 때문이다. '소금과 음악의 도시', 잘츠부르크의 파이스테나우(Faistenau) 지방의 홀러 농장도 요셉 클라우스호퍼(Joseph Klaushofer) 농장주 부부가 공동으로 꾸려가는 가족농장이다. 약 7ha의 농지에 닭 50마리, 젖소 7마리, 그리고 벌을 키우는 게 전부다. 그런데 젖소 70마리를 기르는 다른 농가보다 소득이 높다.

이 가족농의 비결은 농식품 가공 등 6차 산업으로 부가가치를 높였기 때문이다. 소농으로 살아남기 위해 다양한 농식품 가공품을 개발해 100% 직판으로 판매한 전략이 주효했다. 근본적으로 콘텐츠와 프로그램이 일반적인 농가와 다른 특별한 농가로 스스로 자리매김을 했다.

심지어 남편인 요셉 씨는 겨울철 농한기에도 쉬지 않는다. 스스로 설계, 제작하는 양봉틀, 가구 등 목공제품을 제작해 판매하기도 한다. 농장주 요셉씨는 농장 안내를 하는 동안 입버릇처럼 되풀이하며 힘을 주어 강조했다. 마치 자기 자신에게 주문을 거는 것처럼 "농촌에서 살아남기 위해서는 여러 가지 버틸 수 있는 다리를 찾아야 한다"고.

부인 브리기타 씨도 부지런하기는 남편 요셉 씨를 능가한다. 홀러 농장의 가공품 개발을 전담하는 연구원이자 공장장 역할을 맡고 있다. 어쩌면 남편보다 더 중요한 책임을 맡고 있는 셈이다. 그래서 새로운 가공식품 연구와 개발을 위해 쉬지 않고 교육을 받고 인증을 받으러 다닌다. 그동안 50여 가지의 가공품을 개발했는데 그것도 정부의 지원은커녕 자기 돈과 시간을 투자했다고 한다.

오스트리아 티롤 지방 미에밍(Mieming)의 디스마스(Dismas)훈제생

햄 맛 인증 농가도 전형적인 가족농이다. 20ha의 농장을 운영하는 농장주 마틴 알버(Martin Alber)씨는 직접 사육한 60여 마리의 돼지로 티롤 지방 전통방식의 수제 육가공품을 제조, 직판하고 있다. 1990년대 들어 농가 직판을 시작하고 2000년에 비로소 농가에 자가 도축장, 부분육 처리실 등을 마련해 훈제 생햄 등의 육가공품을 자체 생산하고 있다.

이렇게 작품을 만들 듯 생산한 훈제 생햄은 오스트리아 최고 인증 지역농특산물에게 주어지는 '맛의 왕관(Gueness Krone)'을 수차례 수상할 정도로 품질을 인정받고 있다. 기업농도 아닌 일개 가족농 처지에 4성급 이상 오스트리아 최고 수준의 호텔에 납품할 정도다.

농장주 마틴 알버 씨는 농업전문학교를 졸업한 육가공 분야 마이스터다. 마이스터는 농업학교에서 학생들을 가르칠 자격이 부여된다. 농장주 마틴 씨의 아들 역시 가업을 잇기 위해 농업전문학교를 졸업했다. 정규학교 과정 이외에도 농업마이스터시험, 티롤 농업회의소의 육가공, 마케팅 등 정기보수교육과정 등을 이수한 어엿한 농부 자격증 소지자다. 30여 년 전 아버지가 할아버지에게 낙농업을 물려 받았듯이, 아버지 마틴 씨로부터 농사라는 가업을 이어받는 것이 당연하다는 듯 전문 농업인의 길을 따라가고 있다.

한국의 가족농은 1987년 180만 호에서 2013년 110여 만 호로 줄어들었다. 우리도 정부의 가족농 육성정책이 없었던 것은 아니다. "가족농을 육성하기 위해 전업농을 중심으로 규모 확대를 촉진하고, 젊은 후계 가족농을 양성하며, 규모화나 전문화가 어려운 가족농은 협동화를 유도하겠다"는 가족농 육성정책은, 이명박 정부에 의해 "2012년까지 기업형 주업농 20만 명과 1만여 개의 농업법인을 육성하겠다"는 농업

선진화법에 가렸다. 대다수 소규모 가족농은 정부의 관심대상에서 소외됐다. 그리고 전문화, 규모화된 기업농, 대농들과 경쟁하느라 점점 해체되고 있다.[40]

2014년은 UN이 지정한 '가족농업의 해(International Year of FamilyFarming)'였다. UN도 가족농이 식량안보와 영양개선, 빈곤과 기아 극복, 환경과 생물다양성 보전, 지역경제 유지 등에 큰 역할을 하고 있다고 인정한 것이다. 세계식량농업기구(FAO)의 조사에 따르면 조사국 93개국 전체 농가의 80%가 가족농인 것으로 밝혀졌다. 가족들이 소규모로 가족노동을 위주로 다양한 복합적 영농활동을 통해 전 지구적으로 '식량안보'와 '자연자원보호'를 선도하는 점을 가족농의 중요한 역할이자 가치로 평가하고 있다.

오늘날 한국 농업의 살 길, 그리고 식량주권을 지키는 최후의 보루는 가족농이라 할 수 있다. 정글같은 세계자유무역협정 시대에 미국, 호주 등의 글로벌 메이저 농기업과 겨루겠다고 농지 집단화, 수출기업화 등 큰 규모의 경제를 추진하는 정책은 비현실적이고 불필요하다. 소규모의 건강한 가족농을 중심으로, 지역의 전통 특화자원에 기반을 둔 친환경 지역순환농업이 최선의 자구책일 것이다.[41]

---

40 서종석, 「가족농의 현재 그리고 미래」, 농민신문, 2015. 2. 11.

41 우병철, 「가족농 육성만이 농업이 살 길」, 경남도민일보, 2014. 6. 11.

5. '한반도'를 유기농으로 잇자

한국농촌경제연구원의 연구결과에 따르면 40만 톤의 쌀을 북한에 차관으로 지원하면 쌀(80kg) 1가마당 7~8,000원의 가격 상승효과가 있다고 한다. 대북 쌀 차관은 쌀 수급안정은 물론, 남북관계 개선효과, 남북경제공동협력 추진, 통일비용 절감 등의 다각적이고 복합적인 효과를 볼 수 있다.

국회 예산정책처도 '남북교류협력 수준에 따른 통일비용과 시사점' 보고서에서 식량 등 인도적 차원의 지원과 경제적 투자를 확대할수록 통일비용이 크게 감소한다는 분석을 내놨다. '대북 쌀 보내기 운동 및 사업'으로 쌀값의 가격도 안정화시키고 남북농업교류도 확대할 수 있다.

더욱이 남한에서는 만성적인 쌀 재고, 쌀값 정체 및 하락, 그리고 수급문제가 심각한 반면, 북한에서는 가뭄, 홍수 피해 등으로 식량난이 날로 심화되고 있다고 한다. 대북 쌀 지원이야말로 북한의 식량난을 완화함과 동시에 남한의 재고 문제를 해결하는 남북 상생의 길이다.

전국친환경농업인연합회는 아예 근본적인 남북 농업 상생의 정책 제안을 내놓고 있다. "한반도 전역을 유기농업화 하자"는 것이다. "농약과 화학비료에 의존하는 관행농업 위주의 농업정책은 더 이상 농산물의 안전성과 농업의 지속성을 담보해 내지 못할 것"이라는 지적이다.

따라서 "친환경 · 유기농업을 우리 농정의 기본 토대로 삼아 농업정책을 친환경 · 유기농업 정책 중심으로 재편하고 농업관련 예산을 친환경 · 유기농업을 중심으로 조정하고 확대하여야 한다"는 주장이다. 농식품부도 농업의 환경적 순기능을 통한 국토의 공익적 이익을 강조하고 있다.

지구온난화 · 기후협약에 대응하는 농림업 구조로 개편하기 위해 온실가스 절감대책 및 대응기술 개발, 축산분뇨의 바이오연료 기술개발과 생산시스템 구축, 석유 의존농업에서 탈피한 쿠바의 유기농업 모델 도입, 친환경자원순환모델을 통한 마을 에너지 자립기반 마련 등을 제안하고 있다.

이를 위해 2020년까지 친환경농업(면적기준)을 30%로 확대하고 친환경농업예산을 전체 농업 예산 중 30%로 확대하자고 한다. 농식품부, 농진청, 농협 등 각종 관련 기관의 관행농업위주의 체계를 친환경 · 유기농업 육성지원체계로 개편하고 한반도 전역을 친환경 · 유기농업 지대화를 이루기 위한 장기적 정책을 수립하자고 제안한다.

한국농어촌공사는 '개성공업지구 확장을 고려한 농업분야 협력방안'을 주제로 한 남북농업협력 국제심포지엄을 통해 "남북농업협력의 새로운 패러다임으로 융합적 남북협력이 필요하며, 그 일환으로 개성공업지구 배후지역에 복합농촌단지를 조성하자"고 제안했다.

한국농어촌공사 김관호 박사는 "남북농업협력은 쌀이나 농자재 등 긴급구호성격의 단순지원에서 협동농장 자립기반구축 등 남북공동영농사업으로 확대돼 왔다"며 "다음 단계는 복합농촌단지 조성과 같이 북한주민들이 체감할 수 있는 사업"이라고 주장했다.

'복합농촌단지 조성사업'은 농업생산성 향상, 북한 주민의 영양상태 개선, 산림보전 및 생태계 회복, 북한주민의 삶의 질 향상을 위한 생활환경개선 등을 복합적으로 지원하는 사업을 말한다. 특히 개성공단 배후지역은 과거 협동농장에 대한 남북공동영농사업 경험이 있는 지역으로 북한당국 및 주민의 수용가능성이 긍정적이기 때문에 적합하다

는 설명이다.[42]

또한 개성공업지구는 남북교류 확장의 중심축이면서 배후지역 농경지에 약 5만 4,000명의 남북한 근로자들을 위한 식부자재 공급기지로 육성해 거점 확보가 가능하다는 것이다. 개성 복합농촌단지는 한반도가 유기농업의 해방구로 묶어지는 단초가 될 것으로 기대된다.

42 서상현, 「"남북농업협력 복합농촌단지 시범모델 육성하자"」, 한국농어민신문, 2014. 9. 19.

3 장

'사회생태적 농촌'을 지키자

01. '마을학교'부터 살리자
02. '사회적 경제'로 농촌을 먹여살리자
03. '마을'은 만들 수 없다
04. '농정의 주체'는 농민이다
05. '적정 기술'로 전환하자

마을은 '주로 시골에서 사람들이 모여 사는 곳'이다. 사전의 정의 그대로 하자면 시골이 아닌 곳은 마을이라 부르기 어색하다. 무엇보다 마을이라 하면, 생활과 생업 그리고 쉼과 놀이가 한 공간에서 이루어질 수 있는 곳이라야 할 것이다. 도시에서는 그게 어렵다. 부득불 생활과 생업이 격리되거나 격절될 수밖에 없기 때문이다.

하지만 농촌이라고 온전한 마을의 모습을 하고 있지는 않다. 많이 훼손되고 상처 받았다. 젊은이의 온기, 공동체의 활력이 사라져 형해화되고 공동화된 마을도 적지 않다. 전 세계적으로도 산업혁명 이래, 자본주의화 이래 농촌 마을공동체는 동력과 희망이 무너지고 사라졌다. 공유지에 기대 생계를 이어가던 농민들로부터 토지를 빼앗아 사적 소유(Enclosure운동)가 일상화되었다.

이때 토지를 상실했거나 토지에서 추방된 농민들은 반란으로 저항했으나 어김없이 토벌, 진압되었다. 겁이 많은 농민들은 농업 이외의 노동을 거부하는 '유랑'이나 '걸인'으로 전락했다. 심지어 축구와 자본주의의 종주국 영국의 지배층은 1834년 묘안을 생각해냈다. 역사적으로 악명높은 개악 구빈법이다. 최저생계비 이하 노동자들에 대한 생활수당을 보장하던 스핀햄랜드(Speenhamland)법을 무원조 원칙의 신구빈법으로 개악한 것이다.

농촌에서 쫓겨나 도시에서 유랑걸식하던 빈민들은 낙인이 찍힌 채 교도소에 수감됐다. 그리고 강제적으로, 반인권적으로 소나 말 같은 동물처럼, 노예처럼, 기계적 노동에 적응하도록 강요를 받았다. 농민 출신 도시빈민들은 굶어 죽지 않으려면 그토록 부당한 요구를 받아들이지 않을 수 없었다. 그리고 농촌지역에 사람이, 마을이, 공동체가 사라지기 시작했다.

우리 농촌의 근 · 현대사도 산업혁명 이후 영국의 상황과 다르지 않다. 1960년대 이후, 산업화 · 도시화에 따라 농민들은 농촌에서 쫓겨나 마을공동체가 무너지고 사라졌다. 그래서 국가나 정부는 공권력과 국비를 동원해 마을을 재생하고 활성화시키자고 한다. 이른바 '마을 만들기'를 하자고 부추기고 다그친다. 하지만 마을만들기 3대 책임주체인 행정도, 주민도, 전문가도 마을만들기가 어렵다. 행정은 진정성과 공정성이 미흡하고 주민은 이해도와 참여도가 부족하다. 그 일을 직업으로 하는 전문가조차 전문성과 사명감이 충분치 않아 역부족이다.

무엇보다 '한국형 마을 만들기'는 태생적 한계와 시행착오의 실패 마저 떠안고 있다. '마을 만들기'를 '농촌관광지화' 또는 '생태공원화'와 동일시하는 치명적인 오류를 저지른 것이다. 이렇게 하드웨어 조성 위주의 토건사업에 지나치게 집중하고 만 나머지 외부인의 구경거리나 체험거리에 불과한 관광지, 공원 등이 전국 도처에 양산됐다. 마을은 외부인을 위한 시설이 아니라 내부인을 위한 삶의 터전이라는 사실을 망각하고 무시한 결과다.

그래서 "과연 마을은 옳은 것인지, 마을이 곧 공동체인지" 등의 원초적인 의문이 들 때가 있다. 마을만들기는, 마을공동체는 모두를 위해 좋은 일을 하는 것이라 말하지만 그 말 자체가 위선이나 과장이나 포장은 아니었는지 뒤를 돌아보게 된다. 마을이나 마을공동체는 과연 모두를 위한 절대선인지, 유일한 대안인지, 다시 한번 철저히 공부하고 훈련하자며 자기반성을 하게 된다.

결국 방법은 기왕의 '토건적 마을 만들기'에서 '사회생태적 마을 살리기 또는 마을살이'로 패러다임 자체를 바꾸는 길이다. 마을이 품고 있는 사회적이고, 인문적이고, 문화적인 요소와 자원들을 더욱 주목해야 한다. 원주민, 귀농인, 출향인 등 내부인의 인간다운 생활과 생존을 보장하는 삶의 질 높이기를 당면한 지상과제로 삼아야 한다.

그러자면 '농촌교육공동체'부터 건설해야 한다. 마을에 학교가 살아남아야, 마을이 곧 학교가 되어야 마을이 살아남을 수 있으며 마을에서 아이들이 자라고 어른들이 어울려 살아갈 수 있다. 마을의 작은 학교를 살리고 학교협동조합도 만들고 사회적 경제 교과서도 가르쳐야 한다. 그렇게 어릴 때부터 민주시민으로서의 소양과 품성을 가르칠 필요가 있다.

'마을 만들기'가 아닌 '마을 살리기 또는 마을살이'를 하는 데 마을 공동체사업에 임하는 태도와 방법론은 사회적 경제를 수단과 도구로 하면 적합할 것이다. 농촌상생기금, 마을공동체 · 사회적경제 융합지원센터, 공공 조달시장 등 '생활 중심 마을공동체사업'으로 인식과 틀이 전환되어야 한다.

농촌마을의 주인은 마땅히 농민이다. 농민이 농정의 주인이자 결정권자가 되어야 한다. 농민을 농정의, 또는 '농정협치'의 주인으로 세우기 위해 '민간 주도형 농업회의소'가 설치되어야 한다. 이때 행정은 '지원은 하되 간섭은 하지 않는다'는 '팔길이 원칙(arm's length principle)'을 잊지 말아야 한다. 관이나 공공은 지원을 핑계로 민간의 자율성을 침해하지 말아야 한다.

011

'마을학교'부터 살리자

1. '작은 학교'를 지키자

제주도 서귀포시는 2012년부터 농촌 작은 학교를 지키기 위해 '농촌 작은학교 희망 만들기'를 추진하고 있다. '농촌 작은학교 빈집정비 지원사업'이 핵심과제다. 초등학교 자녀를 가진 농촌이주자들의 초기 정착을 지원하기 위해 주거공간을 제공하는 내용이다. 신청자격은 학생수가 60명 이하인 작은 학교의 학구에 포함된 마을이다. 선정되면 빈집수리 및 개축비로 개소당 최대 6백만 원 한도에서 지원한다. 학교가 사라지면 마을이 사라지기 때문에 지방정부가 나서 지원하는 것이다.

2010년까지 교육부의 적정규모 학교정책에 의해 통폐합된 학교 수는 총 5,452개교(본교 1,313개, 분교장 폐지 2,328개, 분교장 개편 1,811개)에 이른다. 당초 교육부의 '적정규모 학교 육성 관련 초·중등 교육법시행령 개정안'의 목적은 입법 취지대로 농어촌 소규모학교의 교육여건을 개선해 적정규모 학교를 육성하겠다는 것이다.

그런데 교육부가 주장하는 '적정학교'란 곧 '작은 학교를 통폐합'한 '큰 학교'와 다름이 없다. 교육부의 '적정규모 학교'라는 표현 안에는 이미 '소규모 학교 통 · 폐합'의 정책적 실행의지가 강하게 내포되어 있다. 결국 문제는 '돈'이다. 지방교육재정의 효율성과 형평성을 제고하는 데 작은 학교보다는 큰 학교가 유리하다는 판단이다. '학생들을 위한 교육여건의 개선'은 우선 고려 사항이 아닌 것으로 보인다.

이렇듯 교육부가 '작은(소규모) 학교를 바로보는 관점은 극히 부정적이다. 소규모 학교는 교육과정 운영상 복식학급 · 상치교사 배치 등으로 교육의 질을 담보하기 어렵고, 다양한 교육프로그램을 운영하기에도 한계가 있다고 본다. 또 학생들의 대인관계가 제한적이어서 전인적인 교육을 위해서는 적정규모 학교 육성이 필요하다고 주장한다.

그래서 이제 교육부는 "저출산 현상 등으로 앞으로 초 · 중등 학생수가 2011년 대비 2020년에 25% 감소(초등17%/중등31%)해 과소규모 학교가 급증할 것으로 전망되고, 지나치게 작은 학교의 경우 학교교육뿐만 아니라, 인성 · 사회성 발달면에서도 교육결손이 발생할 수 있다"고 본심을 굳이 숨기지 않는다. 따라서 소규모 학교의 통폐합을 적극 추진하는 시 · 도교육청에 대해서는 이른바 '교육여건 개선 지원금'의 대폭 증액으로 유인하고 있다.

현재 소규모 학교 통폐합은 농어촌지역은 학생수 60명 이하, 도시지역은 200명 이하 학교 중에서 시 · 도교육감이 지역실정을 감안하여 자체적으로 기준을 정하고 학부모 및 지역주민의 의견수렴과 시 · 도의회 의결을 거쳐 결정하고 있다.

정의당 정진후 의원이 발의한 '농어촌교육지원 특별법' 등 '농촌 작은 학교 살리기' 법안은 이같은 교육부의 방침과 정면으로 대치한다. 이

법안은 학부모, 교사, 마을주민, 지역공동체의 시민사회단체 등 '농어촌 작은학교'의 존재와 가치를 공감하는 측의 입장을 대변한다. 일단 농어촌의 교육 진흥과 학생의 학습권 및 주민의 교육기회 보장 등에 필요한 사항을 규정하고 있다. 농어촌의 발전과 지역주민의 삶의 질 향상에 이바지함을 목적으로 한다.

그래서 농어촌 자율학교 지정・운영, 교직원 추가배치 및 교원 우대, 농어촌학교 폐교의 특례(학교운영위원회와 협의를 한 후 폐교 1년 전에 그 사유를 공고하고, 주민 총수의 3분의 2이상의 서면동의 필요), 완전 무상교육 실시 등을 정책으로 제안하고 있다. 그래야 농촌의 작은 학교를 지키고 살릴 수 있다고 믿는다.

전북교육청은 2012년부터 예산, 시설, 행정, 인사, 혁신학교, 교육과정 등 관련부서 9개를 망라한 농어촌 작은학교 희망찾기 테스크포스 팀까지 가동하고 있다. 농어촌학교 공모교장제 확대, 농어촌 학교 교원정원 확보와 순회교사 지원, 복식학급 단계적 해소방안 등을 추진하고 있다. 또 공동현장체험학습, 방과후학교 운영, 학교 마을도서관, 농어촌학교 학생 통학 지원 등도 모색하고 있다.

교육부의 '작은학교 통폐합' 정책이 강화될수록 학부모와 지역주민들이 앞장 선 '작은학교 살리기 운동'도 지역마다 더 활발해지고 있다. 1993년 경기도 가평 두밀분교 살리기 운동 이후 "인간 중심의 본질적 교육 가능성은 작은 학교에서 찾을 수 있다"고 믿는 이들의 신념은 더 공고해지고 있다.

2000년 11월 경기도 광주 남한산초등학교, 2002.9월 아산 송남초 거산분교, 2003.3월 완주 고산서초고(삼우초), 2005.3월 상주 남부초, 2006년 부산 금성초, 2007년 양평 조현초, 2008.3월 순천 송산분교, 이후 단양 가곡초 대곡분교, 울주 궁근정초 소호분교, 진안 장승초, 임실 대리초교, 구례 토지초 연곡분교, 영광 묘량중앙초교 등으로 사례는 점점 늘고 있다. 마을사람들은 학교가 사라지면 마을도 사라진다는 사실을 잘 알기 때문이다. 그런데 교육부는 모르는가. 설마 마을이 사라져도 '교육부 돈'만 아낄 수 있다면 괜찮다는 말인가.

2. '마을교육공동체'를 이루자

전북 완주 교육지원청은 '학교 선생님' 말고 '마을 선생님'들을 따로 모셔두고 있다. 학교를 지원할 수 있는 다양한 분야에서 전문성과 역량을 가지고 있는 마을의 학부모, 지역 주민, 시민사회단체 인사, 관공서 임직원 등을 널리 발굴한다. 일정한 절차를 거쳐 마을 선생님으로 인증해주고, 마을선생님 인력풀을 구성하여 학교에 안내 후 학교가 창의적 교육과정운영과 학생중심 수업에 적극 활용하도록 한다. 온 마을이 아이를 함께 키우는 완주마을교육공동체를 구축하려는 목적이다.

마을 선생님 역할을 하고 싶은 학부모, 지역주민, 시민사회단체 인사, 관공서 임직원 등은 관련 분야 자격증이 없어도 개인 자격으로 얼마든지 참여가 가능하다. 국어, 영어, 수학 등 정규 교과 수업 지원, 그림책 읽어주기, 한글지도, 교과기초학습 등 학습더딤 학생 지도, 음악, 미술, 체육, 무용, 연극, 글쓰기, 어학 등 특기 적성 지도, 문화, 역사, 지리, 환경, 생태, 민요, 옛이야기 등 지역사회 이해, 다양한 분야의 진로 직업 체험 및 직업 이해, 사서 및 독서지도 등 도서관 운영 지원, 그리고 자신의 전문성과 경험, 노동력을 활용할 수 있는 모든 분야에서 마을의 아이들을 가르칠 수 있다.

이미 완주군은 마을교육공동체의 대표적 사례지로서 성과가 높다. 특히 고산면의 민 · 관 · 학 거버넌스인 '고산향 교육공동체'는 전국 우수모델로 인정받고 있다. 2011 고산면 장기발전계획위원회 교육분과에서 비롯된 고산향 교육공동체는 고산면 지역 초중고 교사, 행정, 지역학부모들이 자유롭게 모여 상향식 의제를 작성하고 그 구체적인 실천방안을 모색하는 게 특징이다. 교육에 대한 관심이 학교에 국한되지 않고 고산면이라는 지역사회의 장기발전계획과 연동됨으로써 교육혁신은 물론 농촌과 지역사회 활성화에도 기여하고 있는 것이다.

경기도 교육청도 '마을교육공동체'를 핵심사업으로 추진하고 있다. 한마디로 학교의 울타리를 넘어서는 학생교육을 지향하고 있다. 지자체, 교육청, 시민사회, 주민 등 지역의 모든 교육적 자원을 동원해 학생들의 인격과 지성의 성장을 이끌어 마을 전체를 큰 학교로 만들어보겠다는 계획이다.

구체적으로 협동조합 같은 조직을 만들어 지역사회가 학교에 참여하고 협력하는 마을교육공동체를 만든다는 계획이다. 학교 정규과정에서 마을교육과정 실시, 학교협동조합 구축, 마을학교 축제, 사회적 협동조합 방과후학교 지원센터 설립, 혁신교육지구 사업의 마을교육공동체 사업 전환 등을 내걸었다.

'마을교육공동체'는 교육을 중심으로 학교, 마을, 자치단체가 역할을 분담, 공동의 가치를 실현하는 것을 목표로 하고 있다. 한 명의 아이를 기르기 위해서는 마을이 학교가 되고 주민이 교사가 돼야 한다는 새로운 교육패러다임을 개발하고 있다. 협력과 나눔의 공동체 문화를 배우고 건강한 민주시민으로 성장하기 위해서 마을교육공동체가 필요하다

는 것이다.[43]

교육부도 2009년, '농어촌 전원학교 운영 모형'을 도입해 지역주민의 교육 · 문화공간으로서 학교의 기능과 역할에 주목하고, 주민참여 프로그램 운영, 지역사회 내부 동력 활성화, 지역개발사업 연계 등의 방향을 제시하기도 했다.

이렇듯 정부, 지자체나 교육청의 행정력이나 교육정책이 아니더라도 지역적 관점으로도 학교의 역할은 확장되어야 한다. 학생은, 교육은 학교 안에만 갇혀서는 안 된다. 특히 교육 환경과 여건이 취약한 농어촌지역은 마을과 지역사회가 함께 하는 교육공동체로 전환하는 과제가 시급하다. 농업의 비중은 축소되고 있지만 삶(생활)의 공간으로서 농어촌의 비중과 중요성은 점증하고 있기 때문이다.

마을 재생과 활성화의 관점에서도 정주여건 조성 차원에서 농어촌지역의 교육적 인프라를 보완하고 보강할 필요가 있다. 따라서 '농어촌학교에서만 이루어지는 학생교육'에서 벗어나 '학교가 지역주민을 위한, 또는 지역주민이 주체가 된 교육과 학습의 장'으로 발전할 필요가 있다.

이처럼 지역사회의 교육 · 문화센터로서 농어촌학교의 새로운 위상과 모델을 구현함으로써 지역사회의 교육적 기능을 재생할 수 있다. 그런데 현재 국가수준에서 만들어진 농어촌형 교육과정은 존재하지 않는다. 실제로 농어촌학교에서 이루어지는 교육과정이나 교육 활동 프로그램은 농어촌 지역의 환경과 특성에 맞게 운영되지 않는다. 그보

---

43 서용선, 주수원, 박주희, 조재희, 정기석 외, 『학교협동조합 정책구현 방안 연구』, 경기도교육연구원, 2015. 4.

다는 도시 학교의 단선적 교육과정이나 프로그램을 그대로 모방, 답습해 나가는 상황이 현실이다.

또한 농어촌 지역의 단순한 산업 구조와 농업 · 농어촌의 비전 상실이 농어촌 지역 학생들로 하여금 농업 · 농어촌에 대한 자긍심을 갖기 어렵게 한다. 지역의 특성상 진로 및 직업 체험의 기회가 적은 농어촌 학생들에게 진로에 대한 풍부한 전망을 가지도록 지도하고 지원할 필요가 있는 것이다. 이를 위해 농어촌 청소년용 진로교육 프로그램, 교육과정을 활용한 진로교육, 지역과 연계한 진로교육 등의 방법을 연구하고 개발해야 한다.

마을 · 지역공동체 재생과 활성화를 위해 학교는 지역의 협동이 강조되는 이른바 '지역사회학교'로 자리매김할 필요가 있다. 학생과 교사가 지역 활동에 참가함으로써 사회발전에 공헌하고 지역사회의 교육기관 · 교육활동을 조정하고 지원할 수 있다. 무엇보다 지역사회학교에서는 지역사회의 문제를 주민 공동의 힘으로 발견하고 해결할 수 있도록 지원할 수 있게 되며, 농어촌 학교가 직면하고 있는 교육적 문제 역시 지역 주민과 함께 풀어가야 할 공동의 과제라는 사실을 인식할 수 있게 된다.

또 학교는 지역주민들에게 평생교육을 제공할 수 있어야 한다. 학교는 농어촌 주민들의 삶의 질을 높여주기 위한 평생교육 프로그램을 제공하는 공간이다. 교양 · 취미교육, 정보화교육, 문해(文解)교육, 생활체육 등 지역 주민들의 평생교육 수요를 반영한 프로그램을 운영할 수 있다. 다목적 강당, 정보실, 도서관 등 학교 시설을 기반으로 이른바 '지역사회교육센터(community education center)'로 설립 · 운영함으로써 학생과 주민들의 교육 및 교류 공간으로 개방하고 활용할 수 있다.

이때 농어촌의 교육 문제에 대한 주민들의 주체적 참여가 선결과제다. 완주군의 '마을 선생님' 사례처럼 "우리 아이들의 교육은 우리 마을에서 책임지겠다"는 주체의식과 학교와 지역 간의 긴밀한 협동과 연대가 필요하다. 지역의 가용한 인적자원과 물적자원을 최대한 활용해 최선의 교육서비스와 돌봄서비스가 제공될 수 있도록 해야 한다. 학교와 마을, 학생과 선생, 그리고 마을주민들이 서로 배우고 가르치며, 돌보고 보살피는 '마을교육공동체'를 건설해야 한다.

3. '학교협동조합'에서 배우자

경기도가 추진하는 마을교육공동체 사업의 중심에는 '협동조합'이 있다. 매점, 통학버스, 수학여행, 교복 등 학교협동조합 구축, 사회적협동조합 방과후학교 지원센터 설립 등이 핵심과제다. 이미 2013년 경기도교육청에서 시범사업을 시작으로 전국에 10여 개의 학교협동조합이 설립·운영되고 있다.

경기도의 사례처럼 학교협동조합은 마을과 학교의 만남의 장으로 주목받고 있다. 또 학생들이 직접 조합운영에 참여하면서 학부모, 교사들과 동등한 의사결정권을 가진다. 학생들이 직접 학교공동체를 운영하는 과정에서 지역과 연계한 사업을 벌이고 지역 경제와 사회를 체험할 수 있는 배움의 장이 된다.

서울시는 2013년 12월 학교협동조합 추진단을 발족하며 학교협동조합 활성화 정책을 추진하고 있다. 우선 서울시·교육청과 사회적 경제 사이의 협력 기반을 구축해 교육현장 내에서 교사-학부모-학생 간 민주적 의사소통의 통로를 만든다는 목적이다. 경쟁과 교과 중심의 교육을 지양하고 협력적 실천에 입각한 교육을 실천하겠다는 각오도 담았다. 특히 초중등 의무교육 및 경제교육에 협동조합의 가치와 정신을 반영하겠다는 것이다. 구체적으로 학교 매점 등을 통해 학생들의 협동조합형 생활 체험 교육을 하려는 것이다.

| 홍성 운월리 풀무학교생활협동조합 |

특히 학교협동조합의 진정한 의미와 가치는 교사, 학생, 학부모, 지역주민이 함께 협동해 교육뿐만 아니라 학교와 지역사회의 연결통로로서의 역할까지 맡는 교육경제공동체라는 점에 있다. 김명신 서울시 학교협동조합 추진단 단장은 "우리나라는 지역을 중심으로 학생을 모집하는 시스템이기 때문에 학교가 마을의 거점, 소통의 중심이 될 수 있다. 마을과 학교가 서로의 자원을 공유하고 이를 흡수하게 돕는 역할을 학교협동조합이 할 수 있다"고 주장한다.

협동조합은 근본적으로 상부상조의 정신을 바탕으로 조합원의 권익, 지역사회 공헌을 주요 목적이자 가치로 삼는 사업조직이다. 그 특성상 학교와 같은 공익집단에 특히 적합하다. 학교협동조합은 "공동으로 소유되고 민주적으로 운영되는 사업체를 통하여 공통의 경제적 · 사회적 · 문화적 · 교육적 필요와 욕구를 충족시키고자 학교 구성원(학생, 교직원, 학부모, 지역공동체)들이 자발적으로 결성한 자율적인 조직"으로 정의할 수 있다.

학교협동조합은 학교 내에서 교육자치 실현, 교육주체 간의 민주적 의사결정, 수익의 내부 순환구조 활성화라는 경제적, 교육적, 사회적 의미와 역할을 발휘한다. 그래서 경기도교육청은 학교협동조합을 '교육경제공동체'로 규정하고 마을교육공동체 사업의 핵심과제로 설정, 추진하고 있다. 기존의 학교 매점을 비롯하여 교복, 통학버스, 방과후 학교, 수학여행 등을 학교협동조합으로 조직하는 연구를 계속하고 있다.[44]

학교협동조합은 마땅히 교육적인 의미가 중요하다. 학교협동조합 전문가 박주희는 "기존에 제도권 학교시스템에 만연된 경쟁교육이 아닌 '협력교육', '참여를 통한 교육', '삶의 지혜를 배우는 교육'이 비로소 학교협동조합을 통해 가능하며 학생들은 학교협동조합을 통해 공동의 필요에 기반하여 사업체를 운영하는 법을 배운다"고 설명한다.

특히 "학생들이 나만이 아닌 다른 사람을 배려하는 방법, 다른 사람들과 효과적으로 소통할 수 있는 법, 기업가 정신, 민주시민으로서의 자질을 배우며 협동의 정신과 더불어 자립성을 키울 수 있다"고 강조한다. 이것이 바로 학교마다 학교협동조합을 해야 하는 뚜렷한 이유다.

---

44 서용선, 주수원, 박주희, 조재희, 정기석 외, 『학교협동조합 정책구현 방안 연구』, 경기도교육연구원 , 2015. 4.

4. '농촌 유학'을 떠나자

강원도 춘천 고탄리의 춘천별빛산골교육센터는 사회적협동조합이다. 마을주민, 농촌유학 학부모·학생 등 40여 명의 조합원이 뜻을 모았다. 귀농인 윤요왕 센터장이 2005년에 마을회관을 빌려 공부방을 시작하며 농촌유학을 준비했다. 2013년부터는 농촌마을종합개발사업으로 마련한 권역의 커뮤니티센터 '솔다원나눔터'를 임차해 사용하고 있다.

특히 센터로 활용되는 시설 공간은 자칫 유휴시설로 방치되기 쉬운 농촌지역개발사업의 시설물을 마을공동체에서 요긴하게 재활용한 사례로 평가한다. 이는 그동안 농촌유학을 통해 아이들이 사라지는 마을에 아이들이 돌아오는 광경을 직접 목격한 마을주민들의 전폭적인 신뢰를 얻을 수 있어 가능했다.

별빛산골유학센터는 센터형과 농가형의 복합형 모델이라 할 수 있다. 아이들은 센터에서는 주로 공부와 놀이를, 농가에서는 외갓집에서처럼 생활을 한다. 월 70만 원의 유학비 가운데 50만 원이 아이를 맡는 마을 농가의 소득이 된다.

2009년에는 보건복지부에서 지역아동센터로도 선정되었다. 그래서 교육센터는 산골유학센터와 지역아동센터라는 2개의 사업단위로 이루어져서 서로 시너지효과를 발휘한다. 여기에 센터장을 비롯한 생활교사, 아동복지교사 등 7명의 선생님이, 25명의 유학생 아이와 25명의 원주민 아이들과 함께 부대끼고 북적거리며 생활하고 있다. 농촌유학을 보낸 아이를 따라 귀농한 가구도 7가구나 된다. 고탄리에서 사람의 향기가 피어나는 유력한 진원지가 되고 있다.

별빛센터의 특징은 센터나 농가, 그리고 학교라는 공간을 벗어난다는 점이다. 마을공동체가 곧 학교이자 교실인 마을교육공동체의 현장 사례로 평가할 수 있다. 이 센터는 농촌종합개발사업 권역위원회와 산골마을협동조합과 함께 마을공동체사업도 벌이고 있다. 매달 마을 노인들에게 무료 점심을 제공하고 독거노인들의 생활복지 도우미 역할을 자처하는 '산골마을 119' 서비스도 운영하고 있다.

전라북도는 농촌유학 1번지를 표방하며 농촌유학 지원사업을 적극 벌이고 있다. 정읍, 김제, 완주, 장수, 무주, 임실, 고창 등 6개 시·군에 16개나 되는 농촌유학시설이 운영되고 있지만 성과는 기대에 못 미친다는 평가다. 최근 수년간 16곳 가운데 5곳이 유학생을 단 한 명도 받지 못했다. 특히 정작 유학 홍보 및 상담, 정보 제공, 유학생 유치 활동을 담당하는 '농촌유학 지원센터'가 부실하게 운영된다는 지적이다. 이름만 센터일 뿐 실체는 농촌유학 담당 공무원 1명이 지원 조직의 전부다.

반면 전남 강진 옴천초등학교는 지자체의 지원이 학교와 농촌유학을 살린 결정적 동력을 제공한 사례로 주목된다. 강진군은 농촌유학 지원사업을 통해 유학생의 거주 지역을 기준으로 서울·경기 25만원, 기타지역 20만원의 유학비를 보조하고 있다. 또한 유학생들의 더 나은 거주 환경을 위해 위탁가정 개보수 등 옴천면 자체 숙원사업비를 활용해 지원하고 있다.

이른바 농산촌유학이란 단순하게 집을 떠나 농산촌의 학교를 다니며 시골살이를 체험하는 정도에 그쳐서는 안 된다. 기존의 생태캠프나 자연체험 프로그램과도 근본적으로 달라야 한다. 비록 한시적이지만 지내는 동안이라도 한 지역에서 자연과 더불어, 마을 주민들과 더불어 부대끼며 생활해야 한다.

| 제주 신풍리 어멍아방농촌유학센터 |

농산촌유학을 하는 사람들은 “농산촌유학은 가르치는 게 없다”, “가르치는 교육이 아니다”라고 한다. 그저 마을에서 마을 주민들과 함께 생활하는 동안 스스로 배우고 깨닫는 과정이라는 말이다. 부모이자 교사 노릇을 하는 어른들은 아이들이 자연 속에서 맘껏 뛰놀고 시골살이의 단순하고 소박함을 통해 진정한 행복을 느끼고 찾을 수 있도록 도와줄 뿐이다.

이때 농산촌의 원주민 어른들은 기꺼이 도시 아이들의 임시부모가 되고 교사노릇을 감당해야 한다. 농산촌유학을 통해 아이들은 시골의 공동체문화, 자연환경, 생태적인 사고와 행동방식을 몸과 마음으로 익힌다. 농촌과 자연의 소중함, 도농상생의 필요성을 인성으로 체득하게 된다. 그 지점에서 인간적이고 사회적인 교육공동체의 희망이 살아나게 된다.

농산촌유학과 작은 학교 살리기, 그리고 마을공동체 활성화라는 과제는 서로 밀접하게 연결되어 있다. 마을공동체, 지역사회 재생과 활성화를 위해 농촌유학 활성화는 중요한 선결과제라고 할 수 있다. 이를 위해선 정부의 법적, 제도적 지원이 필요하다.

5. '사회적경제 교과서'를 가르치자

2016년 부터 기초지자체 차원에서는 최초로 충남 아산시가 사회적경제 교과서를 직접 만들어 학교에서 가르치고 있다. 자유학기제 실시에 맞춰 관내 27개 중 · 고교에 '알기 쉬운 사회적 경제' 교과서를 배포했다. 아산시는 사회적 경제팀을 전담 사회적 경제과로 격상, 독립시킬 정도로 사회적 경제분야를 중요한 시정 핵심과제로 지원하고 있다.

그동안 중 · 고교 사회교사와 사회적 경제 협동조합, 마을 협동조합, 로컬푸드 전문가 등이 모여 사회적 경제도서출판 및 교육사업 추진 자문회의를 거쳤다. 또 학생들도 관내 학교 사회적 경제동아리 활동을 통해 카를 마르크스, 존 케인즈 등 고전경제학 이론부터 자본주의 시장경제체제, 신자유주의하에서의 사회변화 등을 공부하며 준비했다.

아산시는 교내 방과후학교에 우선 적용하고 학교 사정에 따라 정규 교과과목으로 편성하는 방안을 추진중이다. 우선 1천 부를 제작해 중 · 고교생들을 대상으로 수업을 진행한 뒤 2016년부터 유치원은 물론 읍 · 면 · 동 주민자치위원과 이 · 통장, 새마을지도자, 부녀회 관계자들에게도 교재를 나눠줄 계획이다.[45]

서울시는 2016년 하반기부터 서울지역 중학생들이 수업시간에 협동

---

45 김용윤, 「아산시가 '사회적경제' 교과서를 만든다면?」, 연합뉴스, 2015. 9. 15.

조합과 마을기업 등 '사회적 경제'에 대해 정식으로 배울 예정이다. 이를 위해 서울시와 서울시 교육청, 서울시의회가 함께 교과서 제작을 하고 있다.

서울시는 "양극화가 커지고 비정규직이 증가하는 현실을 해결할 수 있는 방법이 사회적 경제라고 보고 최근 교내 매점 협동조합 등 학교에서도 사회적 경제를 접목할 수 있는 방안을 찾고 있다"면서 "사회적 경제 교과서에는 서울시가 중점적으로 추진하는 협동조합, 마을기업, 마을공동체, 사회적기업 등 내용이 실릴 예정"이라고 설명했다.

서울시의 사회적 경제 교과서는 국어, 영어, 수학 교과서와 달리 '인정 교과서'로 활용된다. 인정도서는 국정·검정도서가 없는 경우 교육감의 인정을 받아 사용하는 교과용 도서를 말한다. 이에 따라 일선 중학교는 사회적 경제를 정규 선택과목으로 편성할 수 있다. 선택과목으로 편성하지 않는 경우, 방과후 교실이나 창의적체험활동 시간에 선택적으로 활용할 수 있다.

서울시교육청은 "사회적 경제를 시장경제 발전과 복지국가 등장이란 맥락에서 이해할 수 있도록 시장경제와 사회적경제가 상호 보완적 관계임을 명확히 하겠다"고 교과서 발간 방침을 강조했다.[46] 이번 사회적 경제교육을 통해 마을공동체사업의 필수 선행조건인 '민주시민 의식'을 청소년기부터 갖추는 전기가 마련될 것으로 기대된다.

46 김용래, 「서울 중학생 배울 '사회적 경제' 교과서 내년 도입」, 연합뉴스, 2015. 10. 14.

012

'사회적 경제'로 농촌을 살리자

1. '사회적경제 농촌상생기금'을 모으자

우리 농촌에는 사람도, 돈도 부족하다. 그래서 농촌과 지역사회의 재생과 활성화를 위한 원동력도 희망도 부족하다. 주민 주도의 상향식, 내생적 발전전략을 실천하기 어려운 이유다. 그래서 외부의 인적 · 물적자원을 유입시키는 정책이 무엇보다 중요하다.

농식품부도 "농촌마을만들기 활성화를 위해 민간의 인적 · 물적자원을 적극 활용할 필요가 있고 농촌의 내적 역량만으로 마을발전 및 농촌 활력 증진에 한계가 있다"고 자체적으로 진단을 내리고 있다. 그래서 "지자체 단위로 농촌마을만들기기금을 조성하여 마을만들기 활동 및 중간지원조직 등에 지원하겠다는" 방침을 세워놓고 있다.

이는 마을만들기에 필요한 재원을 중앙정부에만 의존하지 않고 지자체가 자율적으로 조성하라는 취지다. 재원은 개인 · 법인의 기부금품 및 지자체 출연금 등으로 예시하고 있으며 일본, 미국 등 선진국에서 민간자금을 활용하는 기금이 활성화된 선례를 참고하고 있다.

일본 '고향창생기금', 일본 도쿄 세타가야구 '마을만들기 공익신탁제도', 미국 시애틀 '마을지원기금(NMF)', 미국 세인트 피터스버그시 '마을협력기금(NPG)', 미국 아이오와시 '마을환경개선기금(PIN)' 등이 그 선례다. 국내에도 식품진흥기금(식품위생법), 지방문화예술진흥기금(문화예술진흥법) 등 지자체가 일정 목적을 위해 사용하는 기금 설치 사례를 볼 수 있다.

그런데 '민간의 기부와 지자체 출연금'으로 조성할 수 있는 기금의 규모가 과연 얼마나 될지 그 정책의 실효성은 자신하기 어렵다. 신설된 FTA 농어촌상생기금도 상생기금의 설치 근거명시, 기업의 자발적 기금 출연 유도책 등 농민들로서는 여전히 실효성과 실익을 체감하기 어렵다.

마을공동체 사업과 연계한 협동조합, 사회적 기업 등 사회적 경제조직을 지원할 사회적경제투자기금도 필요하다. 스페인 몬드라곤 협동조합 공동체의 성취도 시작부터 노동인민금고(Caja Laboral)의 금융지원을 동반해서 가능했다. 캐나다 퀘벡지역의 데자르뎅(Desjardins)신협도 지역주민 조합원에 의해 형성된 인민금고들을 통해 지역투자기금을 형성, 지역기업들을 지원하고 있다.

김성오 한국협동조합 창업경영지원센터 이사장은 우리나라 협동조합 중에서 실제로 운영되고 있는 곳은 10% 정도일 것으로 추정했다. 특히 자본과 수익성이 충분하지 않는 신설 사회적 경제조직들은 초기 단계에서 자금난을 겪게 마련이다. 매출수익으로 자생하기도 어렵고 제도금융권에서 자금을 조달하기도 어렵기 때문이다. 무엇보다 협동조합 같은 사회적 경제조직은 사업가치나 신용을 평가하기도, 사후관리도 어려워 금융 지원이 어렵다는 게 제도금융권의 태도다.

우리나라도 '사회혁신기금'이나 '사회적경제투자기금' 사례가 등장하고 있다. 이들 기금은 사회적 경제조직들의 초기 긴급자금 지원을 비롯해 창업자금의 지원과 사회적 프로젝트를 지원, 사회혁신과 사회적 경제 생태계 성장의 주요 역할을 담당하고 있다. 서울시는 2012년 7월 '서울시 사회투자기금 설치 및 운용 조례'를 제정하고 (예비)사회적기업, 협동조합, 영리법인을 대상으로 사회적기업, 소셜하우징, 사회적 프로젝트 등 사업별로 융자 지원하는 사회적 투자 기금을 운용하고 있다.

시장자본주의 체제에 놓인 우리 사회적 경제조직들은 민간금융의 지원이나 정부의 자금지원에 의존하기 어렵다. 사회적 경제 진영 자구적으로 상호간의 협력과 연대의 정신과 기조를 바탕으로 투자기금을 조성할 필요가 있다. 가령 농촌지역의 광역지자체 단위로 사회경제연합조직 또는 공조 네트워크로 연결된 사회적 경제조직들의 이윤 일정률(예 : 1~2%) 기부 또는 출연제를 통해 '가칭 사회적경제 농촌상생기금'을 조성할 수도 있을 것이다.

2. '마을공동체 · 사회적경제 지원센터'로 융합하자

경기도의 '따복공동체'는 마을공동체 사업과 사회적 경제사업를 연계 · 통합한 사업추진 방식이다. 2015년 6월 중간지원조직 '따복공동체종합지원센터'를 개소하고 본격 추진되고 있다. 당초 중간지원조직의 운영 모델은, 도시의 경우 서울시 사회적 경제지원센터와 마을공동체 종합지원센터, 농촌은 완주커뮤니티 비즈니스센터 등을 벤치마킹

하였다. 마을공동체와 사회적 경제를 통합한 '원스탑 서비스' 방식의 운영시스템을 최적의 방안으로 판단한 것이다.

2015년 9월 개소한 아산시 공동체지원센터(커뮤니티 비즈니스센터)도 마을공동체, 사회적 경제, 도시재생 분야를 통합한 지원 체제를 구축했다. 지자체 단위 중간지원조직의 선도모델인 완주군의 완주공동체지원센터의 통합 운영방식을 벤치마킹한 것이다.

아산시는 지역경제의 선순환 구조를 만들기 위해서는 마을 만들기, 사회적 경제, 도시재생사업 등 세 분야를 통합지원하는 게 적합하다고 생각했다. 특히 주민과 행정기관 간 협력과 자발적 참여를 유도하는 민관협치(거버넌스) 방식이되, 행정은 지원은 하지만 간섭은 하지 않는 이른바 '팔길이 원칙'이 고무적이다.

오늘날 우리 농촌공동체 현장에는 마을 만들기, 농촌관광 등 농촌지역개발사업, 농식품 가공, 로컬푸드 직거래 등 6차 산업화, 마을기업, 협동조합 등 사회적 경제 등이 '따로 또 같이' 혼재되어 동시다발적으로 병행 추진되는 양상이다.

결국 이같은 제반 정책사업들이 궁극적으로 지향하는 목표지점에서는 '농촌마을공동체의 재생 및 활성화로 수렴된다고 볼 때, 각 사업 총합의 효용과 시너지효과를 극대화하기 위해서는 사업별 개념, 목적, 그리고 각 사업들 사이의 진행 단계와 체계 등을 보다 상호연결성 있게, 유기적으로 재설계, 재정립할 필요가 있다.

농가소득 제고 및 일자리 창출을 주목적으로 하는 '6차 산업화'는, 마을공동체 사업을 실행하는 '효과적 도구나 방법'의 1단계 정책과제로 추진할 필요가 있다. 또 협동경영체 조직화 및 민주화를 주목적으로 하는 '사회적 경제'는, 마을공동체 사업 수행을 위한 '최선의 수단과 과정'이면서, 마을공동체 사업을 벌이는 '최적의 가치와 명분'을 설명할 수 있는 2단계 정책으로 자연스레 이어질 수 있을 것이다.

1단계 6차 산업화, 2단계 사회적 경제 등 주로 '생업(경제)' 문제를 선결하는 선행 정책과제 및 사업의 성과를 바탕으로 마침내 '마을 및 지역사회 공동체'는 '궁극의 목적이자 지상과제'인 '생업과 생활이 하나 되는 공공 공유의 공간'이라는 3단계 정책을 추진하는 게 합리적이고 효과적일 것이다.

다만 이때, 1단계 6차 산업화, 2단계 사회적 경제를 거쳐, 3단계 마을 및 지역사회 공동체까지 각 단계별 과제가 성공적으로 수행되기 위해서는, 1단계 진입 이전에 각 사업마다 공통된 가용자원(resource)이자 지원 토대(platform)로서 '인적 · 물적 유 · 무형의 사회적 자본'부터 갖추는 게 중요하다. 마을공동체와 사회적 경제가 융합된 중간지원조직이 그같은 지역의 사회적 자본을 생산하고 활용하도록 하는 '사회적 자본 제작소 및 발전소' 역할에 걸맞은 최적의 항법장치가 될 수 있을 것이다.

| '농촌형 마을공동체 · 사회적경제 융합지원센터'의 주요역할 |

지원 분야	지원 내용
설립 지원	■ 마을공동체 기반 사회적 경제조직 설립, 마을발전계획 사업계획서 작성 지원 등
운영 지원	■ 사업조직의 인사, 재무, 경리 · 회계, 법률 등 지원, 사무공간 및 기본설비 지원 등
사업추진 지원	■ 경영컨설팅 및 멘토링, 홍보 · 마케팅 지원 등 - 자체 수익사업(컨설팅)

자금조달 지원	■ 마을공동체 기반 사회적 경제조직의 창업 및 운영자금 조달, 기부금, 후원금, 보조금 확보 지원 등
전문인력 지원	■ 마을공동체 기반 사회적 경제조직 운영, 마을공동체 관리 및 경영 등 전문인력 양성교육과정 개설 및 운영 - 자체 수익사업(교육)
홍보 지원	■ 언론홍보, 세미나 개최 등
네트워킹 지원	■ 마을공동체, 마을공동체 기반 사회적 경제조직 간, 민관거버넌스 협력포럼 및 네트워킹, 코디네이팅
조사/연구개발	■ 마을공동체, 마을공동체 기반 사회적 경제조직 사업과 관련된 조사연구 및 제안, 관련 지식정보 출판 등 - 자제 수익사업(연구개발)

3. '공공조달 시장'을 열자

2014년, 문재인 의원은 '공공기관의 사회적 가치 실현에 관한 기본법안'을 대표 발의했다. 이 법은 '공공기관의 정책수행과정에서 사회적 가치(노동, 환경, 복지, 윤리적 생산 등)를 우선적으로 고려하도록 한다'는 취지다. 즉, 공공기관의 조달, 개발, 위탁, 민간지원 사업에 있어 비용절감이나 효율성만을 중시하기보다는 공동체 발전에 기여할 수 있도록 사회적 가치를 균형 있게 반영하는 것을 의무화하자는 제안이다.

또 이 법안에서는 인권, 노동권, 안전, 생태, 사회적 약자 배려, 양질의 일자리, 대-중소기업 상생협력 등 공공의 이익과 공동체 발전에 기여하는 사회적 가치가 경제운영원리의 중요한 축으로 자리매김될 필요성을 제기하고 있다.

이에 따라 공공기관이 수행하는 조달, 개발, 위탁, 기타 민간지원 사업에 있어, 비용절감이나 효율성만을 중시하기보다는 사회적 가치를 고려하도록 하는 게 직접적인 목적이자 기대효과다. 이로써 사회적 가치를 지향하는 사회적 기업, 협동조합, 마을기업 등 다양한 사회적 경제조직, 그리고 사회적 경제 생태계의 활성화로 직결될 수 있다.

영국은 공공서비스에 있어 공동체의 가치를 우선 고려하는 '사회적 가치법'(The Public Services (Social Value) Act 2012)을 제정했고, EU는 '사회책임조달 가이드라인'(Buying social: A guide to taking account of social considerations in pulic procurement, 2010))을 통해 양질의 일자리, 노동권, 사회통합, 윤리무역, 기업의 사회적 책임 등 사회적 가치 채택을 권장하고 있다.[47]

정부와 지자체 공공조달시장은 연간 100조 원대(2014년 114조 9천억 원)로 국내총생산(GDP)의 약 8% 수준이다. 서울시의 경우 2014년 공공조달 총액은 5조 8,888억 원으로 시 전체 예산(21조 5,498억 원)의 27.3%를 차지했다.

'공공조달'이란 공사용역 등 일반계약, 민간위탁, 민간지원사업 등 공공부문 정책과정에서 이루어지는 민간부문과의 계약 또는 협력관계를 말한다. 이런 대규모 공공조달시장을 사회적 가치 구현에 방점을 둔 사회적 경제 친화적 생태계로 조성하기 위해 서울시가 교육청, 자치구 등과 합심해 '공공조달 시장'의 선도모델을 제시하고 있다.

이에 따라 서울시 등 공공기관에서는 사회적 경제 제품을 의무적으로 우선 구매하고 홈페이지 등을 통해 시민에게 구매계획과 실적을 공

---

47 문재인, 『공공기관의 사회적 가치 실현에 관한 기본법안 검토보고』, 국회 기획재정위원회, 2014. 11.

개하는 '사회적경제 공공조달 공시제'를 시행하기로 했다. 이미 2014년에 '사회적 가치 증대를 위한 공공조달에 관한 조례'를 제정해 사회적 경제 기업 우대를 통한 우선 구매 촉진 근거를 확보해두었다. 이에 따라 현재 1%대에 머무르고 있는 사회적 경제 기업의 공공구매 비율을 2020년에는 5%대로 끌어올리겠다는 것이다.

서울시의 사회적경제협의체 소속 조직들은 신뢰할 수 있는 제품과 서비스를 제공하기로 하고 '사회적 가치에 기반한 공공조달 업무협약'을 체결했다. 우선 서울시 등 공공기관은 최저가격낙찰제로 이뤄지고 있는 공공조달시장의 높은 진입장벽부터 낮추기로 했다. 이를 위해 선진국을 중심으로 시행되고 있는 최적가치낙찰제(best value)로 전환하는 것을 검토중이다.[48]

이처럼 공공조달을 통해 사회적 경제조직은 보다 안정적인 판로를 확보하고 자생적인 성장 기반을 갖출 수 있는 기회를 얻을 수 있다. 사회적 경제조직의 사회적 가치를 고려한 공공조달시장은 아직 취약한 기반의 사회적 경제 생태계를 키우는 마중물 역할을 할 것이다.

4. '사회적 자본 발전소'를 세우자

이른바 '마을 만들기', '사회적 경제' 등 마을과 지역사회를 기반으로 한 공동체사업(Community Business)의 성공적 추진을 위한 최우선 필수조건은 행정의 지원도, 주민의 학습도, 전문가의 역량도 아니다. 신뢰, 협동, 연대, 참여, 규범, 네트워킹 같은 사회적 자본(Social Capital)

---

48 「공공조달시장 사회적 가치 중시 생태계 조성 민관협력」, 서울시, 2015. 7. 3.

이다. 사업을 벌이는 마을과 지역사회 공동체 안에 충분히 내재되고 축적된 고유 사회적 자본의 보유 여부와 활용 정도가 사업 성패의 열쇠일 것이다.

즉, 이미 마을공동체 내부에서 마을공동체 구성원끼리 서로 긴밀하게 협력하고 연대하며 서로 신뢰하고 존중하고 배려하고 나누지 않는 마을공동체 사업은 시작부터 온갖 어려움에 부닥친다. 마을공동체 스스로, 내발적이거나 자생적으로 규범과 관계망을 형성하고 강화할 수 있는 자체 동력이 필요하다. 결국 마을 · 지역사회 공동체의 문제 해결과 지속가능한 발전에 기여하는 유 · 무형의 자산으로서 '사회적 자본(Social Capital)'이 바탕이 되고 전제되어야 마을공동체 사업은 가능하다.

인적 자본, 물적 자본 등 여타 자본이 절대 부족한 농촌지역에서 사회적 자본의 중요성은 두말할 필요도 없다. 따라서 농촌마을공동체 사업을 준비하는 마을주민들은 마을사업을 신청하기 전에, 우리 마을의 사회적 자본은 어떤 것이 있고 얼마나 있는지 또 어떤 쓸모를 지니고 있는지부터 냉정하게 조사하고 정리해두어야 한다. 조사 결과가 만족스럽지 않다면 마을공동체 사업에 나서면 안 된다.

하지만 불행히도 우리 농촌지역에는 공동체의 활력화를 촉발하거나 공동체사업을 추진, 견인할 만큼 사회적 자본이 충분하지 않은 게 사실이다. 지난날 산업화 및 공업화 개발경제 과정에서 농촌지역의 인적 자본이 대거 도시로 이동, 전통적인 농촌 마을사회의 사회조직 또는 공동체조직이 와해되고 공동체 규범이 약화된 게 근본적 원인이다. 이러한 인적 자본의 약화는 농촌마을과 지역사회의 지도력 약화로 직결되었다. 농촌 지역사회 내부에 그나마 축적되었던 사회적 자본이 쇠퇴하면서 농촌 지역사회의 활력과 동력이 상실되고 만 것이다.

그런데 한국의 근현대사를 돌이켜보면 학교에서든, 가정에서든, 사회에서든 공동체가 주체적으로 그리고 창의적으로 사회적 자본을 배우고 축적할 기회나 시간이 많지 않았다. 신뢰와 협동보다 불신과 경쟁이, 규범과 네트워킹보다는 위법과 이기주의가 국가와 사회의 질서를 지배했기 때문이다. 그래서 공동체 지원법과 제도를 만들기 이전에 농촌공동체 재생과 활성화에 유용한 사회적 자본부터 새로 충분히 발굴, 개발, 육성, 축적해야 하는 과제가 시급한 것이다

무엇보다 우리 농촌공동체 사회적 자본 생산과 개발을 촉발시킬 열쇠는 '사람(인적 사회적 자본)'일 것이다. 특정 지역 내부, 일부 집단 사이의 폐쇄적, 배타적, 고립적 '결합형(Bonding) 사회적 자본'은 그다지 중요하지 않다. 오히려 장애나 방해가 될 수도 있다. 그보다는 다른 지역, 외부인 등과 열린 생태계에서 소통하고 협업할 수 있도록 '연결형(Bridging) 사회적 자본'과 '관계형(Linking) 사회적 자본'의 플랫폼과 네트워크를 구축하는 게 더욱 중요하다.

미국의 사회학자 로버트 퍼트남도 결합형(Bonding) 사회적 자본을 또래, 같은 인종, 같은 종교와 같은 사회화 과정에 동일한 특성들 사이에 생겨나는 사회적 자본으로 규정했다. 다인종 사회에서 평화로운 사회를 만들기 위해서는 다른 사회적 자본, 즉 연결형(Bridging) 사회적 자본이 필요하다고 강조했다.

한국농촌경제연구원 정기환 연구위원은 "농촌지역사회 내의 공식적 · 비공식적 사회집단 또는 구조 속에 존재하면서 사회적 관계를 통하여 집단에 속한 개별 구성원이나 집단이 추구하는 이익이나 목표 달성을 촉진할 수 있는 능력"을 농촌지역 사회적 자본으로 정의했다. 구체적으로 사회집단이나 사회구조 속에서 사회의 구성원들이 사회적

상호 작용으로 행하는 사회적 교환과 보상, 협동, 경쟁, 그리고 갈등 해소 메커니즘 등이다.

| 홍성 홍동마을의 사회적자본을 발전하는 '마을활력소' |

또 우리나라 전통적 농촌지역 마을공동체에서는 연대형(결합, Bonding) 사회적 자본과 교량형(연결, Bridging) 사회적 자본이 높게 나타나는데, 이는 마을 사회집단의 연대의식이 높고 사회집단 간 협동적 관계가 원만하게 지켜진다는 사실을 의미한다는 것이다.

그러나 정 연구위원은 "농촌지역 마을개발을 위한 정부의 각종 지원 정책이 시행되면서 마을의 한정된 자원 이용, 개발사업 참여 여부 및 정도, 이익 분배, 개발의 주도권 등을 둘러싸고 마을공동체 및 지역사회 내부에서 반목과 갈등이 표출되고 있다"고 지적했다.

가령 정부 지원 농촌지역개발사업의 경우, 마을 주민총회, 개발위원회, 추진 및 운영위원회 등의 의사결정기구에서 충분한 논의를 거쳐 합의 및 총의에 이른 후, 주민 의사가 반영된 내발적이고 상향식의 주민 주도 계획에 의거해 추진하는 게 바람직하다는 것이다. 이때 마을 주민총회 등 주민 의사결정기구는 퍼트남 등이 강조한 교량형(Bridging) 사회적 자본을 형성, 확충해주는 장치이자 메카니즘으로 작동하는 것이다.

아울러 농촌지역개발의 핵심 주체인 정부와 주민 사이의 파트너십, 지역사회 단위의 협력체제(지자체, 기업, 대학, 연구소, 전문가 등)를 강화할 필요도 있다. 특히 정부, 주민, 전문가 등 이른바 마을공동체 사업의 핵심 3주체가 참여, 교육, 컨설팅 등을 통해 농촌마을공동체의 계획 및 개발에 필요한 사회적 자본을 생산하고 공급하는 중간지원조직을 구축하는 것도 절실하다. 농촌지역의 공동체사업의 주체가 될 '민주시민'을 교육하고 훈련하는 중간지원조직이 '사회적 자본의 발전소' 역할을 수행할 수 있을 것이다.

| 농촌 지역사회(Community)의 사회집단 분류 |

구분	지연집단	혈연집단	이익집단		
			경제적	사회적	정치적
자생적	대동계	문중조직	이식계 수리계	혼인계 상포계 친목계	농민회, 농촌지도자협회 영농기술자협회 품목별 협동조합
비자생적	행정리,동, 읍,면	(존립불가)	새마을영농회 새마을금고	생활개선회 새마을부녀회 새마을청소년회 노인회	(농소정협의회/도농교류협의회)

자료: 정기환, 심재만, 최경은, 「농촌지역의 사회적 자본과 지역사회 발전」, 한국농촌경제연구원, 2006.

5. '사회 안전망'부터 갖추자

'사회적 자본(social capital)'과 사회안전망(social safety net)도 없는 상태에서 비무장으로, 무방비 상태로 준비하고 추진하는 공동체 또는 공동체사업은 어렵다. 일반적이고 평균적인 능력과 품성을 가진 대부분의 주민, 시민들은 오로지 '먹고 사는 문제', '안전하게 사는 문제'에 일상과 평생을 집중하고 진력해야 하는 운명이다. 이웃과 타인, 공동체를 챙길 여력이 거의 없다.

하루하루 벌어서 먹고 살기도 힘겨운데, 언제 직장에서 밀려나고 쫓겨날지도 모르는 처지에 이웃과 타인을 배려하기는 어렵다. 빚을 얻고 빚을 갚아나가기도 버거운데 남을 돌보거나 보살필 시간도, 여유도 없다. 더욱이 남에게 양보하고 남을 먼저 배려해야 하는 공동체사업은 시작하기도, 참여하기도 어렵다. 설사 마음은 있다 해도 몸이 따라 할 수 없는 일이다.

'공동체(community)'의 사전적 의미는 '공통의 생활공간에서 상호작용하며, 유대감을 공유하는 집단'을 뜻한다. 학술적으로는 독일의 사회학자 퇴니에스(Ferdinand Töennies)의 공동사회(Gemeinschaft) 즉, 혈통, 장소, 정신적 차원 등을 속성으로 하는 총체적인 공동체를 말한다. 이때 공간, 상호작용, 연대가 공동체의 핵심 요소로 작용한다.

특히 현대사회에서는 혈연공동체나 지연공동체 같은 전통적인 공동체들을 규정하는 공간의 중요성이 약화되고 상호작용과 연대를 중심으로 다양한 형태의 공동체적 집단들이 등장했다. 한국도 20세기에 식민통치, 한국전쟁, 산업화를 경험하면서 새로운 사회환경의 가치에 부합하는 공동체들이 만들어지고 있다.

또 벨기에의 국제금융학자 베르나르 리에테르(Bernard Lietaer)에 따르면, 공동체는 라틴어 'cum'과 'munus(또는 munere)'가 어원이다. 'cum'은 '함께(together), 서로 간에(among each other)', 'munus'는 '선물(gift)', 'munere'는 '준다(to give)'를 의미한다. 즉 공동체(community)는 '서로 간에 주는 것'이다. '서로 선물을 존중하고 그들의 선물이 언젠가 어떤 방식으로든 반드시 보답을 받을 것이라는 믿음을 갖고 사는' 인간 집단을 곧 '공동체(Communty)'로 정의내릴 수 있다.

그런데 생업과 생활의 공간이 기계적으로 분리, 격절된 도시에서는 공동체를 이루기가 더욱 어렵다. 일상의 대부분을 생업 현장에서 '처자식을 위한 발법이'에 소진하느라 '서로 간에 선물을 주는 선의나 행위'를 발휘하기 어렵다. 일에 지쳐 돌아가는 생활기반으로서 마을은 그저 숙소 또는 수용소의 모양과 기능만 할 뿐이다.

그래서 현대사회학의 아버지로 불리는 프랑스의 사회학자 에밀 뒤르켐(Durkheim, E.)은 대표작 〈사회분업론〉을 통해 도시를, 도시의 '동네(quartier)'를 '기계적 연대와 배제의 공간'으로 규정했다. 주민들이 어서 벗어나고 싶어하는 비정한 생활공간으로 생활보다 생업이 우선되는 곳으로 비판했다.

여기서 '기계적 연대'란 '사회의 모든 성원이 공통된 관념에 따라 행동하며 전체의 공통 의식이 개인의 의식을 압도하고 지배하는 사회적 결합 상태 또는 사회적 관계'를 말한다. 현대 자본주의의 구조악이 함축된듯한 비인간적인 도시의 동네 같은 곳이다. 그래서 개인 간 연대의식이 '기계적 연대'에서 '유기적 연대'로 옮겨가야 한다고 주장했다.

'유기적 연대'는 '사회 발전에 따라 사회 성원 사이에 기능적 분화와 분업이 촉진되어 상호 의존성이 강화되면서 생기는 사회 연대'의 상태를 말한다. "전통사회에서는 집단 지향적인 기계적 연대가 필요했지만 근대사회에서는 개인의 존엄성을 바탕으로 한 호혜적 연대, 유기적 연대가 등장하게 됐다"고 뒤르켐은 설명한다.

그런데 "분업이 지나치게 발달해서 개인이 일정 수준 이상으로 전문화하면 어느 순간부터는 타인과 서로 의존 상태에 있다는 사실을 인식하지 못할 수도 있다"고 사회적 병리현상 같은 부작용을 경고했다. 이러한 병리 현상을 '아노미적 분업'이라고 정의하고 노사 갈등, 기업 파산 등을 그 예로 들고 있다. 그래서 뒤르켐은 "무엇보다 사회 결속력 유지에 필요한 규제를 보장해야 한다"며 "우리 스스로 산업 사회에 어울리는 새로운 도덕률을 만드는 일에 나서야 한다"고 제안했다.

어쨌든 개인이, 또는 개인들의 집단이 기계적 연대를 벗어나 유기적 연대로 옮겨가는 일도 쉬운 일이 아닌듯하다. 그래서 마을이나 공동체 사업현장에 가서 그 속을 가만히 들여다보면 어쩌다가 마을공동체사업을 생업 삼아 하는 전문활동가, 어쨌든 '먹고 살만한' 이른바 중산층, 진로와 정처를 미처 정하지 못한 청년, 이들 세 집단이 주류를 이루고 있다. 안타깝게도 '먹고살아야 하는 생업의 책무'에서 벗어날 수 없는 일반적, 평균적 주민들은 눈에 잘 띄지 않는다.

그래서 공동체사업에 공동체의 구성원들이 모두 함께 참여하고 '유기적 연대'의 경지로 옮겨가려면 각종 지원사업을 개발하고 공모하기 전에 우선 선결과제가 있다. '먹고살아야 한다'는 강박증, 두려움, 공포심으로부터 자유로울 수 있도록 주민, 시민들을 해방시켜줘야 한다. 그럴 수 있도록 국가와 정부가 법을 제정하고 제도와 정책을 개발하고 예산을 집행해야 한다.

그러자면 '먹고사는 전장'의 경쟁 상대인 이웃을, 친구를, 타인을 더 이상 경계하지 말고 서로 믿을 수 있도록 해야 한다. 남에게 먼저 양보하고 우선 배려할 수 있도록 해야 한다. 신뢰, 협동, 연대, 참여, 규범, 네트워크 등의 '사회적 자본'부터 키울 수 있도록 해야 한다.

그런데 그러한 '사회적 자본'은 저절로 만들어지지 않는다. 가르치고 훈련해서 생산하고 축적하는 것도 한계가 있을 것이다. 국가나 정부가 국민을 충분히 돌보고 보살피지 않아서, 국민들 개인이 저마다 알아서 가족을 돌보고 가계를 책임지느라 이웃과 타인을 돌보고 보살피는 '공동체 정신'을 갖출 기회도 여유도 없었다. 그래서 나도, 너도, 우리 모두가 불안하고 위험해졌으니 국가와 정부가 '사회안전망'을 구축해야 한다.

'사회안전망'이란 '모든 국민을 실업, 빈곤, 재해, 노령, 질병 등의 사회적 위험으로부터 보호하기 위한 제도적 장치'를 말한다. 사회보험과 공공부조 등 기존 사회보장제도에 공공근로사업, 취업훈련 등을 포괄한다.

이는 모든 사회적 위험에 대한 '포괄성'과 사회구성원 모두에게 적용되는 '보편성'을 실현하고 '국민복지기본선(National Welfare Minimum)'을 보장하는 게 목적이다. 즉 주거, 의료, 생계보호, 보육, 복지시설 서비스 등 복지요구 전반에 걸쳐 국가가 공적 사회보장제도를 통해 일정수준 이하인 기존 제도의 급여를 기본적인 선으로 끌어올려야 하는 책무를 담고 있다.

한국은 1· 2· 3차로 사회안전망을 구축하고 있는데, 1차 안전망은 일반국민을 대상으로 하는 공적연금, 건강보험, 산재보험, 고용보험, 노인장기요양보험 등 5대 사회보험이다. 2차 안전망은 1차 안전망에 의하여 보호받지 못하는 저소득층을 위한 공공부조로서 기초생활보장

제도가 있으며 보완적으로 공공근로사업을 운용하고 있다. 3차 안전망은 재난을 당한 사람에게 최소한의 생계와 건강을 지원해주는 각종 긴급구호 제도가 있다.

그런데, 입구와 출구, 답도 없고 끝이 잘 보이지 않는 공동체의 문제를 고민하고 걱정하다보면 대체 왜 가뜩이나 개별화, 파편화된, 힘없는 국민들끼리 이런 난제를 붙들고 씨름을 하고 있나 의문이 들고 분노가 차오를 때가 있다. 기본적으로 '먹고사는 문제', '안전하게 사는 문제' 등 지금 공동체가 주로 고민하고 있는 어려운 문제는 알고 보면 국가나 정부가 '사회안전망'으로 보호하고 보장해야 하는 기본적인 책임이나 의무가 아닌가.

혹 사회주의 또는 사회민주주의 국가가 아니라는 핑계로, 결국 국가나 정부의 책임을 적당히 조절하거나 면피하려고 협동조합 기본법이니, 지역공동체활성화법이니 하는 각종 공동체사업 지원 특별법, 제도까지 만들면서 국민, 시민, 주민에게 짐을 떠넘기는 모양은 아닌가.

유휴시설이 난무하는 농촌공동체, 법은 있으되 자족 생태계와 시장동력은 없는 사회적 기업, 협동조합의 형해화된 현장을 보면 그런 의심과 오해가 더 깊어진다. 결국, 재고 시멘트를 처분하느라 우발적으로 추진됐다는 1970년대 새마을운동처럼, 고도로 기획된 국가와 정부의 전략과 전술에 순진하고 무지한 국민들이 말려들어간 것은 아닌가 하는 불신이 생기기도 한다.

그래서 공동체사업을 잘 하려면 사회적 자본이 충분히 축적되어야 하고, 사회적 자본을 축적하려면 사회안전망부터 구축되어야 한다는 깨달음을 얻는다. 가령 기본소득제로 상징되는 '사회안전망'이 일단 구축되면, 공동체 구성원마다 서로 믿고 남을 도울만한 생활의 여유가 생겨 신뢰, 협동, 연대, 규범, 네트워크 같은 '사회적 자본'은 저절로 생성, 축적될 것이다.

그런 사회적 자본이 충분히 축적된 공동체는 자생적으로, 자조하고 자치해나갈 수 있을 것이다. 누가 시키지 않아도, 지금처럼 국가나 정부가 마치 생색내듯 공모 지원사업의 시혜를 베풀지 않아도, 훈련시키듯 지도하고 감독하고 평가하지 않아도 능히 '남에게 먼저 양보하고 배려하는 사회적 분업, 유기적 연대'를 이루어낼 수 있을 것이다.

따라서 1단계로 무상교육, 무상의료, 사회주택, 고용안정, 기본소득 등의 '사회안전망'을 구축하고, 2단계로 생활기술자 학교, 사회적경제 자산 은행, 공동체사업 협동경영체 조합, 마을공동체와 사회적 경제의 융합플랫폼 등을 통한 '사회적 자본'을 추진한 후, 비로소 3단계로 (마을)공동체사업이나 사회적 경제를 시작하는 식으로 일의 순서를 지켜야 할 것이다. 그렇게 '사회적 경제 기반의 농촌마을공동체사업'의 정책 설계도와 사업 추진전략을 새로, 다시 그려야 한다.

013

'마을'은 만들 수 없다

1. '중간지원조직'이 책임을 지자

마을 만들기 등 마을공동체 사업을 책임져야 하는 3대 주체는 행정, 주민, 전문가다. 그중에서 행정과 주민이 풀지 못하는 문제를 '돈'을 받고 대신 해결해줘야할 '전문가'의 역할이 가장 크다고 본다. 하지만 마을공동체 사업이 펼쳐지는 전국의 지역과 사업현장마다 평판이나 성과가 그다지 만족스럽지 않다. 행정과 주민의 기대에 미치지 못하는 경우가 다반사다.

더욱이 2004년 최대 100억 원 규모의 농촌마을종합개발사업이 시행된 이후, 일반 사기업을 중심으로 농촌지역개발관련 전문기관들이 우후죽순처럼 난립하면서 전문가의 역량과 성과가 저하되고, 관련 컨설팅시장의 공정거래 질서마저 교란되는 부작용이 심화되고 있다. 심지어 업체 선정 과정에서 최저가 경쟁입찰 방식을 적용하다 보니 일을 잘 할 수 있는 업체보다 입찰경쟁에서 이기는 기술과 방법론이 뛰어난 부적합한 비전문 업체들이 득세를 하는 지경이다.

문제점을 느낀 농식품부가 컨설팅업체 등록제, 국가공인 농어촌지역개발컨설턴트 제도를 도입해 시행하고 있지만 법적 구속력도 없고 시장 진입 문턱도 여전히 낮다. 컨설팅업체의 역량 강화 유도와 시장 공정질서 확립 효과는 미미한 것이다. 기관 인증제, 인증기관 3진 아웃제 등 전문컨설팅 시장의 정도와 정의를 지키기 위한 보다 강력한 정책과 제도가 요구된다.

근본적으로 농업과 마찬가지로 농촌 일도 아무나 뛰어들면 안 된다. 농촌마을 공동체의 미래와 희망을 기획하고 설계하고 개발하는 일의 속성 자체가 근본적으로 농업과 농촌에 대한 종합적이고 체계적인 지식과 이해를 갖추어야 수행할 수 있는 고난이도의 업무다. 생태, 환경, 조경, 관광, 건축, 도시계획, 농학, 임학, 식품공학, 농경제학, 농업경영학 등의 지식과 역량을 조화롭고 깊이 있게 통섭해야 한다. 물론 학교 안에서의 전공, 학점과 학위보다 학교 밖에서의 현장 경력이 더 필요함은 두말할 나위도 없다.

농식품부도 관련 법 제정을 통해 "지자체에 마을 만들기를 담당하는 전담조직을 설치하거나 민간 전문가를 전문위원으로 위촉"하려는 고민과 검토를 하고 있다고 한다. 또 "주민과 행정 사이에서 전문적인 지원 및 소통 업무를 담당하는 중간지원조직체계 구축"도 병행한다는 것이다. 그동안 각 지자체마다 공무원의 순환보직에 따른 전문성 · 지속성 · 진정성 저하 문제가 심각했다.

이번 기회에 민간 컨설팅 기관의 전문적 역량 한계의 문제와 구조적 폐해를 근절하기 위해 각 지자체의 중간지원조직이 해당지역의 마을공동체관련 사업을 총괄 전담하는 방식을 적극 고려할 필요가 있다. 진안군의 마을만들기 지원센터, 완주군의 공동체지원센터 등의 선례

| 진안군의 마을공동체사업 중간지원조직 진안마을만들기지원센터 |

는 그 가능성을 보여주고 있다.

따라서 사익을 추구하며 농촌마을을 볼모로 삼아 수지타산을 맞추어야 살아남을 수 있는 사사로운 용역업체 등 상업적 민간 컨설팅 업체가 주도해 출혈경쟁 양상을 보이는 파행적인 컨설팅 시장의 공정한

질서 확립과 수행역량 제고를 위해, 공익성을 조화시킬 수 있는 '지역별 중간지원조직'이 컨설팅 업무를 전담할 수 있도록 제한할 필요가 있다. 이때 기존의 민간 컨설팅 기관은 지역별 중간지원조직과 협업조건에 한해 참여 통로를 열어주면 된다.

구체적으로 민관협력 거버넌스 형태의 중간지원조직으로 시 · 군 단위 기초지자체별로 '마을공동체 지원센터'를 설립하는 것이다. 이는 마을 만들기를 비롯해 귀농 · 귀촌, 사회적 경제 등 마을 및 지역사회공동체 활성화 관련 지원사업을 총괄하는 위상이다.

이때 중간지원조직으로서 역할과 책임을 정상적으로 수행하려면 정부와 지자체의 보조금에 의존하는 기존의 수동적 조직운영구조를 탈피하는 게 관건이다. 자체적으로 예측가능하고 지속가능한 수지구조를 확보, 독립기관으로서 자생구조와 자립기반을 확보해야 한다.

따라서 기존의 정형화된 정책사업 지원 업무 외에 지역의 마을공동체 사업 관련 컨설팅, 교육, 연구개발, 각종 위탁연구과제 등 자체 수익사업을 창조적으로 개발, 병행할 필요가 있다. 그래야 독자적 수익모델 정립이 가능하다. 무엇보다 이런 업무를 전문적으로 수행하려면 농촌 지역 특유의 현장감과 전문성을 확보한 지역현장 전문인력을 확보하는 과제가 선결되어야 한다. 그래야 지역공동체에 뿌리를 둔 전문가 조직으로서 걸맞은 정체성과 위상을 자리매김할 수 있다.

2. '마을기업'부터 시작하자

기존의 마을이나 권역 단위의 농촌지역개발사업, 또는 마을공동체 사업은 의사결정구조와 책임소재 자체가 불명확한 게 화근이다. 주로 이장이 겸직하는 위원장 중심의 위원회(추진 및 운영)가 주도하는 마을공동체 사업은 책임주체가 모호하고 불분명하다. 설사 책임을 지고 싶어도 책임을 질 수 없는 무책임한 구조다. 따라서 일이 잘 되든 못되든 사전에 법적, 도의적 책임소재부터 법적으로 명확히 해둘 필요가 있다.

가령 법인격을 갖춘 '마을기업 등 마을공동체 사업 협동경영체' 설립이 가능한 마을에 한해 사업비를 지원하는 게 바람직하다. 일단 이렇게 하면 책임주체가 명확해지는 효과가 있다. 마을기업에 출자와 참여를 결심하고 결행하는 과정에서 심기일전의 사명감과 책임감이 부여된다. 이제 누구도, 어떤 마을도 마을공동체 사업에 함부로 뛰어들 엄두를 내지 못할 것이다.

특히 농촌이나 도시 할 것 없이 마을공동체와 사회적 경제가 유행인 요즘, 행정이나 현장에서는 마을공동체 사업과 사회적 경제 사업이 따로 겉돌고 있는 모습이 눈에 자주 띈다. 마을을 기반으로, 마을사람을 중심으로 서로 연계하고 융합하면 사업의 명분도 더 강화되고 실질적인 시너지효과까지 거둘 수 있겠다는 아쉬움이 크다.

그러자면 우선 사회적 경제를 하는 목적을 일자리나 소득을 늘리는 단기적인 목표에만 두지 말아야 할 것이다. 그보다는 사회적 경제를 마을 · 지역공동체 재생과 활성화를 위한 수단이나 방법론으로 기능하도록 하는 게 보다 합리적이고 근본적인 전략이 될 것이다. 이때 전략적으로 '마을기업'을 사업의 출발지점과 중심에 놓으면 된다.

즉, 마을 · 지역사회 공동체사업의 사전 준비, 그리고 입문단계에서부터 마을기업 등의 사회적 경제조직에 학교와 실습장으로서의 역할을 부여하면 된다. 그러면 사업이 본격 추진되는 과정에서는 공동체사업의 관리 · 경영 책임 주체로서 '열쇠' 같은 사회적 책무를 감당할 수 있다.

결국 '마을기업' 등 사회적 경제조직이 마을공동체(community)와 사회적경제(business)를 유기적, 물리화학적으로 연계 · 융합하는 '고리'로서의 명분과 소임에만 충실해도 소기의 목적은 달성하는 셈이다. 소득도 창출하고 일자리도 늘리는 마을공동체 사업이나 사회적 경제의 정책적 목표는 자생 동력을 어느 정도 축적한 다음 단계쯤에서 자연스레 연결될 수 있을 것이다.

이미 '마을기업' 중심의 마을공동체 사업 모델은 완주군의 사례에서 엿볼 수 있다. 완주군은 2010년 완주커뮤니티 비즈니스센터(현 완주공동체 지원센터)를 설립, 전국 최초로 커뮤니티 비즈니스(community business)분야 중간지원조직의 모델을 제시했다.

완주군의 마을 만들기 수행 방식은 '마을회사' 등 커뮤니티 비즈니스(C.B.)를 중심으로 그 실행 주체들과 행정주체, 지역사회 단체들을 지원하는 특징을 띤다. 이를 위해 당초 마을회사 육성센터, 커뮤니티 비즈니스센터, 로컬푸드 센터, 도농순환 센터, 공감문화센터 등 5개 지원조직을 통해 완주군의 마을공동체 사업을 실행했다.

특히 전담 행정조직(구 농촌활력과)를 신설하고 순환보직제가 아닌 전담공무원을 고정 배치해 정책과 예산 지원을 담당하도록 했다. 또 지역공동체 활성화 지원, 중간지원조직 설치 · 운영 등을 위한 지역공동체 활성화 사업(커뮤니티 비즈니스) 육성에 관한 조례도 제정했다. 아울러 2007년 커뮤니티 비즈니스 활성화를 위해 희망제작소와 MOU를 체결하였고 2012년에는 서울시와 우호교류협약을 체결하기도 했다.

이같은 '마을기업'의 운영 및 관리 주체는 '마을주민'이다. 마을기업을 설립하고 마을공동체 사업을 능히 경영할 수 있을만큼 농촌마을 주민들의 조직적인 자치역량이 먼저 갖추어져야 한다. 결국 '마을기업' 기반 마을공동체 사업의 성패는 마을주민의 손에 달려있다.

이때 주민 개개인의 개별 역량뿐 아니라 '마을기업'이라는 사업조직의 역량이 더 중요하다. 공동책임 사업조직을 중심으로 다양한 주민들이 서로 신뢰하고 협력·연대할 수 있는 토대가 더 중요하다. '마을기업' 내부에 그러한 인적 자본, 사회적 자본이 우선 충분히 축적되어야 한다. 마을공동체 사업이나 사회적 경제사업은 그 이후에 시작해야 한다.

3. '생활 공동체'를 꾸리자

충북 단양 한드미마을은 단순한 농촌이거나 체험휴양마을이 아니다. 생활공동체의 표본이다. 마을지도자인 정문찬 대표는 노동운동가 출신이다. '소설 상록수'의 주인공처럼 농촌을 계몽하고 재생시키려는 꿈을 품고 귀향했다. 국내 최초 농촌유학센터로 모교인 대곡초등학교를 살려낸 것을 시작으로 여러 가지 마을공동체 사업을 벌여 고향마을도 살려냈다.

한드미마을에는 십수 명의 청년, 귀농인들이 생활하고 있다. 농촌마을체험 사업을 비롯해 농촌유학센터, 지역아동센터, 마을공동식당 등을 운영하는 '한드미유통영농조합법인'에서 최소 2천만 원 이상의 연봉을 받으며 일하고 있다. 일과 삶이 하나 되는 공동체마을을 함께 일구고 있다.

수년 전엔 23년여 만에 마을에 아이가 태어나기도 했다. 역시 마을에 살러 들어온 정 대표의 아들 부부가 아이를 출산한 것이다. 정 대표의 남은 숙제는 마을양로원이다. 그동안 마을공동체 사업에 동참하느라 고생한 마을 노인들을 위해 안정적으로 여생을 보낼 수 있도록 공동생활주택 '호스피탈리티 움'을 추진하고 있다. 농촌유학센터에 유학온 아이들, 영농조합법인에서 일하는 청년들과 더불어 모든 세대가 어울려 사는 생활공동체를 실현하려는 것이다.

홍성군 홍동면의 마을 만들기는 '풀무농업고등기술학교'와 '문당리 마을발전100년계획'으로 대변된다. 1958년 개교한 국내 대안학교의 효시, 풀무학교는 마을공동체 정신을 창조하고 마을공동체 사업의 일꾼을 생산하고 있다.

'문당리 100년계획'은 2000년 풀무학교 출신 마을지도자 주형로씨의 작품이다. 문당리 마을주민들과 뜻을 모아 서울대 환경대학원에 용역을 발주해 수립한 일종의 '마을 만들기 설계도'다. 무엇보다 정부의 보조금이 아닌, 오리농법으로 생산한 친환경쌀 판매대금 일부를 모은 마을기금으로 용역비를 지급했다. 풀무학교의 교훈처럼 '위대한 평민'들이 이룬 당당한 성과다.

현재 홍동면에는 농업 및 가공, 농촌관광, 교육, 문화, 공동체, 에너지 등 50여 개의 마을/지역공동체 사업 관련 단체가 활동중이다. 문당리, 운월리를 중심으로 귀농인을 포함한 마을주민들이 주도하는 이런 다양한 민간조직이 홍동면 지역공동체 활성화의 원동력으로 작용하고 있다. 이들이 자생적인 생활문화공동체 네트워크를 형성하면서 협동사회경제네트워크(생태계)의 모습으로 진화하고 있다.

특히 2011년 4월에는 순수 민간주도형 중간지원조직 '지역센터 마을활력소'도 자체적으로 설립했다. 최소한 홍동면 안에서 벌어지는 마을공동체 사업은 홍동면 주민의 머리와 손으로 자주적으로 해결해보려는 평소의 각오와 소망을 실행한 것이다.

국회는 2013년 '농촌 마을공동체 활성화 지원에 관한 법률안'을 발의했다. "그동안 지자체 · 민간에서 산발적으로 전개되는 마을 만들기에 대해 일관된 원칙 및 방법 등을 제시할 필요가 있다"고 제안 이유를 설명하고 있다. 무엇보다 "농어촌정비법 등 기존 법률은 사업시행에 관한 절차 · 방식 중심으로 소프트웨어 중심의 마을 만들기 지원 내용은 미미했다"고 자성하고 있다.

특히 "지역개발사업의 효과성 · 형평성 증대를 위해서도 법제화는 필요하다"면서 한마디로 "도시에 비해 인적 · 물적 자원이 부족한 농촌에 적용 가능하도록 농촌마을 만들기 지원체계를 구축한다"는 것을 핵심 입법 취지이자 목적으로 밝히고 있다.

하지만 오늘날의 우리 '마을 만들기' 또는 '농촌마을공동체' 사업환경과 현실에서는 설사 법이 새로 만들어진다고 해도 해묵은 고질적 난제들이 해결될 것으로 기대되지 않는다. 법 이전에, 법으로는 해결할 수 없는 사람의 문제, 조직의 문제, 그리고 목적의식과 가치관의 문제가 더 본질적인 병인이다. 법을 만들기 전에 "마을 만들기를 도대체 왜, 무엇을 위해서 하려 하는지"에 대한 답을 먼저 구해야 한다.

따라서 '마을 만들기'나 '농촌공동체'의 법과 제도를 거론하기 전에, 개념과 패러다임부터 재정립할 필요가 있다. 마을주민이 아닌 행정이나 외부 용역업자가 주인이자 수혜자처럼 행세하는 시행착오를 되풀이한 기왕의 '토건적 마을 만들기'부터 그만 두어야 한다. 이제 내부인(원주민, 귀농인, 출향인 등)의 생활과 생존을 보장하는 삶의 질 향상을 위한 '사회생태적 마을 살리기'로 패러다임과 방법론을 전환해야 한다.

구체적으로는 '마을기업 중심의 마을살리기', '살림마을 목적 마을살리기', '중간지원조직 기반 마을살리기'가 합리적이고 실천적인 대안이 될 수 있을 것이다. 특히 책임지고 일할 사람이나 조직이 없는 농촌마을에서는 공동체 사업조직이 가장 중요하다. 사업의 책임주체로서 '지속가능한 마을기업'이 먼저 준비되어야 한다.

이때 마을기업을 세우고 꾸릴 '훈련된 마을시민'이 함께 준비되어야 하며, 거기에 마을기업의 창업과 경영을 지원하고 마을시민들을 발굴하고 교육할 '체계적이고 전문적인 중간지원조직'도 지역마다 든든히 자리잡아야 한다. 기술적이고 행정적인 '토건적 마을 만들기' 방법론에서 벗어나 사회적이고, 문화적이고, 인문적인 방법론들을 융·복합적으로 결합한 '사회생태적 마을 살리기', 또는 '마을 살이'라는 '생활공동체'의 사업철학, 실천방법론을 채택해야 한다.

4. '마을단위 복지망'을 갖추자

춘천 고탄리, 송암리 등 산골마을에서는 마을복지를 마을에서 스스로 준비하고 있다. 이름하여 '산골마을 119' 사업이라는 농촌 노인 대상 사회적 서비스도 시작했다. 농촌마을 노인들에게 긴급 상황 발생시 신속한 조치와 지속적인 방문 돌봄을 강화하려는 것이다. 이를 위해 사북면사무소, 춘천솔다원권역, 춘천산골마을협동조합, 춘천별빛산골교육센터 등 지역 4개 기관이 힘을 모았다.

복지전달 체계를 '행정단위'에서 '마을단위'로 전환해야 한다는 주장과 연구가 이어진다. 전북연구원도 '전라북도 마을복지 전달체계 구축방안'을 연구하고 있다. "관주도 복지서비스에 의존하는 복지는 한계에 달했다"며 복지체감도 향상을 위해 마을단위로 전달하는 '전북형 마을복지 모델'을 제안한다.

'전북형 마을복지 모델'이란 실생활이 이루어지고 있는 마을단위에서 복지실현과 관련된 인적, 사회적, 경제적 자원을 재분배하려는 것이다. 이렇게 하면 수요에 바로 대응할 수 있다는 장점이 있다. 그래서 전북형 마을공동체복지 모델을 실현하기 위해 행정 읍면동 단위의 복지전달체계를 마을단위로 세분화하면 복지시설을 이용하지 못하는 동네주민까지 복지에 쉽게 접근할 수 있다는 주장이다.

이때 복지제공 기관을 복지시설로 제한하지 않고 복지의 제공 방식을 다원화해야 한다고 강조한다. 마을의 병원, 보건소, 경로당, 반상회, 주민자치회 등으로 복지의 주체를 확대한다는 것이다. 그러면 공적재원이 미처 투입되지 못하는 복지사각지대를 마을의 조직과 자원이 주체적으로, 내생적으로 보완할 수 있을 것이라는 기대다.

아울러 공적재원의 한계를 극복하기 위해 민간 차원의 자발적 마을복지 네트워크를 구축해야 한다. 가령 나눔마을기업, 마을복지기금 등을 조성하고 이를 통합적으로 관리하는 '마을복지센터'를 설치하자는 것이다. 결국 마을 자치적인 복지재원 마련, 복지인력관리, 마을복지서비스 제공이라는 복지선순환체계를 구축하는 게 중요하다는 제안이다. 시군별로도 마을복지 지원조직을 설치한다. 그래야 복지기관별로 산재된 다양한 복지서비스를 통합·조정해 복지의 중복과 누수가 예방된다.[49]

---

49 이중섭, 『전라북도 마을복지 전달체계 구축방안』, 전북연구원, 2015. 12. 28.

이같은 '마을단위 복지'가 노리는 효과는 자명하다. 기존의 복지시설과 행정기구 중심 정책으로는 오늘날의 심각한 양극화와 고령화에 대처할 수 없다는 위기의식의 발로다. 한정된 예산으로 공평하고 공정한 유럽식 복지모델은 불가능하다는 현실인식이다. 마을단위에서 민간의 자발적 참여가 결합되는 주민참여형 공동체 복지가 대안이라는 진단이다.

다만, 복지예산의 부족을 이유로 자칫 국가와 정부의 기본적인 책무마저 민간에 전가하는 식의 정책은 불필요한 오해를 살 수도 있다. 당연히 정부의 복지 예산 확충과 집행 효율 제고에 우선 노력하는 게 일의 순서다. 그리고 구체적인 시행방안은 행정과 민간의 긴밀한 거버넌스를 통한 충분한 토론과 연구가 필수적이다.

5. '박현채'로 마을공동체를 다시 읽자

박현채(1934~1995)는 민족경제론을 주창한 진보적 경제학자이다. 자본주의 세계 경제하에서 '민족경제론'으로 한국 국민경제의 독자적 가능성을 제시하며 사회변혁운동에 앞장선 실천적 경제이론가로 평가된다.

박현채는 '한국농어촌사회연구소'의 모태라 할 수 있는 '한국농업문제연구회' 간사를 지냈다(1959~1964). 아마도 이때 농지개혁의 실패와 잉여농산물 도입, 한국경제와 농업 등에 관해 집중 연구하며 새로운 관점과 이론을 정립한 게 아닌가 생각된다.

그는 특히 실천적으로 전근대적 생산양식을 극복하기 위해 협업농업의 양성을 강조했다. 또 농업문제뿐 아니라 아시아적 생산양식의 문제, 원조경제의 본질, 자본주의 세계경제에서 국민경제의 독자적인 존재 가능성까지 고민했다.

그의 민족경제론은 산업화 과정들의 문제들을 규명하고 체계적 대안을 마련하려는 한국적 정치경제학이라는 의미를 가진다. 산업 간 · 계급 간 · 지역 간의 불균형한 발전과 국민경제의 왜곡이 파행적 산업구조에서 비롯되었음을 일관되게 지적하고, 이것이 곧 일본 제국주의와 식민지 경제구조의 연장임을 역설했다.

민족경제론에서 민족경제란 자주적, 민주적, 민족적인 국민경제를 지향한다. 민족경제론은 1960년대 농업국가 한국의 자본주의의 파행적 질주에 맞서 민족적 자주성과 민주적 의사 결정성, 민중적 삶의 건강성을 회복해야 한다고 주장했다. 경제이론에서의 인간복권, 특히 광범한 직접 생산자의 참여가 보장되는 경제발전, 민주주의적 집회와 절차에 의해 결정되고 집행되는 경제계획에 의한 국민경제의 운용을 내세웠다.[50]

박현채가 남긴 '한국농업의 구상', '한국경제와 농업', '한국경제구조론', '민족경제와 민중운동' 등을 읽으면 "왜 이 나라 농업, 농촌, 마을공동체가 이 모양 이 꼴이 됐는지" 알 수 있다.

지금은 국민 100명 가운데 5명 정도가 농민이지만 1960년대만 해도 한국은 농업국가여서 국민 10명 가운데 6명은 농사를 지어 먹고 살았다. 그래서 농업은 곧 국가경제와 다름없었다. 당시 군사쿠데타로 정권을 잡은 민주공화당은 중요한 국가기간산업인 농업의 운영기조부터 정했는데 이는 농업국가로서 명운이 달린 중요한 과업이었다.

---

50 박현채, 윤무한, 「성장신화에 길항한 '민족경제론'의 우렁찬 목소리-」, 신동아, 2009. 5

그 결과가, 1966년 민주공화당 정책연구실에서 작성한 농업기본법안이 바로 이 결과물이었다. 그만큼 공을 들인 법안이라 그런지 반세기가 지난 지금까지도 구호나 표현 말고는 크게 변한 것은 없는 듯하다. 한치의 흔들림이나 양보도 없고 인정사정도 없는 '살농정책'의 기조가 유지되고 있다.

당시 민주공화당은 한국농업의 생산력 정체와 빈곤의 원인이 농업경영의 영세성에 있다고 보았는데 이같은 진단은 비교적 정확했지만 내놓은 처방이 문제였다. 박현채 식의 표현을 그대로 빌면 "과소경영 청산을 위해 농업을 자본제적 경영을 통한 확대재생산의 경제단위로 발전시키려고" 했다. 또 "사회적으로 타당한 이윤이 실현되는 형태의 농업경영에로 농업을 자본주의화 시키는 것으로 개념되어지는 중농정책을 시행하도록" 정부에게 의무지웠다.

지금 우리 농촌의 문제, 마을공동체의 문제는 바로 그 지점에서부터 발화되었다는 의심이 든다. 박현채는 "그간 한국경제는 미국을 중심으로 한 국제분업체계에 긴밀한 관련을 가짐으로써 유지되어 왔다. 그것은 식량문제의 경우 값싼 미국잉여농산물의 도입으로 저농산물 가격정책을 견지하고, 저노임을 기초로 한 가공수출의 증대로 수입재원을 확보한다는 전략이 기축을 이루도록 되어 있었다. 그래서 한국은 만성적인 식량 및 원자재 수입국으로 전락하고 말았다"는 것으로 문제의 원인을 정리하고 있다.

마을이나 공동체 관련 활동과 사업이 전국 동시다발적으로 유행처럼 활발한 요즘, 한편에서는 "마을이나 공동체는 다 옳은 것인지?", "모두를 위한 마을이 과연 존재하는지", "우리가 과연 마을을 잘 꾸려나갈 자신이나 자격이 있는지", "결국 국가나 정부가 나서야 하는 건 아닌지" 자조하고 고민하는 목소리가 많이 들린다. 마을에서 함께 잘 살기 위해, 더 철저히 공부하고 훈련하자는 자기반성의 죽비소리처럼 들린다.

그런데 마을만 보고 생각해서는 마을이 잘 보이지 않을 것이다. 마을만 공부해서는 마을을 잘 알 수 없을 것이다. 마을을 둘러싼 농업의 경제와 농민의 생활부터 먼저 알아야 한다. 그리고 세계의 근현대사와 국제정치, 그리고 공동체 사회의 이면까지 더 들여봐야 한다. '박현채'를 다시 꺼내 읽어볼 필요가 있다. 마을공동체로 가는 길이 그 책 속에 있을지 모른다.

014

'농정의 주체'는 농민이다

1. '농업회의소'는 민간에서 자치하자

| 오스트리아 슈바츠군 농업회의소 |

오스트리아 인스부르크 동쪽 35km 지점의 로츠홀트지역에는 농민들이 자치하는 슈바츠군 단위 농업회의소가 있다. 티롤주 농업회의소 산하 3개 지역, 9개 시군 단위 농업회의소 가운데 하나다. 오스트리아

의 다른 농업회의소와 마찬가지로, 농민 기술 지도, 농업정책 지원 등 우리의 농업기술센터의 역할을 대신한다. 오히려 지자체 관할이 아니라 지자체보다 상위의 기관으로 대접받는다. 그러니까 오스트리아에는 우리의 농업기술센터 같은 기관은 군이 필요 없다.

농민은 모두 농업회의소에 의무적으로 가입해야 한다. 물론 연 40~100유로의 회비도 납부해야 한다. 업무와 책임은 어느 나라의 농정당국과 다를 바 없지만, 6년 임기의 회장은 정규 공무원이 아니라 농민들 손으로 직접 선출한 선출직이라는 특징을 가진다. 오직 농민만 출마할 수 있다. 회의소의 직원은 명실공히 농업 각 분야 전문가로 구성된다. 정년이 보장되는 준 공무원 신분이다. 농업회의소의 인건비 등 예산은 전액 정부에서 지원한다. 그러나 간섭하거나 통제하지 않는다.

한국도 역시 농업회의소를 민관 거버넌스의 구체적 대안으로 추진하고 있다. 하지만 성공적인 협치를 위한 전제조건인 행정의 태도 변화는 요원하다. 상근인력의 인건비 등 예산은 지원하지 않고 시범사업만 독촉하는 등 여전히 '갑'의 관성에서 벗어나지 못하고 있다. 이제 한국도 슈바츠군의 사례를 따라할 필요가 있다. 관에서 먼저 목과 어깨의 힘을 빼지 않으면 농업회의소도, 민관 거버넌스도 성공할 수 없다.

농어업회의소가 설립되면 농어민과 농어민단체 등이 그곳을 통해 종합되고 조정된 목소리를 낼 수 있게 된다. 정부 입장에서도정부정책을 홍보하고 투명한 의사결정 시스템을 통해 농업현장의 목소리를 수렴하고 반영할 수 있게 된다. '정부 또는 정책 실패'의 부담과 불신을 덜 수 있게 된다. 하지만 현실에서는 자칫 농어업회의소가 관변단체로 전락, 농정의 방패로 전락할 수 있다는 우려도 없지 않다.

일단 농정방향과 기조에 대한 정부와 농민단체 간의 합의 없이 조직만 만들어지고 있다는 우려가 제기된다. 농업 현장에서는 농어업회의소를 만드는 목적이 불명확하다는 비판도 일고 있다. 농어업회의소 설립의 진정한 의미는 농민이 농정의 주인이 돼 정부와 협의해서 농정의 방향과 과제, 사업을 결정한다는 데 있다. 하지만 현재 추진되고 있는 농어업회의소는 농민단체의 주도권 보장여부가 불투명하다. 농어업회의소가 어느 정도의 권한을 가지고 농정에 개입할 수 있는지 불명확하다는 지적이다.

기본적으로 시 · 군 농어업회의소의 재원은 회원의 회비와 시군의 출연금 또는 보조금으로 충당되어야 한다. 초기 교육 및 컨설팅 비용은 중앙정부에서 지원할 수 있다. 시 · 군 농어업회의소에서 가장 절실한 실무 전문인력 지원도 우선적으로 필요하다. 이는 농업경영체 전문인력 육성사업 등에 준하면 가능하다.

농어업회의소에 사업 수행을 위탁할 수도 있어야 한다. 정책 자문 및 대의기능, 임직원 및 회원에 대한 교육서비스 제공, 시군 농어업발전계획 수립 참여 등 조사 연구 사업 등이 가능할 것이다. 구체적으로는 지자체와 농어업정책 협의회 운영, 지자체 운영 각종 위원회 참여, 인력지원센터 운영, 멘토링 및 컨설팅 지도사업, 귀농 · 귀촌센터 운영, 조사 · 모니터링 및 연구개발 사업 등을 주요사업으로 들 수 있다.

선진국의 농어업회의소는 공법에 의한 유일한 농어업인 대의기구로서 위상을 확고히 하고 있다. 농정자문 등 농어업회의소의 기능과 역할을 제도화하고 농업인 대의기구로서의 대표성을 부여하기 위해서는 법제화가 필수적이다. 농어업회의소의 고유사업 및 안정적 재정확보의 제도화도 필요하다. 지자체장의 개인적 의지와 취향에 따라 사업이 왜곡되는 것도 방지해야 한다. 무엇보다 법제화 과정에서 다양한 주체로 참여할 수 있는 토론의 장이 마련되어야 하고 국민의 공감대를 형성하고 동의를 얻는 과정이 선행되어야 한다. 그래야 농어업인 대의기구이자 정책파트너로서 정책적 지원의 정당성과 지지를 형성할 수 있다.

농어업회의소의 설립 목적 및 존재 이유는 "농어업의 발전과 농어업인의 지위 향상을 위해 회원의 의견 및 건의 등을 종합 · 조정하여 정부 · 지방자치단체 등에 이를 반영함으로써 농어업의 경쟁력 강화 및 농어촌진흥에 기여한다"는 것이다. 특히, 농어업계의 보편적 · 공익적 목표와 이익을 대변한다. 정부 및 지자체는 농어업회의소를 공식적이고 유일한 농정파트너이자 농어업 · 농어촌과 관련된 범농어업계 단일 창구로 인정해야 한다.

무엇보다 민간 주도의 거버넌스를 위해서는 가능하면 관의 물질적 지원에서 자유로울 필요가 있다. 기존 농정기구와의 업무 중복, 그리고 상충요인을 최소화하는 것 또한 중요하다, 따라서 사실상 '농민 자치'에 가까운 자생적, 자율적 사업모델 정립이 관건이다. 농어업회의소는 농어업인 자조조직이자 대의기구로서 공익적 위상을 확보하기 위한 필수적인 선행조건이다. 이로써 대표성과 위상도 더불어 높일 수 있는 토대와 정당성이 확보됨은 물론이다.

현재 추진되고 있는 농어업회의소는 농민단체가 얼마나 권한을 행사할 수 있을지 불투명하고 불확실하다. 사업 시작부터 시범사업의 신청과 선정과정이 하향식으로 진행되었다.따라서 현장에서부터 상향식으로 시군단위 모델을 만들어가는 방식으로 몇 년간 진행하고 난 후, 성과를 평가하고 판단해 중앙단위 농어업회의소를 건설하는 상향식 방식으로 추진돼야 한다는 게 현장의 지론이다.

2. '민간 정책연구소'를 주목하자

2015년 11월 마침내 귀농정책연구소가 설립됐다. 전국귀농운동본부 부설로 정책 싱크탱크 역할을 부여받았다. 최근 들어 귀농인구가 폭증하고 있으며 베이비부머, N포세대 청년 등 도시에 잉여인구가 넘쳐 심각한 사회문제가 되고 있는데도 그동안 귀농정책을 제대로 고민하고 연구할 연구소 하나 없었다.

1996년 설립돼 20주년 성년이 된 전국귀농운동본부는 "귀농운동의 맏형으로서 귀농운동의 철학과 가치를 재점검하고 새로운 귀농운동 방향을 모색해야 한다"는데 뜻을 모았다. 사상분과, 운동분과, 정책분과 등 3개 분과로 구성된 귀농정책연구소는 '귀농어 · 귀촌 활성화 및 지원에 관한 법률' 시행에 따른 지자체 모범조례안 제시, 시군별 귀농자 정착 실태조사, 농부(귀농자) 기본소득 보장과 관련한 정책연구 등을 수행할 계획이다.

특히 "귀농은 단순히 농촌으로 내려가는 것을 의미하는 것이 아니라 정직한 흙과 농적 문화에 기반한 자연친화적 삶으로의 귀의를 뜻한다"며 "귀농운동은 오늘날 농업 · 농촌의 붕괴를 불러온 잘못된 농업정책을 바로 세우고 '먹고사는 생활기술' 등 실효성 있는 방안을 개발하는 것에서부터 시작해야 한다"는 각오와 원칙을 밝혔다.

귀농정책연구소는 유정길 연구소장, 최용재 책임연구위원 등이 본부를, 전희식 사상분과장(순창귀농귀촌지원센터 운영위원장), 백승우 운동분과장(강원도 화천 용호리 이장), 정기석 정책분과장(마을연구소장)등이 각 분과를 맡고 있다. 또 농민, 연구자, 대학교수, 정부 및 지자체 연구소 연구원 등 귀농은 물론 농업 · 농촌 · 농민 정책 관련 각 분야 전문가들 30여 명이 연구위원으로 활동하고 있다.

농업농민정책연구소 '녀름'은 전국농민회총연맹, 전국여성농민회총연합의 싱크탱크 역할을 맡고 있다. 2010년 7월 '신자유주의 개방농정에 맞설 수 있는 이론적 무기를 만들어낼 연구소'가 농민들의 힘으로 문을 연 것이다. '녀름'은 결실, 열매의 옛말로 그동안 이 땅의 농업을 지키며 일구어 낸 투쟁의 성과들을 농업과 농민을 살리는 튼실한 열매로 수확해 주길 바라는 의미를 담은 것이다.

녀름연구소는 "농(農)의 이름을 가지고 있는 많은 연구소들조차 농과 농민을 중심에 두고 정책을 논하기보다는 농과 농민을 객체로 대상화하고, 심지어는 농업을 말살하고 농민을 압박하는 정책을 내놓기 일쑤였다"고 지적하고 있다. 당연히 농과 농민을 중심에 두고 중앙정부의 농정에 대한 냉철한 비판, 농의 현장에서 들리는 살아있는 농민들의 목소리를 담아내려고 노력하고 있다.[51]

한국농어촌사회 연구소의 역사는 1965년 농업 근대화 연구회로 거슬러 올라간다. 나이가 50년이 넘은 셈이다. 연구회를 하는 동안 인혁당 등의 사건으로 옥고를 치르고 나온 이들이 다시 만든 게 '한국농어촌사회 연구소'다. 민족경제학자 박현채 박사도 연구회의 간사를 지냈다.

권영근 전 소장은 "연구회는 농민운동의 씨앗으로서 협업농의 바람을 일으키고 국내 농업에서 소작문제가 심각하다는 사실을 부각시켰다"면서 "특히 1988년 농어촌발전특별조치법을 만드는데 기여했는데 예를 들면, 삼성이 대규모 농장을 만들려는 움직임을 제지해 재벌 축산을 막고, 이를 통해 영농조합법인을 제도화하기도 했다"며 자평한

---

51 김황수진, 「농업농민정책연구소 '녀름' 개소」, 한국농정신문, 2010. 7. 21.

다.[52]

농어촌사회 연구소는 식량자급률을 위한 소비자와의 연대, 농업의 산업화와 공업화 폐해 방지, 순환농업을 통한 협동, 농협 개혁, 농촌마을공동체, 생명창고 지역순환형 사회 등 우리 농정의 주요 의제들을 선도하고 있다.

충북 제천 덕산면에 소재한 농촌공동체 연구소는 농촌공동체의 해체에서 우리 농업과 농촌의 위기 원인을 찾고 있다. 2010년 8월 연구소를 설립하며 내건 농촌공동체의 모델은 "농업적 가치를 기반으로 자급하며, 농사를 짓는 사람, 집 짓는 기능을 가진 사람, 생활에 필요한 물품을 만드는 사람, 스스로 예술적 기능을 갖추어 언제나 축제를 만들고 즐길 수 있는 사람, 생물학, 날씨, 땅, 지형, 역사 등 다양한 인문학적 소양을 갖춘 사람들이 모여서 자신의 기술과 재능을 대안적 방법으로 나누며 생활에 필요한 것을 공동체 안에서 자급하며 자신의 가치를 실현하여 지역 자치가 실현되는 곳"을 의미한다.

전북 무주 초리마을의 마을연구소는 농업, 농촌, 농민, 마을공동체, 사회적 경제 등 각계각층의, 다종다양한 협업자들과 더불어 일하는 일종의 네트워크형 대안연구소를 표방한다. 협업자들의 면면을 살펴보면, 생태건축가, 도시계획자, 농업경제학자, 대안기술 개발자, 조경디자이너, 유기농업인, 독립영화감독, 작가, 대학교수, 대안학교 교사, 시민단체활동가 등을 종횡으로 묶고 엮고 있다.

이들은 주로 '마을에서 먹고사는 방법'을 연구하는 데 집중한다. 2002년 서울에서 자발적 하방을 한 이후 십수 년 동안 줄기차게, 농사

---

52 전빛이라, 「"연대와 협동으로 지역순환형사회 만들어야"」, 한국농정신문, 2013. 1. 21.

짓지 않는 귀농 '마을시민', 마을을 먹여살리는 '마을기업', 사람 사는 생태마을 '살림마을'이라는 세 가지 화두를 붙들고 있다. 해법은 결국 마을 주민의 참여와 자치가 열쇠라는 결론이다. '마을시민'들이 주체적으로 나서, '마을기업'을 바탕이자 중심으로 삼아, '살림마을'의 공동체를 세우고 꾸리는 방법이 대안이 될 수 있다는 것이다. 그래야 5%의 농민과 95%의 국민이 서로 협동하고 연대하는 '농부의 나라'가 가능하다고 믿는다.

| 무주 초리넝쿨마을 마을연구소 |

그래서 학교(지역사회 생활기술자 직업전문학교), 은행(유휴시설 지역공유 사회적경제 자산은행), 조합(지역단위 공동체사업 협동 · 연대 경영체), 플랫폼(마을공동체 · 사회적 경제 융합 중간지원조직), 그리고 농민 기본소득을, '농촌공동체를 살리는' 5가지 입구전략이자 출구전략으로 삼고 있다.

이들 민간 정책연구소의 공통점은 한결같이 영세하다는 점이다. 조직은 작고, 인력은 부족하고, 돈은 없고, 영향력은 크지 않다. 정부 산하 연구소, 대학 연구소, 기업 연구소, 정당의 연구소 등과 외형이나 양적 산물을 비교하거나 경쟁하기도 어렵다. 다만 그 어떤 연구소도 민간 정책연구소의 노력과 성과를 대신할 수 없는 부분이 있다. 한마디로 설명하자면 민간연구소는 현장을 지키고 있다. 그래서 현장과 현실을 누구보다 잘 안다.

3. '자생적 학습조직'을 꾸리자

충남 홍성군 홍동면 마을공동체 또는 지역공동체의 오늘을 가능하게 만든 동력의 8할은 '학습'이다. 풀무농업고등기술학교를 바탕으로 홍동면의 마을주민들이 친환경농업, 협동조합, 도서관, 출판사 등을 통해 서로 가르치고 배울 수 있었다. 그렇게 스스로를, 서로를 학습하고 수행하고 단련할 수 있었던 것은 다종다양한 '위대한 평민'들이 지역 곳곳에 자리잡고 있었기 때문이었다.

덴마크 폴케호이스콜레에서 영감을 받아 무교회주의자들이 1958년 설립한 풀무학교에서 시작된 홍동 마을교육공동체의 역사와 전망은 풀무학교 전공부의 설립 정신에 선명하게 새겨져 있다. 풀무학교 교장을 지낸 밝맑도서관 홍순명 이사장이 "마을이 펼쳐진 교실이고, 학교가 지역의 기관이 되고, 오늘의 학생은 내일의 협동적 지역사회 주민이 된다"고 했던 교육철학과 다르지 않다.

"삶과 죽음의 모든 일들이 마을에서 이루어지는데 왜 학습만은 마을에서 이루어져서는 안되는가? 나는 교육의 모든 과정은 마을 단위에서 이루어져야 한다고 굳게 믿는다. 왜냐하면 우리 마을은 조각이 아니요

하나의 전체이기 때문이다."[53]

들리는 얘기로는 홍동면에는 농민 기본소득 학습조직도 꾸려지고 있다고 한다. 가령 2010년 기준으로 홍동면의 전체 농가인구는 약 2,600명이다. 이들에게 매월 50만 원씩 기본소득을 월급처럼 지급한다면 연간 약 150억 원의 예산이 필요하다. 홍성군의 2012년도 세입예산 총액 5,180억 원의 2.8%에 불과한 금액이다. 쓸데없는 농촌지역개발사업이나 실효성 없는 농업보조사업을 몇 건만 하지 않아도 마련할 수 있는 돈이다. 홍동면 주민들이 학습하고 연구할만한 주제인 것이다.

지리산 자락 하동 악양면, 화개면 등에 귀농한 문화예술가들은 창작활동만 하는 것이 아니라 지역주민은 물론 도시민들과 교류하고 학습하는 일을 게을리 하지 않는다. 문학, 미술, 공예 등 각자 가지고 있는 다양한 재능을 바탕으로 다종다양한 자생적 학습조직을 꾸리고 있다.

2009년 5월에는 악양면 하평마을에 이창수 사진작가, 박남준 · 이원규 시인 등이 지리산학교를 개교했다. '주민의, 주민에 의한, 주민을 위한' 설립 목적대로 문화적 교류를 통한 지역 간 · 지역주민 간 소통이 어우러지는 기회의 장을 지속적으로 제공하고 있다.

개교 이래 정부 등 외부의 지원을 받지 않고 수업료 등을 회원들끼리 자생적으로 운영하는 걸 원칙으로 고수하고 있다. 수업료는 강사료나 실비 수준에도 미치지 못할 정도로 저렴하다. 결국 지역주민과 학습조직을 꾸리고 싶어하는 강사들이 자발적으로 재능기부를 하는 셈이다.

물리적 시설공간으로서 교사나 교실은 따로 없다. 학생들은 지리산 자락 곳곳에 깃든 예술가들의 공방, 작업실로 찾아가 배운다. 교사가

---

53 이민희, 「'철학하는 농부'들이 만들어가는 '마을공화국'」, 오마이뉴스, 2015. 2. 6.

학생이 되고 학생이 교사가 될 수도 있다. 학교는 누구에게나 열려 있는 셈이다. 1년 단위로 시창작, 그림, 제다, 산야초, 나무공예, 전통요리 등의 과목이 다채롭게 유연하게 개설된다. 이밖에 정기적으로 학교장터나 운동회를 열어 지역주민 간 교류도 지속적으로 이어가고 있다.[54]

전북 남원 산내면에서는 지리산이음 프로젝트가 진행되고 있다. 그 과정에서 지리산 자락에 사는 사람들이 필요로 하는 다양한 형태의 워크숍이 열린다. 마을신문 워크숍은 마을신문이 마을에서 어떤 역할을 하고 있는지 마을신문을 만드는 사람들이 함께 이야기를 나눠보기 위해 기획됐다. 전국 30여 개의 마을신문이 모여 '전국 마을신문 워크숍' 규모로 발전했다.

적정기술 워크숍은 시골사람들의 가장 큰 관심사 중 하나인 집과 난방을 생태적으로 해결하기 위한 목적을 가지고 있다. 화덕과 난로를 직접 제작해보기도 했다. 생태 여행 워크숍은 지리산을 더욱 생태적으로 지켜나가기 위해 착한 여행, 공정 여행을 해보려는 지역주민들이 함께 했다. 학습의 성과는 지리산 여행 협동조합이라는 지리산여행 전문 공정여행사 설립으로 이어졌다.

이밖에 다양한 형태의 공간 활용 사례를 알아보는 공간워크숍, 시골에서 지속적으로 살고자 하는 20대 청년들이 함께 기획한 사회적 경제 워크숍, 지리산권 5개 지역의 예산을 볼 수 있는 능력을 높여 향후 지리산권 전체의 지역 방향을 함께 논의하는 기초로 삼아보려는 목적의 예산감시 워크숍 등이 진행됐다.

'시골살이 학교'도 따로 열고 있다. 시골에 살고 있는 사람들은 어떤

---

54 허귀용, 「지리산에 터 잡은 예술인들, 지역과 소통하다」, 경남도민일보, 2015. 10. 20.

고민으로 어떤 형태의 삶을 살고 있는가를 보여주는 교육이다. 영농교육 등 경제적 사업내용이 대부분인 기존의 귀농·귀촌 교육 프로그램과는 다르게 농사의 철학, 농사를 짓고 있는 사람들의 고민과 삶에 대한 이야기를 주로 나눈다.

이렇게 자생적 학습조직은 단지 기술과 방법을 가르치려는 목적에 그치지 않는다. 마을과 지역에서 살아가는 사람들과의 관계가 시작되는 중요한 계기와 기회를 제공하여 공동체를 함께 해야하는 이유와 희망을 찾을 수 있다. 또한 자생적 학습조직을 통해 사람과 사람, 사람과 마을, 그리고 마을과 세계가 '유기적 연대'로 이어질 수 있다.

4. '여성농민'과 공동 경영하자

2016년 1월, '실질적 양성평등으로 여성농업인의 행복한 삶터, 일터 구현'을 비전으로 한 '제4차 여성농업인육성 기본계획(2016~2020년)'이 확정·발표됐다. 여성농업인의 공동경영주 인정과 정책참여 확대 등 양성이 평등한 농업·농촌 구현을 주요 전략과제로 삼고 있다. '여성농업인 농정사이트(가칭)'와 '양성평등 가이드'도 새롭게 도입할 계획이다.

이번 기본계획의 특징은 단연 '양성평등'이다. 마침내 여성 농민들의 숙원이었던 '여성 공동경영주'가 인정된다. 2016년 상반기, 공동경영주 인정을 위한 '농어업경영체 육성 및 지원에 관한 법률' 시행규칙을 개정한다. 공동경영주 인정은 양성평등, 여성농민의 직업적 지위를 보장하려는 것이다. 여성 공동경영주로 등록하면 직불금 신청등록은 물론 각종 정부 지원사업 신청 등에서 서류신청 간소화 등의 혜택이 주어진다.

| 서울 종각에서 열린 전국여성농민회총연합의 집회 |

또한 정부 및 지자체 정책위원회 여성 참여비율을 40%까지 확대한다. 농협의 경우 여성조합원 40%, 임원비율 10%까지 단계적 확대를 유도한다. 이 기본 계획안은 '여성농업인 농정사이트(가칭)'를 열고 교육과 복지 등 여성농업인이 필요로 하는 모든 정보를 통합 · 제공할 예정이어서 여성농업인의 정책참여 확대의 창구역할을 하게 될 것으로 기대된다.

일반농산어촌개발사업 등 주요 지역개발사업에 여성농업인 참여도 확대된다. 지역개발 사업지침을 통해 사업 선정시 여성농업인 참여 수준을 반영한다는 것이다. 마을리더 과정 등 지역역량강화 과정에 '양성평등 가이드'를 적용해 여성농업인 참여비율을 2020년까지 30% 이상으로 확대한다.

복지 · 문화 서비스도 강화한다. 체감형 복지서비스 모음인 '행복꾸러미' 사업을 새롭게 추진한다. 또한 여성농업인, 고령자 등의 안전하고 편리한 삶의 질 제고를 위해 '유니버셜 디자인' 기준을 마련해 농촌 시설 및 주택에 적용한다. '유니버셜 디자인'은 건물과 시설물을 고령자, 장애인은 물론 여성과 유소년도 안전하게 이용할 수 있도록 하는 디자인으로 이미 일본에선 지자체 조례를 통해 운영되고 있다.

2012년 말 기준으로 농가인구 중 여성 비율은 51.1%(1,488천명)를 차지하고 있다. 특히 농업주종사인구 중 여성 비율은 1970년 28.3%에서 53.0%(929천명)로 지속적으로 증가하고 있다.

농업인 노동 중 여성농업인 노동 비중은 더 진폭이 크다. 1970년 31.6%에서 2010년 60.5%로 2배 증가했다.

여성농업인 농업경영체 등록수는 2012년 100만 3,000명에서 2013년 9월 현재 114만 5,000명으로 증가 추세다. 6차 산업 등이 활성화되면서 여성농업인이 2, 3차산업을 주도하는 소규모 · 공동 창업활동, 귀농(귀촌)여성, 결혼이민여성 등 신규 유입인력의 정착도 지원하고 있다.

하지만 농촌 현장에서 여성농민의 지위는 불안정하다. 농어업종사인구의 50%가 넘는 여성농민 가운데 여성이 농가경영주인 비율은 20% 미만이고, 농협의 여성조합원 비율은 30% 미만이다. 부부협업농의 경우 배우자는 연금가입대상 제외로 여성농민 연금가입률 15% 수준에 그친다.

농가의 핵심자산인 농지, 농가주택 등 부동산은 80% 이상 남성(남편) 명의로 소유권이 등기되어 있다. 토지 매매, 영농자금 대출 등 의사결정에 여성이 관여하지 않는 비율이 40%에 이른다. 가정에서도 이런 상황인데 지역사회에서 중요한 의사결정에 참여하지 못하고 있는 것은 말할 나위도 없다.

농촌에서 여성의 경제 · 사회활동, 가령 마을 밖을 벗어나 활동하는 비중은 20% 정도에 그친다. 농촌남성들은 여전히 가부장적이다. 하지만 농촌여성 스스로는 63%가 경제활동을 다른 어떤 활동보다 우선시한다고 생각한다. 특히 연령이 낮을수록 남성 · 여성의 일을 나누는 전통적인 성별 분업에 반대하는 의견이 높다.[55]

2011년~2013년의 농업 관련 3개 부처의 성인지 예산 비율도 1~3%로 극히 미미한 수준이하다(농림축산식품부 성인지 예산서 분석, 2014년, 국회예산정책처). 이는 여성농민 정책을 시행하는 데 충분한 예산이 편성되지 않고 있음을 알려주는 명백한 지표다.

여성농업 정책 협치(거버넌스)의 기반도 여전히 미흡하다. 여성농어업인 단체는 읍면단위까지 조직화되어 있다. 2010년 기준 한국여성농업인중앙연합회 7만 명, 전국여성농민회 3만 명, 생활개선중앙연합회 9만 명, 농가주부모임 6만 명 등이다. 소속 회원들의 결속력도 높아 이러한 인프라를 적극 활용해 여성농어업인의 정책 참여도와 기회를 높일 필요가 있다.

농가 6차 산업화의 주역으로 여성 농민들의 비중과 역할이 커지고 있지만, 소규모 농가의 여성농민들은 생산, 가공 등 영농현장에서 현행법의 한계에 맞닥뜨린다. 최소한 소규모 농가에서 여성농민이 생산한 소량의 단순가농 농산물에 대해서는 따로, 특별히 보호할 수 있는 합리적이고 현실적인 제도개선이 필요하다.

나아가 정부나 지자체는 여성농민의 소규모 창업을 적극 지원할 필요가 있다. 전통식품 제조, 농산물을 이용한 가공식품 제조 등 여성농

55 『여성농업인의 경제 · 사회적 역할 제고 방안(2/2차연도)』, 한국농촌경제연구원, 2013.

민의 '창의적 손맛'을 이용한 소규모 창업활동을 지원하자는 정책명분이다. 현재 농식품부는 '농어촌 공동체회사' 선정시 여성농어업인이 20%이상 참여하는 공동체회사에 가점을 부여하고 있다.

2007년 전북도를 비롯한 충남 아산, 충북 영동 등 4개 시군에서 처음 여성농업인 육성지원 조례가 제정됐다. 하지만 전여농의 통계에 따르면 2013년 9월 말 기준 조례 제정 현황은 총 9개도, 47개 시군에 불과하다. 충북도의 경우 조례가 제정된 지 5년이 넘었는데 아직 시행규칙도 만들지 않았을 정도다. 광역지자체의 시행규칙은 경기도가 유일하다.

이번 '제4차 여성농업인육성 기본계획'의 수립 주역인 농식품부의 윤광일 농촌복지여성과장은 "말로만 끝나는 계획을 정말 싫어한다"며 "이번 기본계획의 특징은 실제로 워킹(이행)이 된다는 것"이라 밝혔다. 여성농민들에게는 실제로 이행되는 계획, 법, 제도가 필요하다.

5. '농민자격 고시'를 시험보자

독일, 오스트리아, 스위스에서는 아무나 농민이 될 수 없다. 농사를 짓고 싶다고 무작정 농사를 지을 수 없다는 말이다. 일단 농민으로 인정받으려면 자기 수입의 절반 이상은 농업에서 벌어야 한다. 만일 그 기준대로 하자면 우리나라의 평균 농민은 사실상 농민이 아니다. 우리 농민들의 연평균 농업소득은 농가소득의 30%도 채 되지 않는다. 그러니까 250만여 명의 우리 농민 가운데 농업소득 50%이상의 농민다운 농민은 30%인 75만여 명에 지나지 않는다.

농사일에 투여하는 농업 노동 시간도 50% 이상은 되어야 한다. 우리나라의 평균 농민들은 먹고살려니 농업소득 2배 이상의 농외소득을 벌어야 한다. 농지를 벗어나 동분서주 품을 팔며 돌아다녀야 한다. 자기 농사에 투자할 수 있는 노동시간이 50%가 채 안 되는 경우가 적지 않을 것은 자명하다.

여기서 가장 중요한 건 바로 '농민 자격증'이다. 독일이나 오스트리아에서 농사를 지으려면 일단 농민 자격증을 보유해야 한다. 우리의 농지원부나 농업경영체 등록증 정도로 만만히 취득할 수 있는 게 아니다. 농업인대학에 놀 듯이 몇 달 적당히 출석하며 얻는 수료증 같은 게 아닌 것이다.

농부가 되려면 정식으로 농업전문학교를 입학해 졸업해야 한다. 그러고도 농업현장에서 수년간 실습을 마친 후 농부 고시에 합격해야 한다. 그래야 비로소 농민 자격증을 받을 수 있다. 농부로, 농민으로 불릴 수 있다. 말하자면 농민에게는 개업허가증이나 자랑스러운 훈장 같은 것이다.

이렇게 독일, 오스트리아, 스위스 등 유럽의 선진농업국은 전문성과 품격을 보유한 농업인 육성을 위해 '농민자격증제' 를 도입하고 실습 위주의 농업인 교육을 하고 있다. 농사는 물론 농업과 농촌생활에 필요한 모든 일을 스스로 해낼 수 있도록 철저히 실습교육을 받아야 한다.

농업전문학교에서는 전공분야는 물론 공통적으로 목공기술, 용접기술, 정육관리, 우유취급관리, 간호기술, 관광경영, 농기계 수리, 과일가공 등 현장실습과 이론교육을 병행한다. 대개 졸업하고 1년 안에 2가지 이상의 기술자격증을 취득하고 농민이 되기 위해 농가에서 2년 동안 실습과정을 거쳐야 한다.

정부는 농업전문학교에서 소정의 교육과정과 현장실습과정을 이수하고 농민 자격시험에 합격하여 '농민자격증'을 보유한 농민을 특별히 우대한다. 각종 농업 보조금을 주고 '마이스터'라는 농장실습 지도자 자격도 부여한다.

여성은 '농촌주부 자격증'을 갖고 있다. 2년 동안 매주 하루씩 젖 착유 등 농사일 이외에 민박시설 운영 및 손님 응대요령, 요리, 재단, 부기, 법률 등 농업과 가정경영에 필요한 실질 교육을 받고 자격증을 취득한다.

농촌가정주부 교육은 고등학교 졸업 여성들의 정규과정 교육, 도시에서 농촌으로 시집 온 주부를 대상으로 하는 교육(주 1회, 2년간) 등 2가지 과정으로 나뉜다. 농업교육은 소 기르기, 텃밭재배, 영양학, 위생학, 원예기술 등으로 구성된다. 가정교육은 법률, 상속관련지식, 컴퓨터, 조리, 손님 다루는 법, 부기 등 농촌의 가계 생활에 필요한 '생활기술'을 가르친다.

이같은 농민자격 교육과 농촌가정주부 교육을 위해 중앙정부는 지방정부와 긴밀히 협력, 지역특성에 맞는 '지방농업국' 및 직업학교를 설치하는 등 행정과 농민교육, 컨설팅 등을 통합적으로 수행하고 있다.[56]

농민 자격증을 딴 선택받은 2%의 농부가 국민의 먹을거리를 책임지는 독일 농민의 자긍심은 말도 못할 정도로 높다. 농민 자격증이 있는 사람만 국민의 먹을거리를 농사지을 수 있기 때문이다. 물론 독일에서도 농사는 '뼛골 빠지는 일'로 표현될 정도로 힘든 일이지만, 농업과 농촌을 위하는 사회적 동의와 국민적 공감, 그에 따른 정부의 정책적

---

56 윤주이, 「"아무나 농사 못 짓게" 교육이수 농민에 '자격증'」, 한국농어민신문, 2005. 8. 18.

지원이 독일 농부의 생활을 지켜주기 때문에 그들은 농촌을 떠나지 않는다.

한국의 농민들은 독일 농민처럼 65세가 되어도 감히 은퇴할 수 없다. 쉬고 싶어도 쉴 수 없다. 아침에 눈을 뜨면 습관적으로 논밭으로 나간다. 고단하고 지친 육신을 소처럼 들판으로 내몬다. 농사를 물려받으려는 자식도 없고 자식에게 천형 같은 농사를 물려줄 생각도 없다. 노후를 지켜줄 연금은 턱없이 부족하다. 국가도 정부도 늙은 농부를 챙기지는 않는다. 농부는 국민의 먹을거리를 챙기지만, 정부도, 국민도 농부의 삶은 돌보지 않는다. 아무도 걱정하지 않는다.

독일처럼 '청장년 전문 공익농민들을 육성하는 농업전문학교'가 필요하다. 이를테면 홍성에 있는 풀무농업고등기술학교 같은 교육기관을 적어도 우리 농촌지역의 기초지자체마다 한 곳씩만 설립하면 된다. 그러면 이 학교에서 공부하여 농민 자격고시에 합격한, 자긍심과 자신감으로 충만한 이른바 '전문 공익농민'들이 우리 농업과 농촌의 미래를 책임질 수 있을 것이다.

015

'적정기술'로 전환하자

1. '에너지 자립마을'은 주민이 설계하자

독일 프라이부르크 시민들은 태양광, 풍력, 수력 등 신재생에너지만 사용한다. 화석연료나 핵연료를 이용해 발전한 전기는 전혀 사용하지 않는다. 시내에서는 화석연료를 사용하는 자동차가 다니지 않는다. 아예 시내로 들어가지도 못한다. 도시 외곽에서 무조건 하차해 트램으로 갈아타거나 자전거를 타야 한다. 아니면 걸어서 들어가야 한다.

프라이부르크는 독일의 친환경운동과 정책, 그리고 신재생에너지의 고향이라고 할 수 있다. 오늘날 독일의 환경수도로 불리게 된 계기는 1970년대 초 핵발전소 건설에 반대하는 반핵운동에서 비롯됐다. 독일에서 가장 품질 좋은 와인을 생산하던 프라이부르크 농민들과 시민들은 포도나무를 지키기 위해 들고 일어났고 결국 원전 건설 계획은 철회됐다.

원전 반대 운동으로 도시의 포도나무를 지킨 농민들과 시민들은 이후 도시의 환경을 지키는 운동에 나섰다. 마침내 2022년에 모든 핵발전소를 완전히 영구 폐쇄하려는 독일 에너지정책도 프라이브루크에서 촉발된 것이다. 이같은 정책을 이끌고 있는 녹색당이 바로 이 도시에서 창당된 것은 결코 우연이 아닐 것이다.

프라이부르크의 외곽도 생태도시로서 천혜의 조건을 갖췄다. 울창한 흑림(Schwarzwald)이 도시 전체를 둘러싸고 있다. 남북 길이만 130km에 달하는 광대한 숲이다. 흑림은 이 도시를 신선하게 유지하는 청정공기의 공급원이다. 흑림에서 불어오는 자연 바람이 도시로 잘 스며들고 통과하게 하려고 프라이부르크는 고층빌딩 건축을 허가하지 않는다.

2차대전 이후 프랑스 군대가 주둔하던 터는 생태마을 보봉(Vauban) 단지로 변했다. 생태마을 건설을 위한 시민자치 모임 '보봉포럼'이 단지 설계를 주도했다. 설계의 기본원칙은 인근 흑림의 목재로 지은 패시브하우스, 에너지플러스 하우스 등의 생태건축, 태양광 등 신재생에너지 자급으로 정했다.

그런데 시민들이 건축이나 에너지 기술 못지 않게 더 중요하게 고려한 단지 설계의 원칙은 따로 있다. 바로 이웃과의 교류와 공감이다. 일단 가가호호 집과 집 사이에는 담이 없다. 모든 집들이 마당으로 연결이 되어 문과 벽으로 닫히거나 막히지 않는 허물없는 이웃으로 지낸다. 도시지만 마치 여느 농촌지역의 마을공동체 풍광이 자연스럽게 연출된다. 문과 담이 사이에 가로놓여 있지 않으니 서로 피하거나 외면할 도리도 없다.

2,000여 가구, 5천여 명의 주민이 상주하는 보봉생태주거단지의 목표는 '탄소 제로 도시'다. 사용하는 전기는 모두 태양광 발전에 의존한

다. 생산량이 사용량을 초과해 남은 전기는 다시 되팔아 부수입도 챙긴다. 차 없는 마을, 자원순환 마을, 태양에너지 주택 등 에너지자립마을 보봉단지가 추구하는 핵심가치다.

에너지 자립마을이란 마을에서 사용하는 화석연료를 최소화하고 에너지 효율을 높여 에너지를 자급자족하는 마을을 말한다. 지역의 잠재된 태양광, 태양열, 지열, 풍력, 목재 펠릿 등 친환경 신재생에너지 자원을 적극 활용하는 마을이다.

| 농식품부의 지원을 받아 조성된 완주 덕암에너지자립마을 |

국내에서는 2002년 '그린 빌리지 사업'이라는 이름으로 '에너지 자립마을 만들기' 프로젝트가 시행됐다. 이후 2009년 '폐자원 및 바이오매스 에너지 대책'을 수립, 농촌과 소도시를 중심으로 유형별 저탄소 녹색마을을 조성해 에너지 자립률을 높이고 지역경제를 활성화하는 방안을 추진했다. 여기서 '녹색마을'이란, 가축분뇨와 음식물 쓰레기 등을 이용해 바이오가스를 만들고, 이를 활용해 전기와 열을 생산해 사용함으로써 '에너지자립'을 지향하는 생태마을이라 정의한다.

지난 2010년 행정안전부와 환경부, 농림수산식품부, 산림청 등 4개

부처가 1차 시범사업지구를 각각 한 마을씩 선정했다. 환경부는 음식물 쓰레기를 활용한 도시형 녹색마을, 농식품부는 가축분뇨를 활용한 농촌형 녹색마을, 지자체를 관할하는 행안부는 도·농복합형 녹색마을, 산림청은 목재를 이용한 산촌형 녹색마을을 조성하겠다는 계획을 수립했다.

하지만 이후 대부분의 사업이 표류하거나 무산됐다. 정부는 주민의 의견을 충분히 수렴하지 않고 단기성과에 집착했던 점을 문제의 주요 원인으로 진단 내렸다. 사실상 정책의 실수와 실패를 인정한 셈이다. 그런데 해외의 성공사례를 열심히 따라한 에너지 자립마을 사업은 왜 실패했을까.

결정적 원인은 정부 주도형이었다는 사실에서 찾을 수 있다. 한국에서 거의 모든 정부 주도형 사업의 특성상, 단기간에 성과를 내려고 했기 때문이다. 그래서 주민들의 의견을 제대로 수렴하지 않고 마치 토건사업을 벌이듯 밀어붙였기 때문이다. 한국의 녹색마을 사업에 주어진 시간은 불과 2년이었다. 정부가 벤치마킹한 독일 윤데 마을은 조성계획부터 에너지 자립까지 7년이나 걸렸다는 사실을 상기해볼 필요가 있다.

녹색연합 등 관련 시민사회단체는 저탄소 녹색마을 사업을 시설 설치 중심이 아닌, 사업개발 지원 방식으로 전환해야 한다고 제안하고 있다. 농·산촌에서 마을단위 에너지 생산의 필요성을 인식하고 마을에서 충분한 토론과 준비기간을 거쳐 합의에 이를 수 있도록 단계적 방식으로 전환하자는 것이다. 마을공동체 사업은 주민 참여 수준이 높을수록 성과는 높게 나타나기 마련이다. 에너지 자립마을도 마찬가지다.

무엇보다 에너지 자립마을이 조성되려면 마을과 지역마다 인적, 사회적, 생태적, 기술적, 제도적, 경제적 자원이 조화롭게 부존해야 한다. 기존 실패 사례는 이들 자원의 결합과 조화가 불충분하거나 불균형적인 경우였다고 규정할 수 있다. 근본적으로 '저탄소 녹색마을'의 경제성에 주민들이 믿음을 가지지 못한 것도 큰 이유다.

또 '저탄소 녹색마을'의 목표를 에너지자립으로 삼되, 재생에너지와 함께 물리적, 사회경제적 특성을 고려한 지속가능발전 전략 관점이라는 광의의 녹색마을을 지향하는 기조가 바람직하다. 이때 지역 거버넌스의 상태와 수준도 중요한 변수로 작용한다. 독일 윤데마을 등 유럽의 성공모델이 이런 경우에 해당한다.

2. '대안기술센터'에서 대안을 찾자

영국의 경제학자 슈마허(E.F. Schmacher)가 지은 '작은 것이 아름답다(Small is beautiful)' 의 부제는 '인간 중심의 경제를 위하여'이다. 현대산업문명에 대한 경제적 비판서로서 인간과 자연 같은 비경제적 가치, 사회적 가치를 함께 연구해야 진정한 경제학이라고 고백하고 있다.

그래서 슈마허는 중간기술(intermediate technology)이라는 새로운 개념을 창안한다. 누구나 쉽게 접근할 수 있을 만큼 값싸고 노동집약적인 기술을 의미한다. 소규모 이용에 적합하고 인간의 창조적 욕구에 부합하는 기술이다. 1966년 개발도상국에 적합한 소규모 기술을 개발하기 위해 중간기술개발그룹을 영국에 설립한 게 출발점이다.

중간기술은 적정기술(appropriate technology), 또는 대안기술(alternative technology)로도 불린다. 혹자는 '민주적 기술', '민중의 기술'

이라고 한다. 이 새로운 기술은 인간을 기계의 노예상태에서 해방시킨다. 인간의 본성과 자연과의 공존에 초점을 맞추도록 '전환하는 기술'이다. 슈마허는 작은 것에 만족할 줄 아는 마음, 민중 스스로 제어할 수 있는 적정기술이 있다면 첨단기술 없이도 얼마든지 행복하게 살 수 있다고 주장했다.

그런 슈마허의 주장과 제안에 동조하는 이들이 오늘날 한국에도 많다. 전북 잠업시험장이 이전하면서 유휴시설화되었던 완주군의 잠업시험장 시설은 영국의 대안기술센터(CAT, Center for Alternative Technology)와 같은 혁신적 공간으로 리노베이션하는 작업이 추진되고 있다. 영국의 대안기술센터(CAT)는 1975년 웨일즈 지방의 산 중턱 폐광을 이용해 만든 곳으로 풍력, 수력, 태양열 에너지, 생태건축, 유기농업, 대안하수처리시스템 등의 대안기술로 대규모 센터를 가동하고 있다.

이곳에 사무실, 교육장을 두고 있는 전환기술사회적 협동조합에도 중간기술 전문가들이 모여 있다. 이 협동조합의 사업목적은 적정기술의 설계 · 생산 · 디자인 · 시공이다. 관련 교육을 통해 전문인력도 양성하고 대중교육을 통해 사회적 인식도 전환시키는 활동을 하고 있다. 또 다양한 적정기술도 발굴하고 생활기술의 실용화도 연구하고 개발하고 있다.

경남 산청 갈전리 민들레공동체도 대안기술센터를 운영하고 있다. '지역공동체와 더불어 함께하는 대안기술'을 목표로 2006년 5월 문을 열었다. 이후 지자체 등에서 30억 원 이상을 투자한 패시브 하우스(passive house) 등으로 신축한 대안기술센터로 확장했다. 바이오디젤, 풍력발전, 태양열난방, 자전거발전기 등 대체에너지 기술을 비롯하여

퍼머컬쳐 디자인(permaculture design) 등 유기순환농업 기술, 스트로베일 하우스(strawbale house)등의 생태건축 기술 등을 주로 개발, 보급, 컨설팅하며 국내 농촌지역의 에너지 자립을 선도하고 있다.

이같은 대안기술센터 형태 말고도 민간이 주도하는 에너지 자립마을 사례는 다양하다. 정부 주도형 녹색마을 조성 사업이 대부분 실패라는 평가를 받고 있는 반면, 일부 민간 주도 에너지 자립마을은 나름대로 성공적으로 추진되고 있다는 평가다. 전북 부안군 등용마을 · 화정마을, 전북 임실군 중금마을, 경남 통영 연대도 에코아일랜드 등을 대표적으로 꼽을 수 있다.

전북 부안군 하서면 장신리 등용마을은 2003년 부안 핵폐기장 반대운동에서 비롯된 에너지 자립 사례다. 이때 부안에서 쓰는 에너지의 100%가 영광원자력발전소에 의지한다는 사실을 깨달은 주민들이 원자력 없이 에너지를 생산할 수 있는 방안을 모색했다. 27가구 약 60여 명의 주민들은 2005년 전국에서 처음으로 주민들이 참여하고 출자하는 시민 햇빛발전소(부안마중물)를 설치했다.

이후 2008년에는 마중물 1호기, 2호기, 2009년에는 부안나눔발전소를 설치, 운영하고 있다. 2006년에는 4개 건물에 지열 냉난방 시설을 설치하고 2007년 바이오디젤 유채 사업을 추진한 데 이어, 2009년부터는 에너지 효율향상을 위한 집수리 사업을 실시하고 있다. 그 결과 가정용 전력의 60%를 태양광발전으로 자립하는 성과를 거두었다. 2015년까지 마을 총 에너지의 50% 자립을 목표로 삼고 있다.

임실 중금마을은 자전거 동력발전, 쓰레기 분리 수거 등 마을 주민의 참여로 쓰레기 배출 제로 마을로 발전했다. 전북발전연구원 에너지 자립마을 사례연구 대상에 포함될 정도로 에너지 자립마을로 성공적으로 진화하고 있다. 귀농인 출신 마을지도자는 초기 주민들의 비협조와 반대를 해결하기 위해, 주민들의 이해관계가 직결되는 재활용과 분리 수거부터 시작했다. 지금은 열적외선 카메라까지 활용해 단열시공 처방을 내리고, 가정의 백열등을 고효율 전구로 바꾸고, 문풍지와 방풍 실리콘 처리까지 하는 수준에 이르렀다. 겨울철 난방비가 눈에 띄게 줄어들고, 실내가 따뜻해지자 주민들 모두 에너지 자립 예찬론자가 됐음은 물론이다.

경남 통영 연대도는 지난 2008년 지방의제추진기구인 푸른통영21에서 생태섬 가꾸기 사업을 구상하면서 추진됐다. 경관, 문화, 생태, 난개발정도, 주민의식 등을 평가해 에코아일랜드 조성지로 결정한 것이다. 행정안전부의 '한국의 명품섬 베스트 10'에 선정돼 25억의 예산을 지원받으면서 본격적으로 에너지 자립마을을 조성했다. 이어 태양광발전소 건설에 14억 원, 녹색성장 시범마을 20억 원의 예산을 추가로 지원받았다.

'탄소제로 에코아일랜드'를 목표로 50가구가 거주하는 마을의 전 세대가 150Kw 규모의 태양광 발전소에서 공급되는 청정전기를 사용하고 있다. 가구당 월 1천 원 남짓 전기요금을 내고 있다. 또 기존의 낡은 마을회관 자리에 방문객들의 편의제공을 위한 비지터센터와 마을회관, 경로당을 생태적으로 건축했다. 이 건물들은 냉난방시에 에너지가 전혀 들지 않는 패시브하우스로 지은 국내 최초의 공공건물로 기록되었다.

미국은 1976년 몬태나주에 국립적정기술센터(NCAT)를 설립했다. 미국 내 저소득층 가정에 필요한 이른바 '선진국 저소득층을 위한 사회적 기술(Social Technology)'을 개발하려는 목적이었다. 그래서 초기에 주로 대체에너지 개발에 집중했다. 이후 주거, 식량생산, 운송, 경제개발과 직업 등 다양한 분야로 사업을 확장하고 있다.

호주는 1980년 중부지역 오지의 원주민 공동체에 적합한 기술을 제공하기 위해 엘리스 스프링스에 적정기술센터(CAT)를 설립했다. 주민들이 지속 가능한 생계를 확보하기 위한 것이었다. 최근 한국 정부도 '국민편익증진기술(QoLT · Quality of Life Technology)' 또는 '사회격차해소기술'이라는 용어를 사용, 저소득층, 노약자 등과 같은 국내의 소외 계층을 돕기 위한 기술 개발 사업을 진행하고 있다고 한다.[57]

대안기술센터나 에너지 자립마을은 마을주민이 주도권을 가지고 지방자치단체와 합의해서 추진해야 성공할 수 있다. 중앙정부와 지방정부는 대안기술센터, 에너지 자립마을과 관련한 가이드라인과 인증을 해주어야 한다. 사업비 지원 이전에 사전 구상과 준비과정에서부터 마을에 없는 전문적인 기술 · 인력 등을 우선 제공해줄 수 있는 정책과 제도가 필요하다.

3. '생태디자인'으로 마을을 재설계하자

생태마을(ecovillage)이란 인간적 규모로서, 생활요소가 완결적으로 갖추어져, 인간의 활동이 자연과 조화를 이루면서, 건강한 인간성이 개발되는, 무한한 미래로 지속 가능한 공동체로 정의되곤 한다(Robert Gilman, 1991년). 여기에서 '생활요소가 완결적으로 갖추어진 공동체

---

57 홍성욱, 「인간중심형 적정기술, 인류의 미래를 밝힌다」, 한국일보, 2015. 5. 10.

거주지'란 주거, 노동, 생활, 사업활동 등 일상적 생활의 모든 부분이 균형 잡힌 비율로 통합되어 존재하는 상태이다.

또 '인간의 활동이 자연과 조화를 이룬다'는 말은 진정으로 '생태적(eco)'인 공동체라야 한다는 것이다. 인간과 다른 생명 사이에는 우열이 있을 수 없으며 한결같이 동등하다는 것이다. 감히 인간이 자연을 지배하려는 어리석은 시도를 멈추어야 한다는 것이다.

생태마을을 설계하고 디자인하려 할 때 무엇보다 우선 고려할 것이 '집'이다. 생태건축이야말로 생태마을을 이루는 필수조건이고 핵심기술이다. 친환경 재료로 건축하고 재활용 에너지 자원을 활용하는 게 바람직하다. 무엇보다 땅과 지역 생태계에 최소한의 영향을 주어야 한다. 주민들의 건강한 인간성을 개발할 수 있도록 교류를 위한 공동 공간, 휴식을 위한 개인공간이 둘 다 균형있게 보장되는 것도 중요하다.

그렇다고 생태마을 디자인은 건축이나 조경 같은 토건적 기술로 완성되지 않는다. 먹고사는 문제야말로 생태마을을 지속 가능케 하는 최우선조건이다. 지속적인 소득창출을 담보하는 경제시스템이 전제되어야 한다. 친환경농업을 기반으로 하는 생태적인 사업분야, 사회적 경제 방식의 그린 비즈니스(Green Business)가 적합할 것이다.

생태마을 조성 계획을 세울 때는 물질순환이 원활한 마을, 에너지·물·식량 등의 자급자족을 이루는 마을, 자연생태가 잘 유지되는 마을, 환경오염을 유발시키지 않는 마을 등의 기본적인 개발모델을 염두에 둔다. '물질순환이 원활한 마을'은 물의 재순환, 자원의 재활용, 쓰레기의 재활용 등이 잘 이루어지는 마을을 뜻한다. '에너지·물·식량 등의 자급자족을 이루는 마을'에서는 생태계가 안정된다는 장점이 크다.

생태마을을 생태적으로 디자인하기 위해서는 마을의 공간배치, 생태계시스템의 도입, 조경, 생산활동, 생활양식, 물질순환구조, 쓰레기처리 및 오수정화, 에너지공급, 건물 등의 계획을 세부적이고 구체적으로 고려해야 한다. 생태마을의 공간배치는 자연에너지를 잘 이용할 수 있어야 한다. 또 오염없는 자연에너지를 최대한 활용해야 한다. 자연에너지 중 가장 활용가능성이 높은 태양열과 바람을 우선적으로 고려해야 한다. 우리의 전통풍수에서도 물과 바람 등 자연에너지의 활용정도를 명당을 가르는 잣대로 삼았다.

생태마을 시공의 시작이자 끝은 조경에서 좌우된다. 조경(gardening)의 사전적 의미는 '유용하고 아름다운 환경조성을 위해 토지를 계획, 설계, 관리하는 일'이다. 생태마을은 인간과 야생동물이나 곤충이 공존하는 마을을 지향한다. 야생동물들이 서식할 수 있도록 소생물권(Biotope)을 조성하거나 조류의 식이수목을 식재하거나 덤불숲을 조성하는 조경이어야 한다. 물론 생태마을을 개발할 때 자연생태계를 훼손시키지 않도록 예방하는 게 중요하다.

또 생태마을에서는 물, 에너지, 자원, 유기물 등의 재순환이 활발히 일어나도록 해야 한다. 특히 농촌마을에서의 물은 농민들에게 생활용수뿐 아니라 농업용수로 이용되는 중요한 자원이다. 빗물을 받아서 재활용하는 시스템, 사용한 물을 정화해 재활용하는 시스템도 갖추면 좋을 것이다. 생활오수는 자연정화시스템을 도입하거나 연, 부들, 갈대 등의 정수수초를 활용한 생태연못을 설치해 자연정화되도록 한다.

우리나라 전통주택이나 마을은 애초부터 다분히 생태마을의 조건들을 갖추고 있다. 마루와 온돌 등 기후에 적합한 건축, 볏짚, 황토흙 등 생태적인 건축재료 사용, 남향의 건물배치 등 에너지 손실방지 및 보존, 재래식 화장실, 미나리밭 하천정화 등 물질순환, 풍수지리 등 생태계와 공존하는 자연관 등을 염두에 두고 마을을 만들거나 집을 지었다. 그대로가 자연스럽고 조화로운 생태마을이었던 우리 전통 농촌마을 속에 생태디자인의 모범답안이 들어있다.

| 보은 기대리 선애빌생태마을의 생태화장실 |

4. '생태마을'에서 공동체로 살자

충북 보은 기대리의 선애빌은 환경, 에너지, 인간성 회복 문제를 극복하려는 데 뜻을 같이하는 귀농인들이 모여 만든 생태마을이다. '2번째 삶(Second Life)'을 살아보려는 약사, 교사, 만화가, 법무사, 명상가, 목수, 의사, 환경운동가 등이 2010년부터 마을을 새로 만들어 모여 산다.

특히 환경, 에너지 문제의 심각성을 잘 아는 특별한 주민들이 모였으니 '전기 없는 생활'을 실천하려 애쓴다. 일상 생활에서는 전기를 쓰되 최소한의 양만 사용한다. 세탁기는 3가구당 1대, 난방은 화목보일러다. 텔레비전과 냉장고는 아예 없다. 식사는 마을공동식당에서 모두 모여 함께 한다. 태양열조리기도 갖추고 있다.

선애빌 같은 생태마을(ecovillage)는 마을의 공간, 생산방식, 생활양식 등이 환경친화적이며 지속적으로 이루어질 수 있도록 계획된 마을을 뜻한다. 또는 인간의 활동을 자연환경과 해롭지 않게 통합하고 건강한 개발을 유지하고자 부지를 구입하고 뜻을 같이 하는 사람들을 중심으로 만들어졌는데 구체적인 비전을 가지고 생물지리적인 특성을 활용하여 지방적이고 유기적으로 식물을 생산하고 생태건물을 축조하여 이루어진 마을을 말하기도 한다.

이러한 생태마을은 기존 자연부락을 중심으로 생태마을로 전환해 나가는 방법, 빈 터에 고도의 기획을 통한 계획공동체를 만드는 방법 등 두 가지 갈래로 나뉜다. 생태마을을 이루려는 공동체사업의 실무적인 추진 전략 또한 정부 주도와 민간 주도의 두 가지 방식으로 구분된다.

정부 주도 또는 하향식 전략의 경우, 녹색농촌체험마을, 농촌마을종합개발사업, 산촌생태마을 등 농촌체험관광을 비롯한 농촌지역 소득증대 사업을 목적으로 추진되고 있다. 하지만 추구하는 목적과 가치와는 달리 사업 추진 과정과 사후 관리 과정에서 적지 않은 부작용과 문제점이 상존하고 있다.

반면 민간에서 자생적으로 자치하는 계획공동체 생태마을 전략은 생태사회 또는 미래 대안사회로 나가기 위한 진지한 철학과 실천을 담보하고 있다. 아울러 인간과 자연의 조화, 지속 가능한 지구환경의 보전 등 역사적 진정성과 사회적 사명감마저 띄고 있다.

따라서 앞으로 한국에서는 민간 주도의 계획공동체 전략이 주류가 되는 게 바람직할 것이다. 다만 계획공동체를 시도한다고 할 때 마을 부지 매입, 주택 건축 등을 위한 적지 않은 자본력이 수반되어야 한다. 또 초기에 농사를 지어서 공동체 집단을 유지하는 일은 난이도가 높고 지난한 일이다. 그렇다고 수익을 좇는 상업적 사업을 본격화하는 것도 생태공동체의 존립목적이나 이상과 배치된다.

이같은 현실적 어려움에도 불구하고 계획공동체 전략에는 개별귀농, 또는 정부 주도 마을 만들기 사업에서는 결코 성취할 수 없는 장점들이 있다. 무엇보다 대체에너지를 이용한 생태주택이나 생태하수처리시설 등을 체계적으로 디자인하는 등 미래에 조망할 수 있는 대안사회의 모습을 구체적으로 실천해볼 수 있다. 계획공동체에서의 생존과정 자체가 영성 수련이 될 수 있음은 물론이다.

성공적 생태마을 또는 생태공동체를 건설하기 위해서는 우선 명확한 비전과 목표부터 세워야 한다. 공동체에 대한 막연한 환상이나 기대심리를 가지고 온 사람들에 의해 공동체가 깨질 우려가 있다. 토지문제에 대한 법적 소유권을 확인해두는 것도 중요하다. 계획공동체의 경우 토지는 대체로 공동소유로 하고 회원들에게는 점유권만 주는 것이 일반적인 형태이다. 권한과 책임의 경계와 범위를 명확히 설정해두어야 갈등과 분쟁의 소지를 사전에 예방할 수 있다. 공동체사업 참여, 공동체의식 교육은 기본이다.

무엇보다 생태적이고 지속 가능한 경제구조를 갖추어야 한다. 많은 생태마을, 공동체가 어렵게 생각하는 과제다. 농업을 기본으로 하되 다양하고 안정된 소득원을 창출해야 한다. 창의적인 공동체 기반의 소규모 사회적 경제 방식이 적합할 것이다.

특히 지역성과 네트워크를 소홀히 하지 말아야 한다. 마을 안에 갇혀 지역과 소통하고 교류하지 않는 공동체는 고립되거나 배제된다. 지역사회에서 존립 이유가 사라진다. 공동체 운동이 대안이 될 수 있는 것도 바로 이 지역성 때문이다. 공동체 운동은 중앙의 견제를 받지 않는 풀뿌리 자치운동과 다름없기 때문이다. 특히 지역에서 순환하는 경제구조에 동참하려면 지역사회와의 연대와 협력은 필수적이다.

지금 전국 각지에 농촌체험마을, 귀농전원마을, 생협, 대안학교, 농사공동체, 문화예술이주그룹 등 다양한 생태공동체의 사례가 산재해 있다. 다만 토지와 자본 문제, 공동 생존의 어려움 때문에 생태공동체 마을의 성공사례로 꼽을만한 경우는 많지 않은 게 사실이다. 그럼에도 종교단체, NGO(비정부기구), 귀농인들을 중심으로 끊임없이 생태마을은 구상되고 준비되고 추진되고 있다.

특히 공동화된 농촌을 회생하려는 농촌정책당국이나 각 지방자치단체들마다 도시민 유치 프로그램의 일환으로 귀농인들의 전원마을을 유치하거나, 기존 농촌마을을 생태마을로 전환하려는 움직임이 적극적이다. 하지만 생태마을, 또는 생태공동체마을이란 국가나 정부가 주도하는 정책이나 제도의 성과물이 될 수는 없을 것이다.

생태마을이란 오늘날 자본 중심 현대산업사회의 거대한 기능과 복잡다단한 특수성을 인간적 규모에 맞게 재구조화한 공간이라 할 수 있다. 마을을 하나의 소우주화된 사회로 간주하는 것이다. 생태마을의 공간구조와 생태계, 마을의 건물과 시설은 친환경적으로 만들어졌다. 마을주민들의 생산방식이나 생활양식까지도 친환경적으로 이루어진

다.[58]

따라서 '생태마을'은 그저 인간과 자연이 조화를 이루는 평화롭고 자유로운 마을 정도로 정의하고 접근하면 어떨까. 사람이 생활하기에 적합하고 쾌적한 마을, 게다가 자연친화적이고 친환경적인 공간, 사람이 건강하게 오래 생존할 수 있는 지속 가능한 터전이면 생태마을로, 공동체로서 살아갈만할 것이다.

5. '적정기술 생활공방'을 차리자

제주시 애월읍 봉성리에는 '재주도 좋아'라는 이름의 문화예술 청년 작가그룹이 운영하는 '반짝반짝 지구상회'라는 문화예술공방이 있다. 그들의 이름이 암시하듯 제주도가 좋아서 건너온 5명의 청년들이 한수풀 해녀학교에서 만났다. 2013년 제주문화예술재단의 빈집 프로젝트 지원을 받아 마을에 비어있던 감귤선과장을 개조해 입주했다.

주로 지역환경 재생과 문화예술을 결합한 비치코밍(Beach Combing) 작업을 한다. 비치코밍이란 해변에 떠밀려온 유기물, 무기물 등을 수집 · 관찰하거나 문화예술 공예품, 생활소품등으로 재활용하는 작업을 말한다. 지구환경도 지키고 자원도 재활용하고 예술활동도 하는 1석 3조의 사회적 효용과 가치를 발휘한다.

그래서 정몽구 재단 H-온드림 펠로 등의 지원을 받아 프리마켓(Free Market) '바라던 바다' 등도 열고 마을주민들과 농사도 함께 짓고 있다. 공방 안에서 자기들끼리만 갇혀 폐쇄적으로 활동하지 않는 것이다. 생

58 정기석, 『사람 사는 대안마을』, 피플파워, 2014.

활 속에서, 마을 안에서 문화예술을 실천하고 있는 셈이다. 문화예술을 매개로 지역주민의 교류와 소통의 통로 역할도 맡고 있다.

이들은 꼭 문화예술 테마 말고도 생활 속에서 활용할 수 있는 프로젝트를 끊임없이 개발한다.마을 부녀회와 함께 제주 토속음식을 만들어 먹는 '간간이 간식 만들어 먹기', '바다 보이는 집 사글세 연 50만 원에 빌려 살기', 마을의 의사가 진행한 '예술가가 아프지 않고 사는 법' 등이 창조적이다. 일상생활 속에서 에너지 전환을 실천하는 적정기술도 빠질 수 없다. '기름없이 사는 법'이라는 난로 만들기 워크숍도 열었다.[59]

전북 순창군 이동리에는 자연재료를 이용해 집을 짓고 동네목수를 양성하는 마을건축학교가 있다, '흙 건축 연구소 살림'을 운영하며 스스로 '마을목수'를 자처하는 김석균 대표가 운영하는 생태건축 공방이다. 비어있던 농협창고를 개조해 살림집, 사무실, 교육장을 겸하고

| 완주 전환기술협동조합 공방 |

59 베네핏, 「제주 바다를 소비의 대상이 아닌 지켜야 할 대상으로: 재주도좋아」, 한국사회적기업진흥원, 2014. 12.

있다.

동네목수 양성교육, 생태단열 주택 설계 시공, 이동식 흙집 제작 판매 등을 주력사업으로 하고 있다. 농촌의 취약계층이나 독거노인들을 대상으로 집도 수리해준다. 빈 창고를 매입해 청년 귀농인들을 위한 '셰어 하우스(share house)'로 개조하기도 했다.

특히 동네목수 양성 프로그램은 예로부터 마을사람들의 형편에 맞게 집을 짓거나 고쳐주던 그 지역 농부이자 목수의 부활을 교육의 목표로 하고 있다. 자연재료로 시골집 단열하기, 작은집 짓기, 아궁이 개량하기, 폐파렛트로 농막짓기, 적정기술 · 난방 · 생태단열, 흙미장 등의 프로그램이 진행된다.

김 대표는 "지역 안에서 지속 가능한 건축의 전형을 만들어 내는 것은 그리 어려운 일이 아니다"라며 "이웃과 마을에 대한 관심과 사랑, 그리고 약간의 기술이면 된다"고 설명한다. 대학에서 건축설계를 전공한 부인 이민선씨도 함께 하고 있다.[60]

장흥 용산면에는 일종의 농촌생활기술제작공방(Rural Tech Lab)이 만들어지고 있다. 흙부대생활기술네트워크를 운영하는 적정기술 운동가 김성원 씨가 주도하고 있다. 김 씨는 흙부대집 등 생태건축, 로켓스토브 등 화덕난로, 직조 등 농촌의 생활현장에서 구현되는 적정기술 또는 전환기술을 연구하고 개발하고 있다. 농촌과 지역마다 적정기술, 대안에너지, 생활기술과 공예 등 다양한 분야에서 자가 제작자 운동이 확산되길 바라는 마음으로 공방을 준비하고 있다.

---

60 김석균, 「'동네 목수'의 귀환 - 순창 흙건축연구소 살림」, 전북은 지금, 2014.

4 장

사회혁신적 '3農공동체'를 이루자

01. '농협의 원형'으로 돌아가자

02. '식량주권'을 지키자

03. '농정 재정'을 합리적으로 쓰자

04. '농민의 민생'을 보살피자

05. '지역공동체'의 주권을 찾자

전국의 농정현장에는 '3農'이 유행이다. 원조는 다산 정약용이다. 농업국가인 조선에서 농업 진흥책이야말로 나라를 건지고 백성을 살려내는 가장 실용적인 방법이라고 본 다산은 비실용적인 농업정책을 실용적이고 혁신적으로 전환하는 대안으로 '3農' 해법을 제시했다.

힘들고 고단한 농사일을 편하고 쉽게, 합리적이고 효율적으로 농촌을 만들어야 한다는 편농(便農), 착취체제의 온갖 불합리한 제도를 개혁해 농업 소득을 늘리는 정책을 펴야 한다는 후농(厚農), 사농공상(士農工商)의 신분제 사회에서 선비 못지않은 신분으로 농민들의 지위를 끌어올려야 한다는 상농(上農)이 다산의 '3農정책'이다.

충청남도의 '3농(農)'이란 농어업, 농어촌, 농어업인을 말한다. 2010년 민선5기에 시작, 민선6기까지 안희정 충남도지사가 최대 역점을 두고 있는 사업이 바로 '3농혁신'이다. 친환경 농업과 향토문화 전승, 도 · 농 상생 교류 등을 통해 더불어 잘사는 '농어업 · 농어촌 · 농어업인' 공동체 사회를 실현하자는 목적이다.

'농도(農道)' 전라북도도 사람 찾는 농촌, 제값 받는 농업, 보람 찾는 농민 등 '3락(樂) 농정'을 도정의 1순위 정책으로 추진하고 있다. 2번은 관광, 3번은 탄소산업이다. 농업을 되살려 '농도 전북'의 정체성과 명예를 회복하겠다는 것이다.

전라남도는 이미 2005년부터 '3농정책'을 추진하고 있다. 민선 5기 '3농정책 중기 시행계획'을 수립해 추진한 결과 농업 경쟁력이 높아지고 농촌 정주여건이 개선됐으며 농업인의 의료 · 복지 · 교육서비스가 향상됐다고 자평하고 있다.

전북 무주군도 '3농 혁신'을 군정의 핵심구호로 내걸었다. 역시 다산 정약용의 3농정책인 후농(厚農-농업을 통한 생활안정)과 편농(便農-편안하고 행복한 농촌생활), 상농(上農농민들의 사회적 지위 향상)에 바탕을 둔 것이다. '농민'을 핵심가치로 희망찬 농업과 활기찬 농촌, 부자 농민을 실현한다는 방침이다.

농협중앙회는 농협경제분야에서 3농을 넘어 '4농(農)' 실천을 내걸었다. 4농이란 농협과 축협이 동반성장한다는 상농(相農), 농산물 판매로 농업인의 이익을 극대화한다는 후농(厚農), 농업인 생산지원으로영농 편익을 증대한다는 편농(便農), 그리고 농업경영 혁신으로 농업경제 제2의 도약을 실현한다는 성농(成農)을 의미한다.

결국 '3농(三農)'이라 함은 농업, 농민, 농촌을 한데 일컫는 말이다. 농업은 '생활소득이 보장되는 농업'이라야 한다. 그래야 '경제공동체마을'을 세울 수 있다. 농민은 '일상생활이 행복한 농민'이라야 한다. 그래야 '생활공동체마을'을 꾸릴 수 있다. 또 농촌은 '농촌다운 농촌'이라야 한다. 그래야 '생태공동체마을'을 이룰 수 있다. '돈 되는 농업'과 '행복한 농민' 이 없이 '농촌다운 농촌'은 불가능하다.

여기서 '농촌다운 농촌'은 국민의 먹거리를 책임지고 국가의 식량주권을 지키는 최후의 보루라 할 것이다. 그러자면 '농민과 지역의 식량주권'을 반드시 지켜야 한다. 양적인 식량주권 못지 않게 질적인 식량주권도 중요하다. 농민들이 주인인 농협도 '협동조합'의 원형인 초심으로 돌아가야 한다. 정부는 농정 재정도 합리적으로 쓰고 농민의 민생도 보살펴야 한다. 그래야 마을공동체, 지역공동체의 주권이 주인인 농민에게 돌아갈 수 있다.

016

'농협의 원형'으로 돌아가자

1. '중앙회장'은 농민조합원이 직접 뽑자

농협은 여러 문제점들을 가지고 있다. 그런데 농협의 문제는 농협만의 문제가 아니라는 게 또 문제다. 그 설립 목적, 경제적 영향력, 사회적 책무로 인해 우리 농업·농촌의 문제로 직결, 무한 확장된다는 점이 더 심각하다. 그런 농협의 문제를 더 들여다보면 결국 농협중앙회장이라는 상징적 존재의 문제로 집약된다. '제왕적이고 정치적인 중앙회장'으로 인해 농협의 문제, 우리 농업의 위기는 더 증폭되기 때문이다.

지금 농협중앙회장은 대의원 간선제로 선출된다. 농협의 주인인 농민은 투표에 참여하지 못한다. 다분히 반민주적이고 비합리적이고 폐쇄적으로 중앙회장이 결정된다. 그래서 정권이 바뀔 때마다 정치권의 의중대로 그 자리가 좌지우지되는 경우가 다반사다. 선출과정에서 철저히 소외되고 배제된 농민조합원들은 '농민과 상관없는 그들만의 리그'라고 오랫동안 손가락질하고 불신감을 표현했지만 여전히 투표권은 없다.

그렇게 선출방식에 문제가 있어서 그런지 농협중앙회장은 부정과 비리로 임기를 제대로 채우는 경우가 드물다. 1988년 중앙회장이 임명직에서 선출직으로 바뀌면서 제1대 회장부터 3대 회장까지 약속이라도 한듯 모두 비리로 구속되었다. 제4대 중앙회장마저 거액의 부당 대출에 압력을 행사했다는 혐의로 검찰의 수사를 받았다.

이렇게 농협중앙회장이 자꾸 범법자의 신세로 전락하는 이유가 개인적 결함때문이 아니라는 게 문제다. 다분히 얼마든지 예측 가능한 구조적, 정치적 문제다. 선출 당시부터 정치권과 결탁하고 취임 이후에는 통제가 안 되는 제왕적 권한, 비민주적 경영구조에 스스로 갇히기 때문이다. 4대 중앙회장은 이명박 전 대통령과 포항 동지상고 동문이라는 특수관계에 놓여 있다. 선거 당시는 물론 취임 이후에도 이명박 정권 실세들과 유착의혹이 끊이지 않았다.

물론 그동안 몇 차례의 농협법을 개정하면서 개혁적인 조치나 처방이 전혀 없었던 것은 아니다. 농협중앙회장의 과도한 법적 권한도 축소되었다. 농협중앙회에 몰려있던 신용사업과 경제사업도 지주회사 형태로 따로 분리되었다. 하지만 이상하게도 여전히 농협중앙회는 개혁되지 않았다며 비판을 받고 있다. 중앙회장은 법적 권한이 축소되었음에도 여전히 농협에서 제왕적 지위를 누리고 있고, 지주회사 방식의 신경분리는 개혁은커녕 더 문제를 악화시켰다는 지적이다.

농협중앙회가 안고 있는 문제의 병인은 '공룡 같은 거대 조직'이라는 데 있다. 중앙회의 본래기능인 비사업적 기능(회원조합에 대한 지도감독, 조사연구, 농정활동 등) 이외에 사업적 기능(신용사업과 경제사업)까지 한 기관이 모두 수행하는 세계 유례없는 거대한 경제조직이다. '공룡 같은' 중앙회의 힘은 그대로 중앙회장에게 집중돼 중앙회장을 아무런 내부적 통제를 받지 않는 '무소불위의 제왕적' 회장으로 만들었다. 정치권과 결탁하거나 휘둘리는 등 비리에 연루되지 않을 수가 없는 구조다.

따라서 농협중앙회를 개혁하려면 정치권의 유혹과 협박에 휘둘리지 않을 개혁의 적임자가 중앙회장으로 선출되어야 한다. 그런데 지금처럼 소수의 대의원에 의해 간접으로 선출되는 선거방식으로는 불가능하다. 선출방식부터 바꿔야 한다. 농민조합원의 총의가 반영된 조합장 직선제로 바꾸는 게 상책이다. 그래서 '중앙회장 직선제'가 농협 개혁의 출발점이다.

그런데 농민조합원에 의한 중앙회장 직선제는 현재 제도적으로 어렵다. 농협중앙회의 회원은 농민조합원이 아니라 지역조합이기 때문이다. 그래서 농민조합원은 농협중앙회장을 선출할 자격과 권한 자체가 없다. 그래서 일단 농협중앙회장 선거방식을 조합장 직선제로 되돌려야 한다. 다만 조합장이 개인의사로, 임의로 투표하지 않도록 해야 한다. 자칫 조합장들이 중앙회장 후보들에게 줄을 설 수도 있기 때문이다. 당연히 그 지역 농민조합원 전체의 총의를 묻고, 조합원 전체의 대표 자격으로 투표에 임하도록 해야 한다.[61]

쌀시장 전면 개방, 자유무역협정(FTA) 확대, 값싼 외국농산물 수입 급증, 농산물 가격 연쇄 폭락, 농가소득의 정체, 도·농간 소득격차와 농가 양극화의 심화. 우리 농업이 안고 있는 문제적 현안들이다. 그런데 지금, '농민이 주인'으로서 이런 농업의 위기를 구원해야할 농협 또

61 박진도, 「농민조합원 총의반영 중앙회장 직선제와 농협중앙회 개혁」, 지역재단, 2015. 12.

는 농협중앙회는 과연 어디서, 무엇을 하고 있는가.[62] 농민조합원의 손으로 직접 뽑은 개혁적 중앙회장이라야 비로소 대답을 할 수 있을 것이다.

2. '경제사업 중심'으로 경영하자

오늘날 농협은 회원의 이익 증진을 도모해야 한다는 농협법의 규정을 잊은듯하다. 또는 묵시하는듯하다. '농민의 소득을 위한' 경제사업보다는 '농협이 돈 버는' 신용사업에 매달려 있다. 그나마 조합원을 위한 상호금융보다 오히려 도시민을 주거래고객으로 '돈 장사'에 열중하고 있다. 협동조합이 아니라 일반은행의 모습이다. 결국 2011년 농협법 개정에 따른 중앙회 사업구조개편은 당초 취지와 달리 회원조합 경제 활성화보다는 중앙회 자체이익을 늘리는 결과만 초래하고 만 것이다.

중앙회뿐 아니다. 지역농협도 신용사업 수익에 목을 매달고 있다. 농업소득과 밀접한 농산물 생산 · 가공 · 판매 사업은 적자사업, 환원사업으로 소홀히 하고 있다. 지역농협은 준 조합원, 중앙회는 전국민 등 비농민을 대상으로 신용사업에 매달리는 기형적 사업구조는 현행 '종합농협체제'에서는 불가피해 보인다. 농협임직원의 급여는 오르는데 농가소득(농업소득)은 줄어드는 악순환이 매년 되풀이될 수밖에 없다. '농민의 농협이 아니라 농협 임직원의 농협'으로 고착될 수밖에 없다.

---

62 이호중, 「차기 농협중앙회장이 해야 할 일」, 지역재단, 2015. 12.

무엇보다 현재의 '종합농협체제'로는 경제사업을 제대로 수행하는 데 한계가 있다. 당초 '벼농사를 기초로 복합경영을 하는 소농'이라는 동질적 농업인을 전제로 성립된 조직구조이기 때문이다. 지금은 생산 작목과 규모도 서로 다른 이질적인 농민들이 한 조합에 모여 있다. 서로 경제적 이해관계도 다른 조합원끼리 경제적으로 협동하는 것 자체가 쉽지 않다. 마땅히 종합농협체제는 사업의 성격, 이해관계에 따라 분화・재편, 전문화해야 한다.

이른바 '신경분리(신용사업과 경제사업의 분리)'도 성공적이지 않다. 오히려 협동조합 방식이 아닌 주식회사 방식으로 진행되면서 농협중앙회는 거대 지주회사로 변신하고 말았다. 농협중앙회는 '회원의 공동이익증진과 그 건전한 발전을 도모(농협법 제113조)'함을 목적으로 하는 연합회 조직으로부터 더 멀어졌다. 자체 이익을 극대화하는 조직으로 더 변질되고 말았다.[63]

이같은 '돈 장사 농협'의 대안은 독일에서 찾을 수 있다. 바덴 비르템베르크, 호엔로에(Hohenlohe) 마을의 슈베비쉬 할 생산자조합(Schwäbisch Hall Gemeinschaft)이다. 이 조합은 설립 목적 자체부터 지속 가능한 농업으로 삼았다. 농업의 규모화나 기업화가 아니었다. 1980년대 멸종위기의 재래종 돼지를 할 지방의 특산돼지로 되살리면서 조합의 역사가 시작, 1986년 설립 당시 불과 8명의 조합원으로 출발해 1,500여 명의 농민조합원, 연간 1억 200만 유로(약 1,400억 원)의 외형으로 성장했다.[64]

---

63 박진도, 「농민조합원 총의반영 중앙회장 직선제와 농협중앙회 개혁」, 지역재단, 2015. 12.

64 정기석, 「독일이 농업을 포기하지 않는 10가지 이유」, 오마이뉴스, 2015. 10. 26.

슈베비쉬 할 생산자조합의 역사는 돼지육종협회에서 출발한다. 1988년에 생산자조합을 결성하고 1992년에는 상장된 주식회사도 따로 설립하며 성장을 거듭한다. 조합과 별도로 공장의 운영주체인 주식회사를 굳이 따로 설립한 이유는, 생산자조합에서 고기를 수매해주면 세금문제가 원활히 해결되기 때문이다.

특히 자체 도축장, 소시지 가공장, 농민시장 등 1차 생산에서 2차 가공, 3차 직거래 유통에 이르는 이른바 6차 산업화 과정을 내부 계열화했다. 이로써 지역뿐 아니라 독일 전역을 대상으로 농식품을 판매하게 되면서 안정경영의 발판을 마련했다. 지역직판장뿐 아니라 독일의 고급 호텔, 유명 레스토랑, 기업체 식자재, 루프트한자 기내식 등에서 최우량 식자재로 대우받고 있다.

이같은 슈베비쉬 할 생산자조합의 경쟁력은 한마디로 품질에서 나온다. 조합에 고용된 전문 기술지도사들이 수시로 생산자를 컨설팅하며 품질을 상향 평준화시켰다. 유럽연합 최고 등급의 유기농 인증서 '외코테스트(Oekotest)'를 비롯해 Non-GMO(비유전자변형) 인증, 국제 표준규격, 독일농민협회(DLG) 골드라벨 인증 등 다양한 인증서가 조합 생산품의 품질과 진정성을 보증하고 있다.

2007년부터 농민시장도 따로 운영하고 있다. 총면적 950㎡의 농민시장에서는 4,000여 종류의 로컬푸드를 직거래 판매하고 있다. 직판장 외에도 레스토랑, 허브가든, 빵가게, 지역여행사, 어린이 놀이터, 태양광발전소 등 복합시설도 함께 운영하고 있다. 이른바 6차 산업화의 표본이다.

또 조합은 생산자에게 기술지도사를 통해 기술지도를 한다. 생산자는 기술지도 비용으로 연 550유로 정도를 지불해야 한다. 그만큼 지불

할 가치가 있다고 농민들은 생각한다. 모든 농민은 생산자 조합원이 될 수 있다. 조합에서 가공 · 판매까지 책임지고 감당해주기 때문에 농민은 생산에만 전념할 수 있다. 생산자가 조합에 가입하지 않을 이유가 없다. 한국에서는 농협이 나서서 해야하는 일을 독일에서는 농민들 스스로, 한국의 농협보다 더 잘 해내고 있다.

3. '중앙회 사업구조'부터 개조하자

한국의 농협은 생산자 협동조합으로 시작하지 않았다는 태생적 한계를 안고 있다. 1961년 국가재건최고회의가 입법한 농협법 제정에 따라 농촌근대화라는 정부정책에 의거한 '관제 협동조합'의 정체성을 띤 것이다. 농협중앙회장이 회원조합장을 임명하고 농협중앙회장을 대통령이 임명했다. 농민이 생산한 농산물 판매를 주목적으로 하지 않고, 대신 농업발전과 농촌부흥을 동시에 추구했다. 구체적으로 쌀 증산과 수매, 농업금융망 확보, 지역사회의 센터기능을 함께 하는 '종합농협체계'의 모델을 채택한 것이다.

1970년대 경제개발계획과 새마을운동을 뒷받침하는 데 이러한 '관제 종합농협'은 농업금융, 농자재 공급 등으로 시대의 국정과제였던 식량증산이라는 결정적 역할을 감당했다. 게다가 1970년대 초 신협법을 제정하면서 읍면 단위로 합병한 농협에 상호금융사업마저 부여했다. 50여 년이 지난 현재까지도 경제사업보다는 신용사업의 '돈 장사'에 주로 기대는 지역농협의 구조악은 이 지점에서 배태된 것이다.

그래서 농협을 개혁하려면 우선 '관제 종합농협'이라는 중앙회의 사업구조부터 개조해야 한다. 우선 농업과 농민을 앞세워 도시민을 상대로 '돈 장사'를 하는 왜곡된 신용사업부터 손을 봐야 한다. 지금 농협중앙회의 금융업은 일반 시중은행의 그것과 하등 다른 게 없다. 지역조합과 농민조합원의 생업이나 생활과는 아무런 이해관계가 없다. 단지 농협이 농업과 농민을 앞세워 도시민을 상대로 '돈 장사'를 하고 있는 셈이다.

경제사업은 회원조합을 위한 연합사업이 아니라 중앙회 자체사업이 중심이 되어버렸다. 역시 지역조합이나 농민조합원의 경제적 이익이 우선이 아니다. 결국 경제사업의 목적이 회원조합의 공동이익 증진이 아니라 중앙회 자체의 자기 이익의 극대화를 추구하는 꼴이다. 심지어 회원조합과 잦은 대립, 마찰마저 일으킬 정도다. 중앙회가 경제사업을 하는 사업목적가 책임의식조차 상실한 지경이다. 이같은 문제는 중앙회가 지주회사 체제로 전환하면서 더욱 심화되고 있다.

교육지원 사업도 표류하고 있다. 이 사업의 원래 목적은 회원 조합과 조합원의 교육과 육성이다. 하지만 본래 목적을 벗어나 무이자 자금 지원 등을 통해 회원조합을 통제하는 수단으로 악용되고 있다는 비판을 받고 있다. 국회 국정감사자료(무이자로 지원되는 조합상호지원자금 현황)에 따르면, 일반 조합은 매년 평균 70억 원 정도의 지원을 받는 반면, 비상임 이사 조합장이 속한 조합들은 평균 100억 원~120여억 원의 지원을 받았다. 아무래도 이사라는 자리의 입김이 작용한 것으로 보인다.

이같은 중앙회의 사업구조 문제는 농민조합원의 요구가 아닌 국가권력의 필요에 의해 탄생한 한국 농협의 정치적인 설립 계기가 원인일 것이다. 여전히 중앙회는 정부의 간섭과 지배로부터 독립하지 못하고 있다. 농민들을 대변하는 자구조직이 아니라 정부의 정책자금을 나누어주는 창구 역할, 농림정책 사업을 대행하는 '정부의 수족' 역할에 머무르고 있다.

정부로부터 자유롭지 못하고 당당하지 못한 중앙회는 회원조합에게는 마치 정부처럼, 공무원처럼 행세하고 있다. 막강한 지위와 권한으로 회원조합에게 군림하고 있다. 아무래도 전 세계에서 유일하게 경제사업 연합 기능과 상호금융 연합 기능, 농림 수산업자 신용보증 관리 기능, 지도감사 기능, 교육훈련 기능, 대정부 농정활동 등을 한 조직체 내에서 동시에 수행하고 있는 '공룡'으로서의 부작용으로 보인다.

결국 중앙회는 농민들로부터 회원조합이나 농민조합원이 아닌 임직원을 위한 조직으로 전락했다는 비난을 받고 있다. '하는 일에 비해' 과도한 급여 수준(농협중앙회장 연봉 7억여 원, 중앙회 임직원중 억대 연봉자 전체 직원의 12.2%, 평균 연봉 8,838만 원 등), 금융사고 등 임직원의 도덕적 해이 현상, 중앙회 임원의 자회사 낙하산 인사는 매년 국정감사 때마다 지적되는 단골메뉴다. 조합장에 취임하며 본인의 연봉을 자진 삭감하는 것을 신호로 지역농협의 개혁과 발전을 이끈 괴산 불정농협의 사례와 대비된다.

사업구조가 비합리적이고 비효율적인데 경영 수지구조가 안정적일 리 없다. 농협은행은 5대 시중은행과 비교해보면 지주회사 출범 이후에도 실적, 수익성, 건전성이 시중은행 평균보다 떨어진다. 2013년 현재 5대 시중은행 가운데 농협은행은 자산규모(4위), 당기순이익(5위), 영업이익(5위), 직원 1인당 생산성(4위), 점포당 생산성(5위)로 최하위권이며 부실채권비율은 2.3으로 시중은행평균(1.66)보다 훨씬 높다.

경제부문의 수지구조 악화는 더 심각하다. 당초 자회사 활성화, 경영관리 효율화를 지주회사 도입의 이유로 밝혔으나 결과는 그렇지 않다. 회원조합과 경합관계에 있는 농협사료, 목우촌, 농협홍삼 등은 수익 창출은 고사하고 회원조합과 갈등만 더 커지고 있다. 중앙회 임원이 낙하산으로 투하된 자회사에서 과연 효율적이고 혁신적인 경영이 가능할지 의문이다.

결국 현 지주회사 체제의 문제점을 되짚어봐야 한다. 지주회사 방안의 신경분리는 그저 농협중앙회 경제사업의 활성화와 신용사업의 경쟁력 강화로 귀결됐을 뿐이다. 회원조합과 조합원의 이익을 실현하기 위한 연합조직과는 거리가 멀었다. '신경분리'의 목적 자체가 당초 2008년 금융위기에 따른 신용사업 위기에 대응하려는 목적에 불과했기 때문이다.

근본적으로 농협중앙회가 출자해 신용사업과 경제사업을 주식회사 방식으로 개편하는 행위 자체가 '협동조합적'이지 않은 것이다. 농협중앙회의 주인은 회원조합과 농민조합원이니 이들이 마땅히 중앙회를 지배하고 통제해야 하지만 실제는 그 반대이기 때문이다. '농협을 주인인 농민의 자주적 협동조직으로 환원하기 위해' 중앙회의 사업구조부터 개혁, 개조해야하는 절실한 이유다.[65]

4. '중앙회와 지역조합'이 협동하고 연대하자

비합리적이고 비효율적인 중앙회의 사업구조도 문제다. 이러한 잘못된 구조는 중앙회 자체는 물론 회원조합의 사업성에도 악영향을 미친다. 설사 농협중앙회 경제사업이 활성화된다 해도 그 효과가 농민

---

65 박진도, 「농민조합원 총의반영 중앙회장 직선제와 농협중앙회 개혁」, 지역재단, 2015. 12.

조합원과 회원조합의 경제사업으로 이어지지 않는다. 모든 종류의 사업과 품목을 농협중앙회가 독점해 농협중앙회의 경제사업에 대한 지배구조와 의사결정권을 회원조합과 조합원이 행사하기 어렵기 때문이다. 심지어 경제지주회사가 설립되면 농협중앙회가 전국단위 품목별 유통자회사, 도단위 권역별 유통자회사를 통해 직접 경제사업을 지배하게 될 우려가 높다. 회원조합과 경합하고 대립할 가능성이 커지는 것이다.

이처럼 중앙회와 회원조합이 충돌하는 문제는 괜한 걱정이 아니다. 이미 각 사업분야와 지역조합 곳곳에서 발생하고 있다. 계통구매 문제는 중앙회와 조합의 이중수수료, 판매장려금의 미환원 등에 따른 가격상승 등의 문제가 상존한다. 중앙회 계통구매를 통한 공동구매 효과는 고사하고 회원조합이 계통구매를 이용하지 않으면 감사 등 불이익까지 당하는 지경이다.

판매사업도 중앙과 지역 간 갈등 소지가 상존한다. 경제지주에서 추진하고 있는 도별 물류센터는 품목조합의 공판장 기능과 중복되거나 그 영역을 침해하고 있다. 가령 음료, 고춧가루 등 일부 품목은 산지농협과 판매농협 사이에 자체거래가 차단되고 수수료만 추가 발생하는 옥상옥 구조의 문제까지 제기되고 있다.

따라서 산지유통, 도매사업 등 판매사업은 일선조합과 품목별·축종별연합회, 지역연합회에 이관하는 걸 원칙으로 고쳐야 한다. 이때 경제지주는 조합과 연합회가 하기 어려운 사업으로 업무영역을 제한할 필요가 있다. 아울러 산지유통사업의 핵심체 중 하나인 조합공동사업 법인을 준회원 자격에서 정회원으로 전환해야 한다.

보험사업은 NH농협보험회사와의 불공정 계약을 개정해야 한다는 회원조합의 요구가 거세다. 농협 사업구조개편으로 지난 2012년 전국 지역농·축협이 운영하던 공제사업이 NH농협보험사 사업으로 이관되었다. 이에 따라 각 지역농·축협은 NH농협보험사들과 보험상품을 위탁판매하는 대신 판매수수료를 받는 판매계약을 체결했다. 그런데 지역농·축협들이 NH농협보험사와 맺은 보험상품 판매계약 자체가 불공정하다며 보험수수료 현실화, 판매비와 관리비 보전, 제공제 이익수수료 환원 등의 조건으로 재계약을 요구하고 있다.

카드사업도 회원조합에 일방적으로 불리하다는 문제가 제기되고 있다. 영업도 지역농협이 하고 리스크 부담도 지역농협이 지고 있음에도 수익배분은 농협은행(농협채움카드)이 일방적으로 결정하고 있다는 것이다. 지역농협이 카드사로부터 수수료를 받고 있기는 하지만 지역조합의 위험부담, 비용부담에 비하면 너무 미흡하다는 지적이다.

이같은 사업시스템을 혁신하려면 지배구조부터 개선해야 한다는 의견이 많다. 회원조합의 통제권한을 강화하는 방향으로 지배구조를 재구축해야 한다는 것이다. 우선 지역(시군, 도)조합 협의회부터 설립하고 이를 지역 품목별·축종별 연합회로 발전시켜야 한다. 그러자면 현행 설립동의자 200명, 출자금납입확약총액 3억 원인 품목조합 설립요건부터 완화해야 한다.

아울러 중앙회 이사회도 도별협의회 또는 연합회 대표, 품목별·축종별 연합회 대표를 기본으로 구성해야 한다. 경제사업의 지배구조 역시 연합회 체제와 같이 구축하는 것이 바람직하다. 물론 이사회는 도별협의회 또는 연합회, 품목별연합회 대표 등으로 구성하도록 한다. 자회사의 지배구조도 마찬가지다.

품목연합조직, 지역연합조직을 통해 중앙회·경제지주회사 지배구조에도 참여할 수 있어야 한다. 조합공동사업 법인은 중앙회 정회원으로 자격을 부여해 경제사업 관련 의사결정구조에 참여하도록 한다. 물론 현재도 이사회에 일선 조합장들이 참여하고 있지만 개별 조합장 자격으로 이사에 선임되다 보니 일선조합과 조합원의 요구를 제대로 반영하지 못하고 있다.

일선조합과의 공동투자도 활성화되어야 한다. 지난 2012년 사업구조 개편 당시 농협중앙회는 일선 조합과의 공동투자를 활성화하겠다고 약속했으나 지켜지지 않았다. 경제사업 투자계획 재수립 등을 통해 산지, 도매, 소매 영역에서 일선 조합과 공동투자를 적극 추진해야 한다.

중앙회의 비사업적 기능도 정상화해야 한다. 중앙회 교육지원부문의 경영지원 기능, 농정 기능을 회복해야 한다. 회원조합에 대한 교육기능 또한 활성화해야 한다. 교육위원회 개선, 교재 · 교육프로그램 개발, 교원 · 교육전문가의 육성 · 채용으로 교육기능을 대폭 강화해야 한다. 농정활동을 위한 조사연구 사업을 비롯해 정부의 대외개방정책, 농산물가격 유통정책, 농가 소득정책 등에 대한 대정부 농정활동을 강화해야 한다. 또 순환과 공생의 지역농업 조직화, 도농교류와 상생발전, 협동사회의 구축을 위한 사회연대활동도 충실히 감당해야 한다. 이 정도는 되어야 '협동조합'이라 할 수 있을 것이다.[66]

---

66 박진도, 「농민조합원 총의반영 중앙회장 직선제와 농협중앙회 개혁」, 지역재단, 2015. 12.

5. '협동조합의 사회적 책무'를 재설정하자

농협의 개혁은 근시안적인 미봉책이 아니라 중장기적으로 추진되어야 한다. 이때 '회원조합을 지원하는 연합회'로 재편하는 비전부터 확고히 설정해야 한다. 경제적 책무보다 사회적 책무를 더 강조해 '협동조합'으로서 본질적 정체성을 회복할 필요가 있다. 따라서 중앙회는 금융지주회사와 경제지주회사를 거느린 사업조직이 아니라 비사업적 기능을 전담하는 게 옳다. 즉, 중앙회 출자 자회사 또는 주식회사가 아니라 중앙회로부터 독립적인 회원조합의 연합회 체제로 전환하는 게 최적의 해법이다.

경제지주회사는 경제사업연합회로 전환하고 지역별, 품목별 연합회 중심의 사업체계를 확립해야 한다. 이로써 농협의 경제사업은 회원조합 또는 장기적으로 광역품목조합과 품목조합연합회, 조합공동사업법인을 중심으로 추진해야 한다. 그러자면 경제지주회사가 독자적인 경제사업을 수행하는 것은 최소화하고, 회원조합 또는 품목조합의 경제사업을 지원하는 연합회 기능에 충실해야 한다.

금융분야 개혁의 중심은 단연 상호금융연합회다. 회원조합 또는 장기적으로는 지역신용협동조합의 금융업무를 지원하는 중앙은행의 역할을 수행하는 조직이라 할 수 있다. 우선 도 단위 상호금융연합회에서 상호금융 도별 연합기능, 지역순환경제 중추금융 역할을 맡도록 한다. 기존 농업용 정책자금 대출업무, 시군 지자체 금고운용 업무는 상호금융연합회로 이관한다. 수익은 마땅히 조합원 대출금리 인하재원 등으로 조합원을 위해 활용한다. 상호금융연합회 독자적으로 보험, 카드 사업도 수행할 수 있다.

농협금융지주는 매각한다. 농협은행 등 기존의 금융지주 사업은 농민조합원이나 회원조합을 위한 협동조합금융이 아니다. 불특정 다수의 전체 국민을 대상으로 한 일반 금융사업에 불과하다. '돈 장사'라고 비난받는 이유다. 중앙회 수익원 이외의 타당한 존립 이유나 가치가 부족하다. 농협은행 등 금융지주의 자회사를 매각해 상호금융연합회와 경제사업연합회를 설립하기 위한 자본금으로 활용하는 것이 타당하다.

중앙회는 비사업적 조직으로 전환한다. '돈' 벌 생각은 하지 말고, 운영재원은 회원조합과 각종 연합회의 회비 또는 분담금, 정부의 지원금 등으로 마련하면 된다. 중앙회의 고유기능인 회원조합과 연합회의 조직 · 사업 · 경영의 지도, 감사, 교육, 조사연구 및 정보제공, 농정활동을 주업무로 개편하면 된다.[67]

특히 농촌지역의 마을공동체 사업과 사회적 경제 분야에서 농협의 역할도 재설정해야 한다. 이미 농협중앙회에서 2016년까지 농어촌 중심지 및 인근 소비지에 로컬푸드숍 100개 개설을 추진하고 있다. 완주 용진농협의 로컬푸드 직매장 사례는 성공적이다. 농촌지역의 마을공동체 사업을 활성화하는데 자본력과 경영능력, 무엇보다 공익적 선의와 책임감을 갖춘 지역농협의 적극적인 참여가 매우 중요하다는 사실을 새삼 일깨워준 사례로 들만하다.

아울러 취약계층의 공동농업생산조직(품목별, 마을별), 지역단위 농촌인력 운영사업, 직거래 중심 농식품 판매사업 등은 농협 중심의 '커뮤니티 비즈니스형' 사업으로 추진하고 육성할만한 분야라 할 수 있다. 그러나 현장의 우려가 전혀 없는 건 아니다. 근본적으로 복지, 의

---

67 박진도, 「농민조합원 총의반영 중앙회장 직선제와 농협중앙회 개혁」, 지역재단, 2015. 12.

료, 관광, 농업, 가공 등 다양한 농촌지역의 사업영역에서 지역농협이 중간지원조직 역할을 수행하는 건 법적 상충, 전문역량 부족 등 무리한 요소가 잠복하고 있기 때문이다.

한국농촌경제연구원(KREI)에서 발표한 '농협의 커뮤니티 비즈니스 활성화 방안' 연구에 따르면, "농촌지역에서 농협이 CB를 활성화하기 위해서는 사업에 주민과 이해당사자, 지역 거버넌스의 공동출자가 필요하며 중앙정부, 지자체, 지역단체의 유기적 협력관계 구축, 커뮤니티 사업체의 별도 법인화 등이 요구된다"고 밝히고 있다.

마을 · 지역공동체 사업은 마을이라는 공간을 기본단위로, 마을의 경계를 넘어 인근 읍 · 면이나 시 · 군과 중층적으로 연계되어야 한다. 그래야 지역의 다양한 주체의 협동에 의해서 지역과제를 해결해 지역재생과 활성화를 도모할 수 있다. 향후 사회적 경제 기반 마을공동체 사업이 활성화되기 위해서는 지역주민과 리더의 자발적인 참여 못지않게 지역활성화의 주요 주체로서 지역농협의 주도적인 역할과 책무가 요구된다. 그렇게 농협은 '협동조합의 원형'으로 돌아가야 한다. 다시 태어나야 한다.

017

'식량주권'을 지키자

1. '기초농산물'은 국가가 수매하자

2013년 10월 전국 농어촌 지역 군수 협의회는 '기초농산물 국가수매제' 도입을 촉구하는 성명서를 채택했다. "농민에게는 생산비 보장, 국민에게는 물가 안정, 국가는 식량주권 실현"을 위해 국가수매제를 즉각 도입하라고 촉구했다. 2012년 10월 국회에 제출된 '국민기초식량보장법안'이 정부와 국회의 철저한 무관심 속에 방치되어 있는 상황을 타개하려는 노력이었다. 하지만 여전히 정부, 국회, 여야 정치권은 아무런 반응이 없다.

'국민기초식량보장법'은 '5년마다 국민기초식량보장 기본계획 수립'. '국민기초식량보장위원회 설치', '기초농산물 국가수매제 실시', '농산물 품목별 수매가격상하한제도 실시', '농산물국가수매기금 설치' 등이 주요 골자다. "국민의 생활에 중요한 기초농산물의 일정부분을 국가가 수매 · 비축함으로써 안정적인 국내 생산기반을 마련하고 곡물자급률을 제고하며, 농산물의 가격안정과 농업인의 소득안정 등을 도모"하려는 목적이다.

무엇보다 "농산물 공급은 외부의 태풍, 가뭄, 홍수 등의 재해에 의하여 크게 영향을 받는 특성을 지니고 있어, 시장을 통한 가격결정 시스템은 농산물 가격안정 및 농가소득 안정을 달성함에 있어 어느 정도 한계가 있으므로, 국민 기초식량보장 위원회에서 수매가격과 수매량을 결정할 경우 이러한 문제를 완화할 수 있을 것"이라고 판단, 제안하는 것이다.

특히 '기초농산물 수매제'는 "기초농산물의 취약한 국내 생산기반을 강화하고, 농산물의 가격안정과 농업인의 소득을 보장하는 안정적인 농산물 공급체계를 구축"하려는 목적으로서, 특히 "기초농산물 국가수매제를 원활하게 운영하고 수매가격의 수매가격상하한제도의 실시에 따른 손실을 보전하기 위한 재원을 확보"하기 위해 농산물국가수매기금을 제안한다.

이 법안에서 제시한 구체적 수매대상 품목은 총 16개 품목이다. 5대 곡물(쌀, 보리, 밀, 옥수수, 콩), 7대 채소(배추, 무, 마늘, 고추, 양파, 대파, 당근), 3대 과일(사과, 배, 감귤), 한우 등이다. 수매방식은 정부직접매입, 농협위탁매입, 농협계약재배 등이고, 수매량은 곡물과 채소는 30%, 과일은 20%, 한우는 수매가 결정위원회에서 결정한다.

수매가는 각 품목별 수매가 결정위원회에 농민의 참여를 보장하는 상하한가 설정 방식이다.

전농 등 농민단체는 "농민에겐 가격보장, 국민에겐 농산물 가격 안정, 나라는 식량자급률 향상"이라는 1석3조의 효과를 기대하고 있다.

하지만 농식품부는 이 법률안에 대해 "우리나라의 감축대상 보조금

(AMS) 한도(1조 4,900억 원)를 초과하게 되어 WTO 협정상 보조금 감축 의무를 위반할 가능성이 높고, 정부의 재정부담이 대폭 증가되는 문제점이 있다"고 반대하고 있다. 이에 대해 전농 등 농민단체는 "감축대상 보조 총액은 1조 4,900억 원이 아니라, 최소 허용보조 약 4조 원"이라며 예산 과다 소요는 핑계일 뿐이라고 정면으로 반박하고 있다.

또 "곡물 채소 30%이상 수매, 과일 20%이상 수매, 한우 20만두 수매를 기준으로 초기 투자 비용은 약 8조 원"이라면서, 농협중앙회 상호금융특별회계 중 10%, 6조 6천 억 차입으로 자금조달이 가능하고, "2013년 농업예산 전체 예산 대비 1.4%, 국가 전체 예산 상승률 5.1%만 적용해도 매년 1조 원 정도를 수매제에 쓸 수 있다"고 주장하고 있다.

또 직불제 확대로도 충분하다는 의견이다. 2005년부터 2011년까지 매년 평균 1조 9천억 원을 고정직불금(6천 8백억 원), 변동직불금(4천 2백억 원), 공공비축미 사업(8천억 원)에 쓰고 있으나 쌀 소득은 지속적으로 하락하고 있다.[68]

근본적으로 전농 등 농민단체는 기초농산물 국가수매제를 '농민 인간선언운동', '농민조직 강화 운동', '식량 독립운동', '자주적 농정개혁 운동'으로 규정한다. 쌀, 배추, 감귤 등 생산농가가 가격 결정에 참여하고, 품목별 연합회, 농민회가 가격 결정 주도권을 쥐게 된다는 것이다.

국가수매제를 실현하면 농가부채 해결, 농지개혁, 농자재값 반값 실현, 농어업재해보상법 제정, 농협중앙회장 직선제 쟁취 등의 농정 개혁을 실현할 힘을 얻을 수 있다는 것이다.

---

68 이호중, 『기초농산물 국가수매제 세부시행방안 및 예산소요액 추정결과』, 너름연구소, 2012. 5. 11.

2. '식량자급률'을 법으로 정하자

농식품부가 정해놓은 2015년 곡물자급률(식량용+가공용+사료용+종자용 등) 목표는 30%, 식량자급률 목표는 57%다. 2020년 목표치는 각각 32%, 60%이다. 그런데 2015년에는 곡물자급률 23.8%, 식량자급률 50.2%에 그쳤다.

주된 원인은 경지면적 등 국내 생산기반이 크게 약화되고 해외곡물의 도입 여건도 순탄치 못한 점이다.

세계적 기상이변, 곡물수출 통제, 투기자금 유입 등 국제곡물시장에 상존하는 공급불안 요인도 중요한 이유다.

1970년의 곡물자급률은 80.5%이던 것이 1990년에는 43.1%, 2000년 29.7%, 그리고 2014년에는 24%로 떨어졌다. 같은 기간에 경지이용률 또한 142.1%, 113.3%, 104.8%, 102.5%로 동반 하락했다. 경지이용률을 회복하면 식량자급률도 높일 수 있을 것으로 보인다.

그래서 농식품부는 답리작(논 이모작 재배) 확대를 통한 경지이용률 제고를 식량자급률 제고의 해법으로 제시한다. 2015/2016 답리작 파종 목표 28만 7,000ha를 달성하면 전년대비 전체 곡물자급률은 1% 상승하고 총 6,700억 원의 농가소득 증대 효과를 거둔다는 것이다.

그러나 그런 단순한 처방으로 식량자급률 문제가 풀릴 것으로 기대하기 어렵다. 종합적으로 사고하고 접근해야 한다. 적정 농지면적 확보, 농가소득 안정, 소비기반 확충 등 식량안보 차원의 대책으로 크게, 근본적으로 풀어야 한다. 무엇보다 쌀 등 주식뿐 아니라 다양한 곡물을 심어야 식량자급률 목표가 가능하다. 그런데 농민들은 상대적으로 높은 소득이 보장되는 수도작 등 단작 관행을 포기할 수 없는 형편이다. 따라서 기초식량 국가수매제, 공공비축제 등 정부의 지원이 전제되어야 농민들에게는 동기부여가 되고 비로소 식량자급 목표 달성이 가능할 것으로 본다.

물론 정부에서는 곡물(식량)자급률을 높이기 위해 쌀 등 주요 곡물 공공비축제도, 다양한 농수산물 및 식품 안전 인증제도 등을 시행하고는 있다. 하지만 2004년 WTO 이후 추곡수매제도가 폐지되면서 농산물 수요 및 공급 시스템은 왜곡되고 붕괴되고 말았다. 오로지 시장과 상인들이 가격을 결정하고 있다. 농민이나 일반 국민들이 개입할 합리적이고 합법적인 통로가 없다.

근본적으로 농산물은 외부의 자연재해에 피해를 입는 수요예측 불가능한 고유 특성이 있는 만큼 시장을 통한 가격결정 시스템이 제대로 작동하기 어려운 속성이 있다. 그래서 시장가격은 불합리하고 불공정하다. 농산물 가격안정을 위한 장치로는 근본적으로 한계가 있다.

결국 국민이 먹을 식량은 나라가 책임져야 마땅한 이유가 여기에 있다. 기초농산물 국가수매제, 수매가격상하한제도, 주요 곡물 공공비축제 등이 필요한 이유다.

일정한 기초농산물을 국가가 수매하고 비축하면 곡물자급률 상승, 농산물 가격안정, 농업인 소득안정도 동시에 도모할 수 있다. 아울러 국민기초식량보장을 위한 기본계획을 통해 식품안전관리제도를 확립하면 안전한 농산물 및 식품의 생산 및 공급 기반도 보장할 수 있다.

그리고 현재 24%, 2020년 목표치 30%로 OECD 최하위 수준인 곡물자급률 목표치 자체를 50% 수준으로는 제고해야 한다. 그 나머지 50%도 기존의 글로벌 푸드시스템이나 곡물메이저 기업에 부당하고 불안하게 의존하지 않아야 한다. 가령 남북간 농업협력, 이른바 통일농업이 대안이 될 수있다. 남한의 쌀과 북한의 잡곡을 거래하면 된다.

무엇보다 국가단위 식량보장 협력체계부터 마련해야 한다. 인근 국가들끼리 식량보장 문제를 상호호혜적으로 협력하는 방법이다. 대표적인 사례는 가장 오래된 식량보장 협력체계인 유럽연합의 경우다. 유럽경제공동체 시절의 공동농업정책은 유럽 내의 식량안보는 유럽국가들이 공동으로 책임진다는 것이다.

해외농업개발 방식도 근본적인 변화를 줄 필요가 있다. 몽골, 시베리아, 연해주 지역에서의 농업개발을 기업이나 민간에만 맡기지 말아야 한다. 엄연한 공공의 영역이니 국익을 우선 고려해야 하는 국가가 나서서 책임지는 게 마땅하다. 이때 국가 간 협력 방식을 통하면 된다. 그래야 수출통제 같은 문제도 걱정하지 않을 수 있다. 안정된 식량안보시스템 구축이 가능한 것이다.

농민단체가 "농정의 신뢰회복과 농업·농촌대책의 실효성 증진을 위해 자급률 목표치를 설정해야 한다"고 지속적으로 주장해온 '식량자급률의 법제화'도 실현되어야 한다. 이에 대해 농식품부는 "식량자급률을 1% 끌어올리는 데 수천 억 내지 1조 원의 예산이 필요하고, 목표치를 정할 경우 적정수치 도출 과정에서 엄청난 논란을 벌여야 한다"면서 "자급률 목표치만 법제화해놓고 실천을 하지 않으면 무슨 의미가 있겠느냐"며 그 실효성에 의문을 제기한다.

사막에서 농사를 짓는 이스라엘은 전체 인구의 3% 정도의 농민이 국민식량의 95%를 책임지고 있다. 스위스는 평상시 65% 수준의 식량자급률을 유지하지만 비상시에는 100%(최저 칼로리 기준)로 높일 수 있는 식량안보 계획을 수립해놓고 있다. 쿠바는 1989년 이후 농업혁명에 성공해 대부분 유기농인 식량의 자급률이 98%에 달한다. 식량 자급률이 40% 수준인 일본은 공공비축제와 식량자급률 목표를 설정해 운용하고 있다. 식량자급률은 그 나라의 식량안보, 식량주권의 지표다. 국민의 생사가 달려있으니 국가는 법으로 약속해야 한다.

3. '공공비축제'를 보완하자

공공비축제는 정부의 양정개혁에 따라 2005년부터 기존의 추곡수매제를 폐지하고 도입되었다. 이 제도는 세계무역기구(WTO)에서 허용하는 제도로 재해 또는 국가 비상시 등을 대비해 일정 수준의 재고를 안정적으로 유지하겠다는 것이다. 따라서 국민의 안정적인 식량안보를 위한 물량을 확보하려는 정책목적이다.

이때부터 정부의 양곡관리정책의 기조는 크게 두 가지로 분리되었다. 쌀 농가의 소득 지지는 직접지불제 휴작이나 국가위기에 대비한 식량안보를 시가 매입을 통한 공공비축제로 달성하겠다는 것이다. 이는 시가 매입 · 시가 방출을 원칙으로 하는 세계무역기구(WTO) 마라케쉬 협정을 충실히 따른 것이다.

이같은 공공비축제는 아무래도 이전처럼 농가 소득 지지, 수확기 물량 흡수라는 효과는 기대할 수 없는 것이었다. 폐지된 추곡수매제가 농가 소득 지지, 수확기 물량 흡수, 식량안보 등 3가지 기능을 해왔다면 공공비축제는 오직 식량안보 기능만을 담당할 뿐이기 때문이다.

정부는 2012년 '양곡관리법'을 "국민식량을 안정적으로 확보하기 위하여 공공비축미곡을 비축 · 운용하여야 한다"며 일부 개정했다. 개정 이전에는 쌀 이외의 양곡은 공공비축제도의 대상으로 포함하고 있지 않았다. 식량주권 확보 차원에서 공공비축제도의 대상을 밀, 콩 등 여타 기초농산물까지 확대한 것이다.

우선 식량자급률 개선을 위해 공공비축 대상을 쌀과 함께 대통령령으로 정하는 양곡으로 확대했다. "국제곡물시장의 불안정성 증대에 대응하고, 재해나 비상시에 대비하여 국가가 일정수준의 재화를 비축하는 공공비축 제도의 취지에 비추어 볼 때, 미곡 이외에도 국내 소비량이 많고, 수급 · 가격의 변동성이 커서 비축을 통한 대응여력이 있는 곡물에 대하여는 미곡과 마찬가지로 비축할 필요성이 증대되고 있다"고 공공비축제도의 필요성과 효용을 인정, 강조하고 있다.

새로 대상곡물로 포함된 밀의 경우, 실제 거래가격(농가와 밀가공업체간 계약 단가)을, 콩의 경우 도매시장 가격을 매입 · 판매의 기준이 되는 시장 가격의 기준선으로 삼기로 했다. 쌀의 경우에는 공개입찰가격, 통계청 조사 가격 등을 시장가격 기준으로 삼았지만, 공개입찰이 없는 밀 · 콩 등은 이 가격이 적용되지 않기 때문이다.

그러나 지금 공공비축제에 기대하는 농심은 대상곡물의 추가가 아니다. 쌀 시장의 혼란 앞에 속수무책인 공공비축제의 부작용과 역기능이 농민들의 비판을 받고 있다. 공공비축제와 소득보전 직접지불제를 골자로 2005년부터 시행된 양정개혁으로 쌀값은 오히려 20년 전 수준으로 떨어졌다. 쌀 자급률조차 최근 5년 평균 91.8%에 불과하다. 결국 정책은 실패한 것으로 평가된다.[69]

2004년 마련된 지금의 양곡정책은 추곡수매로 공공에서 쌀값을 지지하다가 시장에 자유롭게 쌀의 가격과 물량을 내맡기는 정책으로 전환한 것이다. 공공비축제와 직불제는 본질적으로 쌀값 지지 기능이 없는 것이다. 그래서 사실상 쌀값 하락은 각오해야 하는 위험을 안고 있

69 원재정, 「2005년 양정개혁은 실패했다」, 한국농정신문, 2015. 12. 6.

는 정책이다.

김명환 GS&J 농정전략연구원장은 공공비축제의 관리 기준조차 제대로 지켜지지 않았다고 지적한다. "공공비축물량이 당초 목표는 연간 소비량의 17%인데 2006양곡년도 15.4%, 2007년 14.5%, 2008년 15.6%로 못 미쳤고, 풍작이었던 2010년에는 35.9%, 2011년에는 20.4%, 2015년에는 20%로 초과했다"면서 공공비축미 매입가격이 시장가격에 비해 7~12% 높아 시가 매입이란 원칙도 지켜지지 않았다는 것이다.

그래서 김 원장은 정부가 양곡관리의 원칙을 마련하고 지켜가야 한다고 제안한다. 중기과제로 공공비축용 매입과 관리방식을 개편해야 하는데 공공비축용과 실수요공급용, 풍작 시 시장격리대책을 분리해서 따로 가져가야 한다는 것이다. 단기적으로는 풍작 시 시장격리의 원칙을 마련, 생산량이 일정수준을 초과하고 가격이 일정수준 이하로 하락하면 공급과잉된 물량을 공공비축미와는 별도로 매입해 가격의 과도한 하락을 억제하는 운용원칙이 정해져야 한다는 것이다.[70]

4. '토종종자'를 찾고 퍼뜨리자

2016년은 국제연합(UN)이 지정한 '세계 두류(콩)의 해(IYP: International Year of Pulses)'이다. 2014년 '국제 가족농업의 해', 2015년 '국제 토양의 해'에 이어 3년 연속 농업 관련 주제로 지정된 것이다. 그만큼 전 지구적으로 식량안보의 위기가 점증되고 있다는 방증으로 해석된다.

---

70 서상현, 「'수확기 쌀 수급동향과 전망' 토론회」, 한국농어민신문, 2015. 11. 10.

'콩'은 원산지가 한반도다. 기원전 5세기부터 고조선의 영역으로 추정되는 북중국과 한반도 북부지역에서 콩(대두)을 재배한 것으로 알려진다. 하지만 지금은 콩은 물론이로 다른 양곡들도 토종종자를 찾기 어렵다. 농민들은 해마다 종묘회사에서 상품화된 종자를 구매해 파종을 한다. 그나마 국내 종묘회사들이 전부 몬산토, 신젠타 등 다국적기업으로 넘어가 비싼 로열티를 치르고 종자를 역수입하고 있는 실정이다.

그것도 발아능력을 제거해 씨를 받아도 다음 해에 파종을 할 수 없는 '터미네이터 종자', 종자에 특정한 약점을 심어 특정 농약을 사용해야 수확이 가능하도록 만든 '트레이터(Traitor) 종자' 등 개량종자들이다. 이런 종자를 파는 몬산토, 듀폰, 신젠타 등 10대 글로벌 기업이 세계 종자 시장의 70%를 점유하고 있다.

토종종자 연구가 안완식 박사에 따르면 "앉은뱅이 밀은 경남 남해에서 수집한 것으로 키가 작아서 쓰러지지 않는 특성을 이용해 미국 육종학자 불로그 박사는 수확량이 40%나 많은 다수확 밀 육종으로 1970년 노벨평화상을 받았다"면서 "세계 밀의 25%. 미국 밀의 95%에 앉은뱅이 밀의 유전자원이 들어갔고, 미국은 한국 콩 3,561종을 1900년대에 수집, 180종을 육종해서 미국콩의 80%를 점유하고 있다"고 밝힌다.

또 유럽에서 인기가 있는 백합은 우리나라 하늘나리와 털중나리를 교배해서 만든 것이라고 한다. 전 세계 자생종 나리 130종 가운데 10% 이상이 우리나라 산야에 자생하는데 제대로 지키지 못하고 있는 것이다.[71]

---

71 이재희, 「(토종종자를 지키는 사람들) 씨앗 한 톨에 잠들어 있는 한민족의 DNA」, 부산일보,

농업진흥청 농업유전자원센터(종자 은행)에 따르면 2015년 1월 기준으로 토종종자는 전체 20만 1천889 자원 가운데 4만 9천228 자원으로 24.4%에 불과하다. 안 박사는 한국에서 토종이 소멸되는 원인은 신품종 보급, 농업인구감소 및 노령화, 농업소득 증가, 생태계 파괴 및 남획, 도로, 공장, 간척 난개발 등에 있다고 진단한다.

그는 "유전자원의 역동적인 보전을 위해 종자은행에서 보전하는 것은 종자를 재우는 것"이라 비판하며 "농가에서 보존하면 농민들이 알게 모르게 육종을 해가면서 보존이 되므로 농민의 손에 의해 선발해야 적극적인 토종종자 활용이 가능하다"고 토종종자 보존과 확산을 위한 현실적 대안을 내놓는다.[72]

우리 정부도 2012년부터 10년간 예산 4,911억 원을 들여 '골든 시드 프로젝트'에 돌입했다. 파프리카 · 토마토 등 식물부터 수산 · 가축 종자를 개발, 종자 자급률을 높여 종자강국에 도약하는 게 목표다. 하지만 토종종자 보존 · 연구는 후순위로 밀려 있다. 토종종자작물 수요가 많지 않고 '골든 시드(Golden Seed)'라는 이름에서 암시하듯 정부, 기업 모두 '돈이 될만한 상품성 있는 종자'를 개발하는 데 우선순위를 두고 있기 때문이다.

안 박사는 "토종종자는 유전정보를 이용해 우수한 품종 개발의 열쇠가 되고 변화하는 기후 · 환경에 적응하며 자라는 과정에서 우수한 유전 형질을 획득한다"고 토종종자의 특성과 가치를 거듭 강조한다. 토종종자는 사업성, 시장성을 추구하는 기업보다, 종자주권, 식량주

2015. 12. 20.

72 「특집세미나-유기농업을 위한 토종종자의 보존과 관리」, 흙살림, 2007. 10.

권을 지켜야 할 책임이 있는 정부가 나서 발굴하고 보존해야 한다는 것이다.

5. '우량농지'로 환경도 지키자

2015년 말 농식품부는 농업진흥지역 10만ha에 대한 해제 및 행위 제한 완화를 검토하겠다는 발표를 했다. 이 검토안에 대해 상대적으로 저평가된 해당 농지의 가치가 상승할 것이란 기대와, 농지전용으로 인한 경지면적 감소로 논, 밭작물의 생산 감소가 불가피하다는 우려가 엇갈리고 있다.

1992년 처음 지정된 농업진흥지역이란 '농지를 효율적으로 이용·보전하기 위해 우량농지로 지정한 지역'을 말한다. 농업진흥구역과 농업보호구역으로 구분되며 농업진흥구역은 평야지 10ha, 중간지 7ha, 산간지 3ha 이상 농지가 집단화된 지역으로서 농업목적으로 이용하는 지역이다. 농업보호구역은 농업진흥구역의 농업용수원을 확보하거나 수질보전을 위해 환경을 보호해야 하는 지역이다. 즉, 양질의 농업용수를 확보하고 농업진흥구역이 오폐수로 인해 오염되지 않도록 청정하게 관리될 필요가 있어 지정되는 것이다.

이처럼 농업진흥지역을 지정하는 이유는 한마디로 농지를 보존하고 농업을 육성하자는 목표 때문이다. 농지법을 보더라도 농지는 "국민에게 식량을 공급하고 농업발전에 영향을 미치는 귀중한 자원으로서 소중히 보전되고 투기의 대상이 되어선 안 된다"고 명시하고 있다.

하지만 농업진흥지역 지정제도의 개선을 요구하는 목소리도 없지 않다. 1992년 처음 지정하고 2007~2008년 일부 해제 조치를 했지만 시대상황과 여건의 변화에 따라 농업진흥지역으로 관리하기 부적절한 곳이 발생했다는 게 이유다.

무엇보다 농업진흥지역으로 지정되면 농지전용이 어렵다. 농지법 제32조에 의해 농업진흥구역에서는 농업생산 또는 농지개량과 직접적으로 관련되지 않은 토지이용행위를 할 수 없기 때문이다. 이에 따라 자산가치가 떨어져 재산권을 침해받는다는 민원이 다발하고 있다.

이번 농식품부의 해제 및 완화 조치에 따라 우량농지로 지정된 농업진흥지역 가운데 도로 · 철도 건설 등의 개발로 여건이 변해 농지로서 기능을 떨어진 곳이 그 대상이 될 것으로 예상된다. 농업진흥구역이 3ha 이하로 남은 경우는 해제가 되고, 3~5ha로 남은 경우는 농업진흥구역에서 농업보호구역으로 전환된다. 또 경지정리가 되지 않은 녹지지역(녹지의 보전이 필요한 지역), 농지로 사용되지 않은 농업진흥구역은 해제 대상이 된다.

2014년 기준으로 우리나라의 농지면적은 논 93만 3,600ha, 밭 75만 7,500ha 등으로 총 169만 1,000ha이다. 이 가운데 이른바 '우량농지'라고 할 수 있는 농업진흥지역은 81만 1,000ha(논 71만 4,000ha, 밭 9만 7,000ha)이다. 이번에 해제 또는 완화대상으로 검토되는 10만ha는 서울 면적의 1.7배에 달하는 규모다.

농식품부는 이번에 농업진흥지역에서 해제되는 토지는 기업형 임대주택 부지 등으로 쓸 계획인데 주로 도시 주변의 농업진흥지역 토지 가운데 일부가 해제 또는 완화 대상이 될 가능성이 크다고 밝히고 있다. 농업진흥지역에 임대주택 또는 가공, 유통 시설 등이 등장하면 농업과 농촌 발전에도 해가 되는 건 아니라는 논리다.

하지만 이런 농식품부의 시각과 의견은 불안하고 위험하다. 농지는 한번 전용되면 복원이 사실상 어렵다. 식량자급률과 인구, 식생활 변화 등을 고려한 과학적인 농지보전 대책이 전제되지 않고 논·밭 전환을 고려한 생산기반정비 등의 기술적인 검토가 병행되지 않고서는 농민의 반발이 있을 것으로 우려된다.

이에 대해 농식품부(농지과 문지인 사무관)는 "식량자급률, 식생활 변화, 통일이후 등을 대비해 국가가 가져가야 할 농지보전의 목표치를 바탕으로 선제적으로 관리할 적정농지면적을 산출하려면, 식량과 곡물을 위주로 필요한 농지를 먼저 산정하고 과수와 채소, 축산을 포함해 최소한의 보전면적을 도출할 계획"임을 밝히고 있다. 또한 "선택과 집중을 통해 우량농지는 철저히 보전해 농업용으로 이용하고, 활용가치가 낮은 농지를 중심으로 규제를 합리화할 예정"이라며 "농지보전부담금의 경우 어느 땅을 개발하든 30%로 동일했는데, 진흥지역은 40%, 진흥지역 밖은 20% 등으로 차등을 둬서 개발업자 입장에서도 진흥지역 밖이 더 이익이 될 수 있도록 하는 방향에서 검토할 것"이라고 한다.

한국농촌경제연구원 김홍상 연구위원은 "우량농지보전을 위한 재산권 보상이 되려면 경자유전의 원칙을 중심으로 한 법체계와 틀에 대한 연구가 필요하다"며, "선진국처럼 농업의 다원적 기능, 즉 환경보전, 기후변화 대응, 농촌경관유지 등의 행위에 대해 직불금으로 지원해야 한다"고 주장했다.

근본적으로 농지는 오직 농산물 생산기능 외에 다원적, 공공재적 가치도 함께 조명되어야 한다. 농지는 생산기반 역할 외에 국토경관과 생물다양성의 유지, 물 관리 및 홍수예방, 대기질 개선 등 다원적 가치

가 86조 원에 달한다.[73]

경상대 장상환 교수(쌀 관세화와 우리농업 희망찾기, 2014.7월)에 따르면 이러한 농지에 기반을 둔 농업의 공익적 기능은 농산물 공급(안전한 식량의 안정적 공급, 공업원료 공급), 물 보전(수자원 함양, 수질 정화, 홍수 조절), 토양 보전 (토양침식 방지, 토사유출 방지, 오염물질 분해)을 발휘하고 있다.

또 대기 보전(산소 공급, 탄산가스 흡수, 기후 완화, 방음), 쾌적환경 보전(경관 유지, 휴양공간 제공, 재해 방지, 피난처 제공), 지역인구 유지(도시과밀 방지, 노년층 취업기회 제공) 등 다원적이고 복합적이다. 우량농지의 보전은 농업생산, 주거 및 도시 개발 등 오로지 경제적 관점과 기준만으로 판단할 게 아니다. 환경, 사회, 문화 등의 비경제적 변수와 영향을 총체적으로 고려해야 할 것이다.

---

73 서상현, 「"전용된 농지 복원 어려워…식량안보 연계 농지보전 목표치 마련을"」, 한국농어민신문, 2015. 11. 20.

018

'농정 재정'을 합리적으로 쓰자

1. '주빌리은행과 라이파이젠은행'을 세우자

통계청의 2014년 농가경제조사 결과를 보면, 지난 45년 동안 우리 농가의 농업소득은 53배 쯤 증가했다. 1970년 194,000원에서 2014년에는 1천만 원(10,303,000원)이 넘었다. 여기에 농업외 소득을 합산한 농가소득은 256,000원에서 34,950,000원으로 136배나 늘었다. 그런데 농가소득에서 농업소득은 29.5%에 불과하다.

지표만 보면 농업소득도 농업외 소득도 모두 늘었다. 시간이 갈수록 물가는 인상되면서 화폐가치는 떨어지기 때문에 이것은 당연한 일이다. 그래서 소득이 증가했다는 것은 한낱 숫자놀음에 불과한 허구다. 진실은 부채 뒤에 가려있다. 같은 기간에 농가부채는 16,000원에서 27,878,000원으로 1,742배 상승했다. 증가율로만 보면 농가부채가 농업소득보다 33배, 농가소득보다는 13배 더 많아졌다. 농민들은 빚을 내서 농사를 짓고 생계를 겨우 이은 셈이다.

엎친 데 덮친 격으로 농업경영비는 1970년 54,000원에서 2014년 21,875,000원으로 405배나 올랐다. 그나마 농민 본인과 가족의 노동력의 대가, 인건비는 포함되지도 않았다. 그동안 우리 농가는 농사를 지어서 돈을 벌기는커녕 빚만 지고 손해만 보고 산 셈이다.

농정당국은 농가소득 문제에 대해 농자재 가격 안정, 농업기계화, 농업기반 정비 등을 대책이라고 꺼내놓곤 한다. 하지만 미봉책일 뿐이다. 증상이 아닌 원인을 고쳐야 한다. 기본과 구조부터 손을 보아야 한다. 아무리 정직하고 성실하게 농사를 지어도 농사만 지어서는 먹고 살기 어렵고 빚만 늘어나는 악순환의 고리를 끊어야 한다.

무엇보다 농가부채 문제가 심각한 건 사채비율이 증가하고 있다는 사실이다. 이는 고금리 부담으로 이어져 농가의 재무건전성을 더욱 악화시키는 주범이 되고 있다. 2014년도 농가부채(평균 2,788만원) 가운데 금융기관 차입금은 80.2% 수준이다. 2000년 94.6%에서 14년 만에 14.4%가 감소한 수치다. 대부분의 농가들이 담보가 부족해 금융기관의 대출 문턱에 막혀 고금리 사채를 이용할 수밖에 없기 때문이다.

정부나 국회는 농림 수산업자 신용보증기금의 신용보증 지원으로 생산성 · 사업성이 양호한 농가 위주의 저금리 농업 정책자금을 확대한다고 한다. 하지만 이조차 신용도가 낮을 수 밖에 없는 대다수 소농, 영세농이 통과하기는 어려운 제도권 금융의 관문일 뿐이다.

농가부채 해결을 위한 보다 근본적이고 혁신적인 중장기 처방이 필요하다. 가령 농가의 상환능력, 부채규모, 경영정상화 가능성 등을 종합적으로 진단하고 평가한 후, 10년 이상 장기 분할상환방식 전환, 대출금리 인하, 연체이자 면제 등 부채 경감, 채무조정, 연대보증 책임 면제, 신용보증평가 제도 선진화 등의 실질적인 조치가 필요하다.

한국농업경영인 중앙연합회는 농가부채 경감을 위한 기금 마련을 위해 한국자산관리공사 내에 정부 · 민간 출연기금으로 '농가부채 부실채권 정리기금'을 마련하자는 제안도 하고 있다. 금융기관이 갖고 있는 부실채권을 사들인 뒤 일정 기준을 충족한 농가들에 대해서는 이자를 탕감해주는 방식이다.

'농촌형 주빌리(Jubilee)은행'도 연구해볼 필요가 있다. 주빌리은행은 장기 연체된 부실채권을 사들여 채무자들의 빚을 탕감해주는 은행을 말한다. 한국에서는 2014년 사단법인 희망살림과 사회적 기업 에듀머니 등 시민단체를 주축으로 롤링 주빌리 프로젝트가 시작되었다.

여기서 주빌리(Jubilee)는 기독교의 희년(禧年)을 뜻한다. 희년에는 죄를 용서받고 부채를 탕감하고 노예를 해방하는 전통이 있다. 주빌리은행은 은행법에 근거한 통상적인 은행은 아니고 장기 채무자의 부실채권 구매를 위해 출범한 일종의 프로젝트 은행인 셈이다.

주빌리은행은 부실채권을 원금의 3~5%로 사들인 다음, 채무자가 원금의 5~7%를 갚으면 빚을 탕감해준다. 부실채권 시장에서 개인 채무자들의 채권이 낮은 가격에 거래되고 있다는 점에 착안한 방식이다. 은행의 장기 연체된 채권은 손실로 처리되어 대부업체 등에 낮은 가격으로 매각되는데, 대부업체는 원금의 1~10% 정도 가격으로 매입한 부실채권 추심을 통해 채무자에게 원금을 상환 받는다.

주빌리은행에서 부실채권을 매입하는 재원은 기부금과 채무자들의 상환금으로 조달한다. 채무자가 빚을 상환할 능력이 전혀 없다고 판단할 경우 부채를 전액 탕감받을 수도 있다. 다만 특정인의 채무를 선택해 매입할 수 없는 부실채권의 특성상, 채무자가 주빌리은행에 직접 채권 매입을 요청할 수는 없다. 한국의 주빌리은행은 1년에 약 1,000억 원의 채권 매입을 목표로 하고 있다.

| 오스트리아 잘츠부르크의 라이파이젠은행 |

신용협동조합의 아버지로 불리는 라이파이젠이 신용협동조합을 만든 이유는 농민의 고리채 문제를 해결해주겠다는 것이었다. 18세기 독일의 봉건적 토지소유자와 지배 권력자가 야합한 산업혁명의 결과, 도시의 영세 독립 소생산자들과 농촌의 소작농들은 상업자본가의 고리채에 의존하면서 경제적인 수탈을 당했다. 특히 1847년 대기근으로 독일 농민들은 기아에 허덕이며 고통을 받았다.

그때 농촌지역 바이어부쉬의 시장이었던 프리드리히 빌헬름 라이파이젠(F.W.Raiffeisen)이 구세주처럼 나타났다. 마을기금을 조성해 농민들에게 곡식을 외상으로 나눠주고 1849년에는 프람멜스펠트 빈농구제조합을 설립해 농민들에게 가축을 구입할 자금을 빌려주었다. 조합원 60명이 무한 연대책임으로 돈을 빌려 가축을 사고 5년 동안 나누어 상환하는 대출방식이었다. 농민들이 함께 세운 신용협동조합은 1862

년에 라이파이젠은행(Raiffeisenbank) 전환, 오늘날 세계적인 우량 금융회사로 성장했다.

우리 농촌에도 만성적인 악성부채를 탕감해줄 주빌리은행이 필요하다. 농가의 구조적인 고리부채를 해소해줄 협동조합형 라이파이젠은행도 필요하다.

2. '농민 사회복지세'부터 도입하자

2013년 정의당 박원석 의원은 조세정의 · 복지확대를 위한 '사회복지세법'을 발의했다. "양극화 심화에 따른 소득불균형 해소와 국민들의 삶의 질에 대한 욕구 증대 등 복지가 시대적 과제로 대두되고 있다"면서, "우리나라가 명실상부한 복지국가로 나아가기 위해서는 많은 현실적 과제들을 해결해야 하는데, 특히 낮은 조세부담률, OECD 꼴찌 수준의 복지지출비중 등 복지확대에 필요한 재정적 뒷받침이 절대적으로 필요한 상황"이라고 문제 제기를 했다.

따라서 "'사회복지세법'을 제정하여 복지사업에 필요한 안정적인 재원을 조달하여 양극화 해소와 보편적 복지확대에 기여하고, 특히 그 재원을 지자체에 교부함으로써 지방재정 안정도 도모하려는 것"을 제안 이유로 설명하고 있다.

법안의 주요 목적은, 조세 형평성 제고와 사회복지 사업에 필요한 재원을 확보하기 위하여 소득세, 법인세, 상속세 및 증여세, 종합부동산세에 대하여 사회복지세를 부가하는 것이다. 이때 납세의무자는 소득세, 법인세, 상속세 및 증여세 또는 종합부동산세의 납세의무가 있는 개인 또는 법인으로 한다.

이같은 사회복지세의 의의는 소득세, 법인세, 상속증여세, 종합부동산세 납세의무자로 하여금 해당 납세액의 15~30%를 가산하는 방식(surtax)의 사회복지 목적세를 신설하고, 사회복지세 재원은 오로지 복지확충을 위한 재원으로만 사용하도록 하는 데 있다. 예상 세수는 연간 15조 원 내외로 예측된다. 대부분 소득세할과 법인세할 사회복지세로 구성된다.

현재 우리나라는 경제적 양극화가 확대되고 저출산, 고령화 등의 사회적 문제가 심각한 지경이다. 저소득층, 장애인, 노인, 청년, 실업자 등 사회적 약자에 대한 사회복지비 등 사회안전망은 부족하거나 부실하다. 특히 농민 복지, 농가 소득안정 등 사회안전망을 구축하기 위한 안정되고 예측 가능한 예산을 조성하려면, 사회복지세를 통한 사회복지비 재원의 발굴 및 개발이 우선될 필요가 있다.

출산, 보육, 교육, 고용, 실업, 노후생활에 이르기까지 농민을 비롯한 다수 국민을 대상으로 하는 보편적 복지는 시대의 요구다. 다만 그에 상응하는 재정적 뒷받침이 수반되어야 하는 게 문제다. 재정 뒷받침이 없는 복지정책이나 제도는 허구다. 실패한다. 또 사회양극화와 소득불평등을 개선하기 위해서 납세자들의 세금부담 능력에 합당한 세금을 부과한다는 합리적 명분도 충분하다. 목적도 사회복지 재원으로서 정당하다.

특히 지방정부에 대해서는 현 지방교부세에 사회복지세의 30%(매년 4.5조 원 내외)를 재원으로 하는 '사회복지교부세'를 신설한다. 광역과 기초 지자체 전부를 교부대상으로 하고, 교부기준은 인구 등 지자체 복지수요와 지자체 재정 여건을 적절히 함께 반영한다.

또 사회복지세의 20%(매년 3조 원 내외)를 재원으로 현 지방교육재정교부금에 '교육복지교부금'을 신설한다. 초중등학교 급식에서 보호자가 부담하여야 할 경비의 지원(무상급식 비용) 등을 포함, 학생교육복지를 확대 강화하기 위한 재원이다.[74]

중앙이나 지방이나 공히 실업수당 도입, 고용보험의 보장성 강화, 그리고 비정규직의 정규직 전환과 같은 고용 및 실업대책도 강화할 수 있다. 기초연금, 기초생활급여 인상, 장애인 수당 도입과 같은 저소득층, 사회적 약자에 대한 지원도 포함된다.

그런데 농민은 사회적으로 복지사각지대에 놓인 저소득층의 표본이라 할 수 있다. 기존의 사회복지세 조성 및 사용 구조를 참조하여 대표적인 복지소외 집단인 '농민'들을 특정 대상으로 하는 이른바 '농민 사회복지세'부터 우선 신설하자. '농민 기본소득'의 유력한 재원으로도 요긴하게 활용할 수 있을 것이다.

3. '독일 농정'에서 배우자

독일의 농림수산업 생산총액은 독일 국내총생산(GDP)의 0.8%에 불과하다. 농민은 전체 경제활동인구의 2%도 안 된다. 그런데 식량자급률이 85%에 이르는 농업선진국이다. 전체 28만여 농가의 90%는 가족농이고 70%의 농지를 점유하고 있다. 나머지 10%는 협동조합(Gemeinschaft) 또는 주식회사 형태인 일종의 기업농이다. 농가당 평균 농지경작 면적은 평균 58ha 정도이다. 전체 농가의 절반은 육가공, 농박 등 부업을 겸하는 겸업농가다.

---

74 이종석, 「조세정의 · 복지확대를 위한 사회복지세 도입 방안」, 정의당 박원석 국회의원실, 2013.

| 독일 호헨로에 농민생산자조합(Gemeinschaft) |

독일 농가는 연간 250억 유로(약 32조 원)의 소득을 밀 등 곡류로 올린다. 낙농, 축산은 총 221억 유로, 우유가 95억 유로, 돼지고기 66억 유로, 소고기 38억 유로, 양계 19억 유로 수준이다. 평야 초지의 넓은 장점을 살려 축산업 비중이 높은 편이다. 손이 많이 가고 품이 많이 들어 생산원가 부담이 큰 과일, 야채 등은 피한다. 주로 인근 국가에서 수입해 먹는다.

농가 평균 소득은 약 5만 1천 유로(약 6천 5백만 원)이다. 농부 1인당 소득으로 계산하면 3만 4천 유로(약 4천 4백만 원)이다. 도시 임금노동자 연봉의 약 80% 수준이다. 그런데 농가소득에서 주요 수입의 원천은 농업이 아니다. 유럽연합, 정부, 주정부가 지급하는 각종 농업지원금이다.

연간 지급되는 금액은 농가당 평균 3만 1천 유로(약 4천만 원)나 된다. 농가소득 가운데 농업지원금 소득이 60%가 넘는 셈이다. 2010년을 기준으로 EU의 총예산 1229억 유로 가운데 농가에 571억 유로가 지원됐다. 전체 예산의 46.5%에 해당한다. 437억 유로는 농가에 직접 지불금 형태로 지원됐다. 지원금에서 가장 큰 항목이 '직접지불금'인 것이다. 유럽연합 공동농업정책(Common Agricultural Policy, CAP)에 따라 EU 회원국가 모든 농민에게 지불된다.

직불금은 경작 농지 규모에 따라 직접지불형태의 보조금으로 1ha당 318유로를 받는다. 가령, 독일 내 소농 약 19만 농가는 농가당 연평균 1590유로의 직불금(약 1500만 원)을 지원받는다. 전체 농가의 1.5%인 이른바 대농 5690농가는 농가당 연간 28만 3,105 유로(약 3억 6천만 원)를 지원받는다.

이밖에 농업환경프로그램에 따라 약 30%, 조건 불리 농경지는 보상지불, 친환경농업 녹색(Greening) 지불, 소농 지불 등이 가산된다. 특히 개정된 유럽연합 공동농업정책 프로그램에 따라 2014년부터 2020년 까지 '젊은 농업인 지원'항목도 신설됐다. 40세 이하 신규농업종사자에게 기존 직불금의 25%를 추가 지불하겠다는 것이다. 젊은 농업인에게는 직불금 외에도 공유지 임대, 농업 시설물 설비 보조금 10%의 추가 지원도 주어진다.[75]

무엇보다 독일 농민들은 유럽연합과 독일 정부의 농업지원금 이전에 이미 농촌에서 '먹고사는 걱정을 하지 않고' 생활할 수 있도록 사회안전망이 잘 갖춰져 있다. 무상교육, 무상의료를 비롯 재해 보험, 의료보험, 간병인 보험, 노령 보험 등 사회보장 시스템이 농민들을 농촌에

75 임성희, 「독일통신 14 - 더 나은 농업은 가능하다」, 녹색연합, 2015. 2. 27.

서 떠나지 않도록 지켜준다.

이렇게 독일 등 선진 유럽의 농정예산은 '돈 버는 농업' 보다는 '사람 사는 농촌'을 위해 주로 쓰여지는 듯하다. 농업전문학교를 졸업하고 농부 국가자격증까지 취득해야 농사를 지을 수 있는 정예화된 2%의 독일 농민들조차 농사만 지어서는 먹고살지 못하기 때문이다. 그래서 농촌을 지켜야 하는 독일 농민들이 농촌을 떠나지 않도록 국가에서 직불금으로 먹여살려주는 것이다.

무엇보다 독일에는 농부들 스스로 욕심을 조절하고 규제할 수 있도록 법과 정책이 마련돼 있다. 1954년에 만들어져 60년 넘게 철저히 지켜지고 있는 녹색계획(Green Plan)이다. 도시보다 농촌이, 돈보다 사람이 먼저인 독일의 농업정책은 바로 이 4가지 원칙에 바탕을 두고 있다.

첫째, 농민도 일반국민과 동등한 소득과 풍요로운 삶의 질을 향유하며 국가 발전에 동참한다. 경쟁력 향상, 소득 증대만 추구하면 대다수 소농들의 토대는 무너지고 이농을 할 수밖에 없다.

둘째, 국민에게 질 좋고 건강한 농산물을 적정한 가격에 안정적으로 공급한다. 농산물을 과대포장해 비싸게 파는 것은 세금을 내는 국민을 배반하는 일이다.

셋째, 국제 농업과 식량문제 해결에 기여한다. 자국의 먹을거리 문제 해결은 물론, 먹는 것으로 다른 나라의 목을 조이지 않는다.

넷째, 자연과 농촌의 문화경관을 보존하며 다양한 동식물을 보호한다. 농촌의 자연, 문화 경관은 모든 국민이 즐길 권리다. 국도변, 아름다운 호숫가에는 상점도, 간판도 들어설 수 없다.

그리고 평균적인 농민들은 이기적으로, 경쟁적으로, 독과점적으로 '저 혼자만 잘 먹고 잘 살 수 없게', '생활에 필요한 돈 이상은 못 벌게', 유기농업이나 지역농업에 충실하게 법이나 조합의 정관으로 규정하고 있다. 그리고 농촌공동체, 농업 협업경영체(Gemeinschaft) 동지들 사이의 약속으로 서로가 서로를 엄중하게 단속하고 규제하고 있다.

독일 농촌에는 더 놀라운 사실도 있다. '농촌에 최소한 유지되어야 하는 인구밀도'가 헌법에 명시되어 있다. 그래서 '농민들이 농촌을 떠나지 않도록', '굳이 떠날 생각조차 들지 않도록' 정부의 공무원들은 애를 쓰고 있다. 농민들이 살고 있는 농촌의 전통과 경관을 지키려고 들판의 나무 한그루도 함부로 베지 않는다. 농업소득보다 많은 소득보전 직불금도 다 그런 인간적이고 사회적인 정책의 성과물이다.

독일을 비롯한 EU회원국가의 농정 당국이 그토록 농업과 농촌과 농민을 보호하는 이유가 농업의 10가지 기능 때문이다. 우리도 농업과 농촌과 농민을 지키기 위해서는 이 10가지 기능을 농정 예산을 설계하고 집행하는 기준으로 삼아 그대로 반영하면 된다. 결코 어려운 일이 아니다.

하나, 농업은 우리의 식량을 보장한다.
둘, 농업은 우리 국민산업의 기반이 된다.
셋, 농업은 국민의 가계비 부담을 줄여준다.
넷, 농업은 우리의 문화경관을 보존한다.
다섯, 농업은 마을과 농촌공간을 유지한다.
여섯, 농업은 환경을 책임감 있게 다룬다.
일곱, 농업은 국민의 휴양공간을 만들어준다.

여덟, 농업은 값비싼 공업원료 작물을 생산한다.

아홉, 농업은 에너지 문제 해결에 이바지한다.

열, 농업은 흥미로운 직종을 제공한다.

4. '무역이득'으로 보상하자

FTA 피해 보전대책인 무역이득 공유제의 대안으로 정부가 제시한 농어촌 상생기금은 논란의 여지가 많다. 당초의 도입 의도에 맞는 농업 피해 보전의 성격이라기보다 생색내기 위한 기부금, 지원금 정도로 의미가 축소, 변질되었기 때문이다. 농협, 수협까지 포함시킨 것은 농어민의 돈까지 재원 마련에 끌어들이는 셈이다. 게다가 주요 재원인 민간기업과 공기업의 기부금은 준조세처럼 기업의 부담을 가중시킬 우려가 높다.

전국농민회총연맹도 "FTA로 인해 피해가 발생한 부문에 대해서는 국가가 대책을 마련하고, 예산을 투여하는 것이 마땅한데도 기금 재원 마련과 운영을 민간에 맡기고 정부는 뒤로 빠지는 것은 국가의 책임을 포기한 것"이라면서 "'농민들이 기업돈을 뜯는다'는 막말이 나오는 것은 제도 자체가 갖는 근본 문제에서 발생한 것으로 FTA 대책과 기금 조성을 두고 농민과 기업 간 갈등의 씨앗을 만들어 놓은 꼴"이라고 비판하고 있다.

이처럼 정부가 꺼내놓은 농어촌 상생기금 카드는 불완전한 일시적 미봉책이 될 우려가 크다. 당초의 '자유무역협정(FTA) 무역이득 공유제'의 초안으로 다시 돌아갈 필요가 있다. 2015년 국회에서 발의된 '자유무역협정 체결에 따른 농업인 등의 지원에 관한 특별법 개정안'은

"FTA로 해당 산업별 순이익을 조사·분석하여 순이익이 발생한 산업별로 일정 부분을 환수해 농어업인 등을 지원할 수 있는 대책을 수립하자"는 게 원안의 취지다. 자유무역협정의 이행으로 농어업분야는 피해가 예상되는 반면 제조업·서비스업 등의 타 산업분야는 수출의 증대로 인하여 상당한 순이익이 발생할 것으로 예상된다.

이에 대해 인천대 이명헌 교수는 "국회에서 제기된 쟁점은 무역 이득에 대한 부담 부과가 헌법과 합치하는가 하는 것과 환수대상 산업, 이익의 결정, 환수 대상자 결정 등 기술적 문제"이고 경제적 측면의 쟁점도 고려해야 한다면서, "동반성장 투자재원 방식처럼 기업의 자발적 농업지원기금 창설을 비롯해 농업재정의 구속력 있는 중기재정계획, EU의 공동재정처럼 관세액의 일정 비율을 전입하는 식으로 특별회계로의 일반세 신규전입 재원 확보, 현행 농특세의 세원 정비 및 신규 목적세 도입 방안"을 대안으로 제시한다.

이에 대해 정부는 "FTA로 인한 수혜분야와 피해분야의 미스매치(불일치)를 부각시켜 협상의 균형점을 찾도록 사회적으로 환기시키는 측면에서 무역이득 공유제 제기는 의미가 있다"면서도 "법인세, 부가세, 수출세 등을 통해 재원을 확보해도 기재부가 전체 예산 범위에서 항목을 조정하는 만큼 농업분야만의 예산확보가 어렵다"고 부정적 시각을 고수하고 있다.

한국농업경영인 중앙연합회는 무역이득 공유제와 관련해 "FTA 무역이득 공유를 위한 농어촌부흥기금 마련과 농업인단체-수출기업 간 상생 프로그램 마련 및 관세수입의 농어가 소득안정화 기금 전환 방안"을 제안하고 있다. 여기서 농어촌부흥기금은 수출산업에 목적세를 부과하거나 법인세 1%를 기금으로 적립해 FTA 피해산업인 농어업에 대한 지원책을 마련하는 것이다. 관세 수입의 농가소득안정화기금 전환은 농축산물 수입관세 중 50%를 해당 품목에 대한 가격 안정화 기금으로 전입시켜 농축산분야 경쟁력 제고에 안정적으로 사용될 수 있는 재원으로 목적세화하는 방안이다.

전희식 녹색당 농업 · 먹거리특위 위원장은 '무역이득금 공유제'라는 말부터 '농업파괴무역 부당이득금 환수제'로 바꾸자는 제안을 하고 있다. "수혜와 피해의 주체가 명확해야 하고 정책시행의 목적성이 드러나야 하는데 '무역이득금 공유제'는 자칫 농민들이 남의 밥상에 숟가락 올리려는 것처럼 보일 수 있다"는 의견이다. 수출기업이 무역이득의 일부를 자발적으로, 또는 반강제적으로 '기부'하는 게 아니라 농민의 피해를 마땅히 의무적으로 '보상'하는 게 당연하다는 논리다.

5. '고향'에 세금을 내자

한 · 중 FTA 피해대책인 '무역이득 공유제' 대안으로 합의된 농어촌 상생기금은 농식품부가 일본의 고향납세제도에서 착안한 것으로 알려졌다. "농업과 기업, 농업과 도시가 상생할 때 갈등이 최소화되고 발전할 수 있기 때문에 일본의 고향납세제도 도입을 2년 전부터 검토해왔고 이번에 제안한 것"이라고 농식품부는 설명한다.

농어촌 상생기금은 농 · 수협, 공기업, 민간기업의 기부에 의해 매년 1,000억 원씩 1조 원 가량의 재원을 조성하여 농어촌 상생협력에 사용하기로 되어 있다. 출연기업에게는 세제혜택 등이 주어진다. 주로 도시 기업의 돈을 농촌의 농업과 나누는 상생의 효과가 있다고 보는 것이다.

일본의 '고향(후루사토) 납세제도'란 고향을 떠나 대도시에 거주하고 있는 납세자가 자신의 출신지나 지원하고자 하는 지역에 기부금을 내는 것이다. 그러면 거주지의 주민세에서 최대 10%까지 직접 세액을 공제받을 수 있는 제도이다.

인구의 수도권 밀집현상으로 각 지방의 세금 감소 및 지방경제 낙후현상이 지방 간 격차로 이어지는 것을 막기 위한 것으로 국가 차원에서 지방과 직결하여 국민이 납세(기부)를 하도록 2008년에 제정된 제도이다.

가령 납세자의 기부금 중 2천엔이 넘게 기부한 부부에 대해서는 일정 상한까지 원칙에 의해 소득세, 개인주민세에서 전액을 공제해준다. 연봉 700만엔의 급여소득자로서 자식이 없는 부부라면 3만엔을 기부했을 때 2천엔을 뺀 2만 8천엔이 공제되는 방식이다.

공제를 받기 위해서는 기부를 한 다음 연도에 확정신고를 해야 하고 자신이 태어난 고향이나, 또는 응원하고 싶은 지자체 등 어떠한 지자체에도 기부가 가능하다. 대다수의 지자체는 기부자에게 답례로 해당 지역 특산물을 제공하고 있어 지역산업 활성화에도 기여한다.[76]

일본 정부가 2008년에 이 제도를 도입한 취지는 대도시와 농어촌 간의 세수 격차로 인해 지방 주민의 생활여건이 악화되고 있기 때문이다. 따라서 고향납세제도를 통해 지방세 세수의 균형을 맞추려는 목적이다. "자기를 낳아주고, 길러준 고향에서 세금을 사용하고 싶다"는 납세자의 향토애까지 제고하는 효과도 거두었다.

고향납세제의 장점은 우선 인구감소로 지역 간의 경제 · 세원격차가

---

76 혼마히로미, 「일본 후루사토납세제도」, 농수산식품수출지원, 2015. 4. 3.

확대되는데 지방의 세원을 늘려 재정격차를 줄이는 재원배분의 효과를 들 수 있다. 또 납세자가 태어나 성장한 지역의 자치단체가 부담한 교육비와 복지비용를 환원할 수 있는 효과도 있다.

하지만 '고향'의 기준을 설정하는 문제, 행정서비스의 수혜자가 조세를 부담한다는 '수익자부담의 원칙'에 위배되는 문제, 현행 세수 격차를 줄이는 목적의 지방교부금 제도와 기능이 겹치는 문제 등은 숙제다. 결국 조세와 관련된 정부와 지방자치단체, 그리고 지방자치단체 상호 간 이해관계와 갈등을 어떻게 조정할 것인지가 제도 도입의 관건이 될 것이다.

경북도에서는 '고향발전세' 도입을 추진하고 있다. 수도권과 비수도권 지방자치단체들 사이의 재정 불균형을 시정하기 위해 지방소득세의 30% 까지 본인의 출생지 등에 납부할 수 있도록 하자는 내용이다. 즉 경북이 고향인 외지인이라도 어디에 거주하든 본인이 원하면 지방소득세의 일정 부분을 고향인 경북도에 세금으로 낼 수 있도록 하자는 것이다.

납세자가 고향 등 자신이 원하는 지방자치단체에 세금을 납부하면 해당 지역의 발전에 기여할 수 있을 것이다. 납세의무자는 탈세도, 조세저항도 하지 않을 것이다.

019

'농민의 민생'을 보살피자

1. '마을변호사'를 고용하자

농촌도 사람 사는 곳이라 크고 작은 갈등과 분쟁이 심심치 않게 발생한다. 불법과 범죄로부터 자유롭지도 않다. 결국 송사로 이어져 법정에 출두해야 하는 경우도 다반사다. 특히 법은 고사하고 글도 잘 모르는 노인들은 범법자들의 주요 공략 대상이다.

경로당이나 마을회관을 찾아다니며 고가의 만병통치약을 팔아먹는 사기꾼부터 추수해 쌓아놓은 농산물을 절도하는 도둑까지 적지 않은 범죄들이 발생한다. 농지 등 토지가 가장 중요한 재산인 농촌인 만큼 농지경계 분쟁도 흔하게 일어난다. 경계측량을 하다가 내 땅이 남의 땅에 들어가 있으면 가만히 있을 사람이 거의 없다. 되찾으려면 법에 호소해야 한다.

심지어 마을 만들기나 마을공동체 사업을 하다가 책임소재를 놓고 마을 사람들끼리 싸움이 벌어지고 깨지는 사례도 흔히 볼 수 있다. 농촌지역개발사업에 선정돼 받은 정부의 보조금 때문에 발생한 사업시행자와 마을주민들의 분쟁으로 사업 자체가 무산되기도 한다. 대개 마을공동이익을 위해 사용해야 하는 지원금, 시설이 일부 개인과 특정집단을 위해 사용됐다며 서로 고소하는 경우다.

그런데 농촌의 노인들이 제대로 법률서비스를 받을 방법이 마땅치 않다. 법을 잘 모르는 마을사람들이 합리적으로, 평화롭게 갈등과 분쟁을 잘 해결할 수 있도록 도와줄 필요가 있다. 법무부는 2013년 5월 행자부, 대한 변호사협회와 공동으로 '마을변호사' 제도를 도입했다. 변호사 사무실이 전무한 이른바 '무변촌' 주민들과 변호사를 전화 · 인터넷 등으로 연결하여 언제 어디서나 간편하게 무료로 법률상담을 할 수 있도록 하는 취지였다. 전국 3,487개 읍 · 면 · 동의 마을변호사로 위촉하여 활동경비 등을 지원하고 있다.

그러나 그동안에는 지역변호사와 자치단체의 역할이 없어 기관 간 협업이 원활하지 않았다. 상담방식도 문제였는데 민원의 당사자인 마을의 노인들은 접근하기 불편하고 어려운 전화나 인터넷 등을 통한 방법이었기 때문이다. 마을변호사를 찾는 마을사람들이 드물어 탁상공론 정책의 실효성 여부까지 의심을 받았다.

그래서 전북도는 전주지검과 전북변협이 함께 나서 마을변호사 제도를 지역 특색에 맞게 재정비하기로 했다. 무엇보다 지역의 현황을 누구보다 잘 아는 도내 변호사를 마을변호사로 배치하고 지역 맞춤형 법률서비스를 제공하려는 것이다. 완주, 임실, 김제 등 법률사각지대에 놓인 무변촌 자치단체들도 적극 동참하고 나섰다.

'전북 맞춤형 마을변호사' 제도는 2015년 9월 전국 최초로 '마을변호사 활성화로 전북지역의 법률서비스 향상을 위한 업무협약식'으로 공식화됐다. 이어 완주군은 완주군 마을변호사 발대식을 열었다. 지역 주민들의 법률자문 등 법률복지를 위한 지역 맞춤형 변호사 제도의 첫 사례다.

전북 맞춤형 제도가 다른 점은 정기적인 방문 상담을 한다는 것이다. 먼저 업무협약을 맺은 김제시, 완주군, 임실군 각 읍・면・동에 전북지역 내 변호사 3~4명을 각 마을변호사로 위촉한다. 위촉된 담당 마을변호사는 정기적으로 매월 1회 이상 담당 읍・면・동사무소에 방문한다.

마을변호사는 일상생활에서 발생하는 마을주민들의 법률적 고충, 민사, 형사, 가사, 행정사건 등 각종 법률문제을 무료로 상담하고 필요한 법적 절차를 안내한다. 물론 전화, 인터넷, 팩스, 이메일을 통한 상담은 상시로 서비스한다.

상담 결과 소송절차 등의 지원이 필요한 경우 전주지검, 전북변협, 자치단체가 나서 마을변호사로 하여금 해당 주민을 도울 수 있도록 지원한다. 특히, 전북변협에서는 이미 시행하고 있는 소액사건 지원제도를 더욱 확대한다는 방침이다. 또 무주군과 진안군을 비롯해 전라북도 전역으로 서비스 지역을 계속해서 확대해 나갈 예정이다.

2. '마을주치의'를 고용하자

충남 홍성군 금평리 상하중마을은 '마을주치의'를 두고 있다. 홍성우리마을의료생협에서 운영하는 '우리동네의원'이 마을 안에 자리잡았기 때문에 사실상 마을주치의를 고용하고 있는 셈이다. 이 마을 건강관리센터에 들어선 의원에는 가정의학전문의, 물리치료사, 간호사가 각각 1명씩 상주하고 있다.

진료과목은 내과, 정형외과, 소아청소년과, 피부과, 이비인후과 등이고 물리치료사의 전문 물리치료, 초음파검사 진료도 받을 수 있다. 의원의 운영주체인 홍성우리마을의료생협은 농촌지역의 부족한 의료시설 문제와 농촌공동체 복원에 관심을 갖고 있는 조합원 360여 명이 참여한 협동조합이다.[77]

경기도 안성시 가유리에도 협동조합에서 운영하는 '마을의원'이 있다. '환자 중심의, 사랑방 같은 병원'이라는 슬로건을 내걸고 1994년 국내 최초로 창립한 의료생협, 안성의료복지사회적 협동조합(전 안성의료생협)이다. 1987년 가유리에 봉사를 나온 연세대 기독학생회 의료인들의 주말진료소 활동이 모태가 되었다.

슬로건대로 병원의 기능뿐 아니라 지역사회의 사랑방 구실도 하고 있다. 뇌졸중 환자와 가족들을 위한 '해바라기', '건강 학교', '아침 교육' 등 다양한 보건 프로그램도 진행하고 있다. 의료서비스는 개인이 아닌 가족 단위로 관리되어야 한다는 생각으로 조합원 자격을 가구 단위로 한정하고 있다.

4개 의원에 9명의 전문의와 직원 70여 명이 근무한다. 일반병원보다 의사 한 명당 하루에 보는 환자 수가 3분의 1 수준이다. 일반병원에 비해 박봉을 감수하고 환자의 진료와 치료를 위해 사회적 책무와 인도적 정성을 다한다는 의미다. 내원 고객보다 방문진료 고객도 적지 않다. 전체 서비스 이용자 중 노인, 장애인, 외국인 노동자, 노숙자, 저소득자 등 취약계층의 비중이 절반 이상인 사회적 기업이다.

---

77 김혜동, 「홍성의료생협 '동네의원' 개원」, 홍성신문, 2015. 8. 13.

이처럼 의료생협은 1990년대 이후 안성, 인천, 안산 등에서 의료와 건강에 관련한 문제를 조합원들이 개선하고 해결해나가기 위해 설립되었다. 지역주민이 조합원으로 참여하고 의료인과 함께 협동하여 직접 의료기관을 개설하고 운영하고 이용한다. 특히 치료뿐 아니라 보건과 예방을 중시하는 게 특징이다. 조합원과 지역주민 스스로 건강을 지켜나갈수 있는 각종 건강 프로그램을 진행하고 있다.

정부는 2011년부터 '우리마을 주치의제'를 시행하고 있는데 평소 보건기관 접근이 어려운 의료취약 지역을 대상으로 보건의료사각지대 해소 및 취약계층 건강의 형평성 제고를 위한다는 취지다. 정기적인 방문 진료 및 보건교육 등 포괄적 1차 의료서비스를 제공하는 프로그램이다.

우선 65세 이상 노인이 많이 거주하고 지리적, 경제적으로 취약한 마을을 선정해 직접 찾아가는 맞춤형 보건의료서비스를 제공한다. 의사, 간호사가 월 1회 이상 정기적으로 담당 마을을 방문하여 혈압, 혈당, 콜레스테롤 측정 등 기본검사, 치매 선발 검사 및 노인 우울 정도 검사, 각종 보건교육 및 건강상담, 구강검진 등 지소별로 특성 있게 내과, 한방, 치과 진료 등을 병행한다. 한의학 건강교실 등 노인 자가 건강관리 프로그램도 연계한다.

이에 따라 충청남도는 의료사각지대에 있던 오지마을 166곳을 선정해, 매달 한 차례 이상 진료 · 상담 · 건강교육 등의 프로그램을 실시하고 있다. 보건소 · 보건지소 소속 의사와 간호사가 직접 마을을 찾아가 내과 · 한의과 · 치과 진료를 본다. 혈압 · 당뇨검사는 물론, 노인체조 · 웃음치료 등 건강증진 프로그램도 진행하고 있다.

기존의 방문보건 사업은 '진료'보다는 '복지'에 초점이 맞춰져 있어,

독거노인 등 소외계층을 찾아가 건강을 체크하는 상담자 역할에 그쳤다. 하지만 '마을주치의제'는 의사 · 간호사 등 전문 의료 인력이 직접 마을 전체 주민을 만나 진료를 하고, 만성질환을 관리한다. 방문보건사업이 차상위계층을 비롯, 보건기관에 등록된 소외계층만을 대상으로 하는 반면, '우리마을 주치의제'는 마을 전체 주민을 대상으로 하는 것이다.

'우리마을 주치의제'에 대한 충남도민들의 반응은 고무적이다. 98%의 주민이 건강에 도움이 됐다고 대답했다. 무엇보다 충분한 시간과 여유를 가지고 사는 마을에서 전문의사에게 진료상담을 받기 때문에 공공의료에 대한 친밀감과 신뢰도가 깊어진다.

그러나 현재 이같은 '마을 주치의제'를 실시하고 있는 곳은 전국적으로 충청남도와 전라북도 완주군 2곳뿐이다. 의료법상 순회진료를 제한하는 규정 때문이다. 요양급여의 적용기준 및 방법에 관한 세부사항(고시)은 '보건기관에서 의료기관 외의 장소에서 의료행위를 할 경우, 해당 비용을 건강보험에 청구할 수 없도록' 규정하고 있다. 의료취약지역 주민을 위해 순회진료를 할 경우 자체적으로 예산을 편성해 비용을 부담해야 하는 것이다.

농촌마을은 의료 취약지역이고 농민들은 돈이 없어 자주 병원에 갈 수 없다. '치료'보다 '예방'이 중요하다, 그래서 '마을주치의' 처럼 가까운 곳에서 자주 돌봐줄 수 있는 시스템이 필요하다. 순회진료를 제한하고 있는 의료법 규정, 지자체의 예산 부담 등의 문제를 해결하여 마을주치의제가 전국적으로, 지속 가능하게 시행되어야 한다.

3. '마을사무장'을 고용하자

1890년대 이후 농촌마을의 전통적인 대동계 조직은 면 행정과 연계된 이정(里正)을 설치하면서 이정이 마을의 대동계장을 겸직했다. 일제는 1917년에 이정제를 폐지하고 구장(區長) 제도를 새로 도입했다. 요즘도 농촌지역에서 흔히 쓰고 있는 '구'는 일제의 잔재인 것이다.

현재의 이장(里長) 제도는 1948년 행정리 제도를 도입하면서 마을단위로 배치되면서 시작됐다. 지방자치법 145조 32항 의거, 리 · 동의 구역을 자치단체가 조례로 결정하게 되었다. 일반적으로 행정리는 자치행정의 말단 조직으로 마을의 자치행정 기능을 수행한다. 조직은 이장과 반장으로 구성된다. 이장 산하에 15인 이내의 위원으로 개발위원회를 구성하고 있다.

행정리와 그 조직의 실체는 비로소 제주도에 가면 실감이 난다. 제주도의 행정리는 좀 과장을 하자면 육지부의 면 정도의 면적과 규모를 가지는 듯하다. 기본적으로 마을의 범위와 면적이 넓어서 조천, 함덕 등의 경우는 주민수 2~3,000명에 예산 10억 원 선으로 이장 선거도 치열한 양상을 보인다고 한다.

그래서 제주도에는 행정리마다 면사무소만한 리사무소가 있고, 이장의 행정업무를 보좌할 '리사무장'을 따로 두고 있다. 리사무장은 말 그대로 행정의 최일선에서 상근하며 이장의 비서실장, 마을의 총무 역할 등을 감당하고 있다. 월급은 마을주민들이 십시일반으로 모아서 지급한다.

전국 수백여 곳의 농산어촌 체험마을에도 '마을사무장'이 상주하고 있다. 마을행정을 주로 하는 제주도의 '리사무장'과는 그 역사와 역할이 다르다. 2006년부터 농식품부에서 농산어촌 체험관광사업 활성화를 지원하기 위해 농산어촌체험관광 프로그램을 운영하는 마을에 한시적(최대 3년)으로 월 130만 원 안팎의 사무장 채용비용 일부를 지원하고 있다.

대상자 요건은 채용공고일 현재 19세 이상으로 마을사무장의 주요 담당업무 또는 채용희망마을의 운영계획서상의 담당업무의 원활한 수행이 가능한 사람이면 가능하다. 주요 담당업무는 마을단위 체험프로그램 개발 · 운영, 체험활동 지도, 마을 홍보 · 마케팅, 홈페이지 관리 · 운영, 회계 · 고객관리 등 마을사무관리, 주민교육 등이다. 마을과 지자체가 허용하는 범위 내에서 영농은 겸직이 가능하다. 여성, 청년, 농대 졸업자를 우선해서 뽑는다.

농산어촌체험에 근무하는 마을사무장은 주로 마을의 총무부장 역할을 맡는다. 때로 기획실장이나 마케팅팀장 역할도 겸해야 한다. 몇 개 마을을 한데 묶은 권역단위 마을종합개발 사업에서도 권역사무장을 따로 뽑아 쓰고 있다. 행자부가 선정하는 정보화 마을에는 프로그램관리자, 산림청의 산촌생태마을에는 산촌매니저가 마을사무장처럼 일하고 있다.

마을사무장 제도는 전북 진안군에서 시작한 '마을간사' 제도가 발단이다. 그전에도 진안 능길마을, 화천 토고미마을, 이천 부래미마을, 의성 교촌마을 등 앞서 가는 농촌체험마을들에서 외부 지원을 받지 않고 자체적으로 마을사무장을 구해 쓴 적은 있다. 이제는 대개 도시에서 귀농한 30~40대 젊은 마을사무장들이 전국 수백 곳의 마을들을 일과 삶의 터전으로 삼고 '마을 농사'를 짓고 있다.

마을사무장이 맡아 감당해야 하는 일은 그리 녹록치 않다. 주로 일하는 곳은 농촌체험마을 사업이 활성화된 마을들이다. 당연히 도농교류 체험프로그램을 개발하고 운영하는 게 기본 업무다. 마을 홍보, 농·특산물 판매, 방문객 예약관리 등을 위한 마을 홈페이지와 온라인 쇼핑몰 운영도 주요 일상이다.

주기적으로 마을신문이나 소식지를 발행하고, 농특산물 판촉을 위한 도농직거래 이벤트도 펼쳐야 한다. 투명하고 체계적인 체험마을 경영을 위해 회계와 문서 관리 능력도 갖추어야 하고, 때로 주민이나 손님들 앞에서 교육도 해야 한다. 한마디로 다재다능한 전천후 '마을도우미'가 되어야 한다.

무엇보다 마을대표의 업무 부담을 줄이고 체험마을의 인력 부족 문제를 보완하겠다는 사업목적은 어느 정도 달성한 것으로 보인다. 아울러 마을대표, 주민들이 생업인 영농활동에 안정적으로 종사할 수 있는 여건도 마련해주었다. 마을사무장이 체험관광 관련 업무를 전문적으로 전담함으로써 체험마을사업 운영도 원활해졌다. 결국 마을사무장을 통해 농촌체험마을 방문객과 매출액도 증가됐고 농촌지역의 일자리도 창출됨으로써, 도시민으로 하여금 정주할 만한 농촌으로서의 가능성과 대안을 보여주었다는 총평이다.

물론 미흡하거나 아쉬운 점도 없지 않다. 마을사무장에 대한 마을대표나 주민들의 인식 부족을 우선 들 수 있다. 심지어 마을사무장을 마치 마을머슴이나 심부름꾼으로 보는 마을주민들과, 어엿한 마을경영 전문가로서 자리매김하고자 하는 마을사무장 간에 갈등사례가 적지 않았다. 무엇보다 채용 조건도 불안정하고 업무 부담도 많으며, 보수도 한 가족이 생활하기에 부족하다는 현장의 소리는 여전히 크다. 이

는 개선하고 보완해야 할 점이다.[78]

4. '농민의 집'에서 서로 보살피자

실제 거주 인구 2만이 채 안 되는 오지 전북 장수에는 '민중의 집'이 있다. '민중의 집'이란 지역주민들이 스스로 삶을 가꾸고 서로 나눔으로써 지역사회를 보다 건강하고 따뜻하게 바꾸는 주민들의 자치공간이자 공동체를 말한다.

주로 주민들이 삶의 대안과 희망을 만들어 나갈 수 있도록 다양한 교육 · 문화 프로그램을 운영한다. 생활에서 부족한 것을 서로, 함께 채우고 필요한 것을 나누는 생활협동 네트워크를 추구한다. 지역사회의 건강한 변화를 이끌어 내는 공익형 사업들 또한 주민들과 함께 진행한다.

농촌형 민중의 집이라 할만한 '장수 농민의 집'은 2013년에 문을 열었는데 농민 김재호 씨 등 진보적인 활동가 출신의 귀농인들이 설립을 주도했다. 장수중학교 교장으로 장수군의 진보정당운동, 지역운동, 교육운동, 농민운동을 이끌던 故김인봉 선생님의 사후 공백을 채워보자는 목적에 동의하는 지역주민들이 의기투합한 것이다.

농민의 집 설립을 주도한 김재호 씨는 "장수 농민의 집은 세상을 이해하는 데 필요한 다양한 교육과 토론을 진행하는 일종의 '농민학교'를 표방한다"고 설명한다. "자본주의의 삶의 방식을 넘어 행복한 대안문화를 확산시키는 생활문화공동체를 추구하고 지역 내 운동단체들과

78 정기석, 『마을시민으로 사는 법』, 소나무출판사, 2011.

수평적 연대를 이루어내는 진보네트워크를 지향한다"는 것이다.

또한 귀농인들의 귀농과 현지 정착을 돕고 노동자와 농민들의 농산물 교류를 이어주는 통로 역할도 자임하고 있다. 그렇게 평등, 생태, 평화, 연대의 정신으로 협동하고 연대하는 청년들이 비어있는 농촌사회를 채우고 농민운동에 새로운 활력을 불어넣기를 지역주민들은 기대하고 있다.[79]

이탈리아, 스웨덴 등 유럽에는 100여 년 전부터 '민중의 집'이 생겼다. 지역운동의 상징으로서 노동조합, 협동조합, 진보정당 그리고 시민단체들이 한데 모여있는 공간이다. 대개 1층은 술집, 2층은 강의실 및 세미나실, 3층은 20~30개의 동네 노동조합, 협동조합, 진보정당의 사무실들이 한 건물에 입주한 형식이다.

특히 이탈리아(1,500여곳), 스웨덴(600여곳) 등 북유럽을 중심으로 유럽 전역에서 민중의 집이 활발하게 운영되고 있다고 한다. 사람들이 모여 일상을 보내고, 술도 함께 마시며 놀고, 아이를 함께 돌보고, 각 세대별 교육 프로그램도 진행한다.

한국은 〈민중의 집, 2012〉 저자인 정경섭 씨가 2008년 서울 마포에 처음 '민중의 집' 문을 열었다. 이후 강서 · 양천, 중랑, 은평, 구로, 인천 서구, 전라도 광주까지 7개 민중의 집이 더 생겼다. 장수 농민의 집은 자매단체로 연결돼 있다.[80]

꼭 '민중의 집'이나 '농민의 집' 간판을 내걸지 않더라도 농촌에는 농민들과 지역주민들이 함께 만나고 모일 장소가 필요하다. 물론 행

---

79 김재호, 「세상을 바꾸는 행복한 시골살이, 장수 농민의 집에서 시작합니다.」, 정치신문, 2013. 1.

80 김두희, 「정경섭 "민중의 집, 진보운동의 새로운 대안될 것"」, 투데이신문, 2015. 3. 5.

정 주도의 관제 프로그램이나 상업적인 이벤트가 수시로 열리지만 생활문화공동체나 진보네트워크가 추구하는 효용과 가치와는 거리가 멀다.

최근 농촌지역에 일종의 '마을공동체 카페'가 하나둘 문을 열고 있어 주목된다. 지리산 산내면의 '토닥'이나 제천 덕산면의 '누리마을 빵 카페', 그리고 무주 초리넝쿨마을의 마을학교, 지역주민 커뮤니티센터를 겸하는 '마을카페 초리' 등을 대표적 사례로 들 수 있다. 귀농인 등 지역주민들이 모여서 서로의 일상도 공유하고, 술이나 차도 함께 마시며 어울린다.

또한 지식과 정보도 서로 나누고 교육이나 공연 행사도 함께 치른다. 일종의 '마을 사랑방' 같은 종합문화공간으로 자리잡고 있다. 활동이나 사업의 규모, 그리고 목표는 비록 소박하지만 이 정도라도 '농민의 집'이나 '민중의 집' 역할은 충분히 할 수 있을 것이다.

5. '마을관리기업'으로 관리하자

2014년 봄, 독일, 오스트리아 농촌공동체를 열흘 동안 살펴보면서 가장 인상적이었던 점은 깨끗한 환경이었다. 마을마다 길에 떨어진 휴지 한 장 안 보였다. 마을이 아니라 마치 생태공원처럼 정리정돈이 잘 돼 있었다. 굳이 농정 예산을 들여 체험센터를 짓거나 노후건물 개보수를 하지 않아도 청소만 제대로 한다면 얼마든지 아름다운 마을로 가꿀 수 있겠다는 생각이 들었다.

에너지 자립마을을 지향하고 있는 임실 중금마을도 청소를 함께 하는 일에서부터 마을공동체 사업을 시작했다. 아무 데나 굴러다니는 멀칭 비닐, 비료포대, 농약병 등 오물과 쓰레기를 정해진 장소에 분리 배출하도록 하는 게 목표였다. 마을 노인들에게는 오랜 시간과 훈련이 필요했다고 한다. 청소와 정리정돈을 잘 하는 마을 노인들은 마을공동체 사업도 잘 할 수 있게 되었다.

프랑스에는 '지역관리기업'이 지역마다 운영되고 있다. 140여 개소의 지역관리기업이 내건 사명은 '지역을 유지하고, 아름답게 하며, 보살피는 일'이다. 이로써 사회적 유대를 이루겠다는 목표다.오늘날 주민, 공공기관, 민간단체, 사회적 노동자 등 지역의 다양한 주체들 사이의 파트너십, 거버넌스의 산물로 평가받고 있다. 사회적 유대라는 당초 목표를 이룬 것이다.

지역관리기업은 1970년대 프랑스 루베시 알마가르 집단주거지역의 전투적 철거반대운동에서 기원되었다고 한다. 철거 방식의 재개발 대신 지역주민이 거리 · 공원 청소, 집수리, 페인트칠처럼 지역에서 필요한 시설과 서비스를 직접 관리하기로 지자체와 합의했다. 이 모델은 1980년대에 프랑스 전역으로 확산됐다.

지역관리기업은 주민, 사회단체, 지방의회 의원, 기업, 노동자 등 지역의 다양한 주체가 참여하는 민주적이고 합리적인 의사결정구조를 가동하고 있다. 지방자치단체나 공공임대주택업체들과 계약을 맺고 취약계층에게 일자리와 사회서비스를 제공하기도 한다.

한국에서도 경기도 등에서 기존의 지역자활센터를 지역관리기업으로 전환하는 모델을 개발하고 있기는 하지만 프랑스에서는 지역관리기업이 성공적으로 운영되는 동안은 중앙정부, 지방자치단체와 강력한 협력관계가 유지되어 지역재생사업이나 사회적 서비스 관련 일자

리가 창출되는 기대효과가 있는 반면 한국은 그렇지 않다.[81]

프랑스의 지역관리기업 'Multi Services'는 1987년부터 건물 및 길거리 청소, 집수리 등의 활동을 하는 사회적 기업이다. 기업활동의 최종 목적은 마찬가지로 일자리 창출을 통한 지역활성화에 두고 있다. 소속된 직원은 90명, 제도적 인력파견단체에 40명이 있으며 1년 매출(2009년)은 140만 유로 규모이다. 주요활동은 청소업무(매출의 총 50%), 길거리 정비, 건물 개보수 등으로 청소는 주로 지방자치단체 소속 건물, 초등학교 등을 맡는다. 집수리는 OPAC(지역주택공급업체)와 공동으로 수행한다.

특히 주요활동 외에 직원과 지역주민을 위한 활동에도 적극 참여하고 있는데 상담 직원 2명이 상시근무하면서 직원뿐만 아니라 주민의 직업상담 및 교육을 전담한다. 주민조직사업가는 지역사업주체 및 타 단체와 함께 협력과 모임을 관리한다. 페인트 도장공, 중고등학생 직업체험, 전문대학생 사회적기업 체험산업연수 등도 진행하고 있다.

우리 농촌지역에도 기초지자체 단위마다 지역관리기업을 설립하여 농촌마을의 청소, 정비, 개보수 등의 지역관리 및 재생 사업을 전담할 필요가 있다. 지역관리기업이 지역 환경도 정화하고 마을 경관도 가꾸는 것은 물론, 관련 사회적 일자리도 창출하는 일거양득 이상의 정책효과를 거둘 수 있을 것이다.

---

81 원낙연, 「주민이 주체가 된 프랑스 '지역관리기업' 주목」, 한겨레신문, 2014. 10. 6.

020

'지역공동체의 주권'을 찾자

1. '지역공동체 기본법'을 만들자

이제 중앙정부도 마을공동체 사업의 한계와 문제점을 잘 알고 있다. 그래서 사업 현황, 문제점, 그리고 해결방안을 놓고 전문가, 공무원, 주민이 함께 정책대안을 모색하는 자리가 이어지고 있다. 2015년 9월 행자부가 주관한 '공동체 발전 국민포럼'은 행자부를 비롯한 농식품부 등 각종 정부지원 마을공동체 사업의 전반적인 현황과 방향을 짚어보는 자리였다.

이 자리에서 한국정책학회는 229개 기초지자체에 대한 서면조사와 46개 마을 현장에 대한 실사 결과를 발표했다.[82] 한국정책학회의 진단에 따르면 정부가 마을공동체 활성화를 위해 추진하는 사업은 6개 부처의 14개 사업으로 연간 예산규모는 약 1조 2천억 원('14년 1조 1,700

82 정책브리핑, 「마을공동체 사업의 유사 · 중복 요인 걷어내야」, 행정자치부, 2015. 9. 15.

억 원, '15년 1조 1,800억 원)에 이르는 것으로 밝혀졌다..

구체적으로 행자부는 '마을기업', '정보화마을', '희망마을' 등 4개 사업을 하고 있고, 농식품부는 일반 농산어촌개발 사업을 추진하면서 연간 9,000억 원에 달하는 예산을 쓰고 있다. 국토부도 도시활력증진 지역개발 사업을 통해 매년 1,000억 원을 지출하고 있다.

지난 6년간 투입된 예산 1억 원당 매출액은 약 3천 7백만 원으로 일자리 수는 7.7명 정도가 창출되었는데 마을공동체 사업의 총 매출액, 일자리 수, 방문자 수 등은 증가 추세인 것으로 나타났다. 외형적으로나마 정책지원의 효과가 전혀 없었던 것은 아닌 것으로 해석할 수 있다.

하지만 주민인식을 조사한 결과는 대체로 부정적이었다. 평화생태우수마을, 발전소주변지역지원, 신규마을(구 전원마을)사업 등 일부 사업의 경우, 경제적 효과가 떨어지고 사회적 성과로 기대한 공동체성의 향상 측면은 부정적인 것으로 조사됐다.

조사한 총 3,517개 사례 가운데 사업이 완료된 사업은 2,833개, 시공중인 사업은 684개로, 완료된 사업(2,833개)중 가동 기간이 연 3개월 미만 사업장은 137개이며, 152개 사업장은 아예 운영중단 상태인 것으로 드러났다. 우선 마을공동체 사업의 운영주체인 마을주민들의 사업에 대한 이해 부족과 준비 부족이 주요 원인일 것이다. 그리고 부처 간 유사사업의 추진, 동일지역에 대한 무분별한 중복 지원 등에 따른 부작용도 지적하고 있다.

특히 2000년대 들어 농식품부, 행자부, 문화부, 국토교통부 등 각 부처가 다양한 명분과 목적을 내세워 마을공동체 사업을 추진했다. 하지만 체험 · 숙박시설 조성, 제조 · 가공 · 판매시설 조성, 환경개선 · 생활편익시설 조성 이라는 세 가지 틀의 관성과 관행을 벗어나지 못하고 있다. 행자부의 희망마을, 평화생태우수마을, 농식품부의 창조적 마을 만들기, 산림청의 산촌생태마을 등은 주관부처, 예산금액, 지원지역 등만 다를 뿐 사업내용과 목적은 큰 차이가 없어 중복지원의 구조적 원인으로 지적받고 있다.

결국 지난 십수년 동안 정부가 지원한 마을 · 지역공동체 사업은 형식적으로는 마을주민들이 자율적으로, 상향식으로 사업을 신청 · 운영 · 사후관리 하도록 하였으나 현실은 그렇지 않았다. 우선 범정부 차원 또는 법 · 제도적 컨트롤타워의 부재가 본질적 원인이다. 그간 개별 부처 차원에서 분절적으로 사업을 추진하여 왔을 뿐 유사 · 중복사업을 연계하거나 견제할 수 있는 시스템이 전혀 작동되지 않았다. 그래서 각 부처 사업 간 시너지 효과를 창출하지 못했다.

또 주민의 역량이나 수준은 고려하지 않은 채 수억 원에서 수십억 원에 이르는 보조금이 무차별 지원됐다. 미처 준비되지 않은 주민들이 장기적인 마을종합계획을 준비했을리 없다. 그나마 행정과 주민이 의존할 수 있는 전문가 조직으로서 민관 교량역할을 맡은 중간지원조직마저 예산 등 지원 부족, 전문 역량과 책임감 미흡 등으로 제 역할과 기능을 다하지 못했다.

심지어 행자부의 고위공무원 조차 "경로당이나 복지회관은 유류비가 국가에서 나오기 때문에 운영이 되지만 마을회관은 연료비가 따로 나오지 않아 냉난방이 제대로 안돼 방치되고 있는 일도 있다"면서 "각종 마을공동체 사업에 지원되는 정부 보조금을 받아내기 위해 조언을 해주고 용역비를 사업비의 10% 까지 받아챙기는 사이비 용역업자, 브로커까지 활개를 치고 있다"고 개탄했다.

한국정책학회는 이번 조사와 진단을 통해 마을 · 지역공동체 사업의

| 지역공동체의 일꾼을 키우는 제주 신산리 지구마을평화센터 |

성패는 마을종합발전 계획 수립, 마을 역량 단계별 지원 시스템, 책임감 있고 헌신적인 훌륭한 리더, 전문적인 중간지원조직의 활성화, 지속적인 사후관리 등에 달려있다고 진단했다.

이번 조사결과를 보더라도, 완주군, 진안군, 충남도, 그리고 농식품부 일반농산어촌개발 사업 등과 같이 마을공동체 역량 단계별로 사업을 추진하는 체계로 개편하는 게 효과적인 해법이 될 것이다. 또 토건 인프라, 하드웨어 위주의 시설투자에서 공동체 조직운영 등 주민역량을 높이는 데 투자를 집중하는 등 정책 집행의 플랫폼과 패러다임의 근본적 전환이 필요하다.

따라서 중앙 정부마다 산재된 유사 · 중복사업의 정비 또는 통제를 위한 컨트롤타워 기능, 지자체 각 부서마다 가로막혀 있는 '행정 칸막이' 제거, 중간지원조직의 전문가 조직 육성, 단순 시설투자에서 공동체 활성화로 기조 전환 등을 골자로 하는 '(가칭)지역공동체 기본법'

제정이 시급한 것으로 보인다.

2. '지역주권법'을 만들자

영국은 지역주민들이 지역공동체 사업에 필요하다면 토지구매대금을 확보할 때까지 기다려준다. 지역의 자산을 그 지역의 주민들이 먼저 이용할 수 있도록 우선권을 부여하는 것이다. 그렇게 주민들이 힘을 모아 '공공의 자산'으로 만든 토지나 건물을 토대로 공동체사업을 벌일 수 있다.

이것은 2011년 영국 정부와 지방 정부, 공동체 등이 함께 제정한 로컬리즘 액트(Localism Act, 지역주권법)가 있어서 가능한 일이다. "지역에서 가치가 있는 자산이 매각될 때, 6개월 동안 토지 소유자가 개인에게 팔 수 없도록 유예기간을 두어 공동체가 돈을 모을 때까지 기다려 준다"는 게 법의 골자이자 목적이다.

이 법은 시민의 관계를 재정립하는 법안으로 로컬(지역)에서 자구적으로 해결책을 생각해보게 한다. 커뮤니티(지역공동체)가 서비스 제공이나 토지 소유 과정에서 주도적으로 의견을 낼 수 있도록 배려하고 지원한다. 이로 인해 영국에서는 국가가 지역공동체에게 가치있는 자산 2,600여 개를 선정해 '지역의 주권'을 부여했다. 스코틀랜드에서는 2003년 커뮤니티에 이익이 되는 토지나 건물이 매물로 나올 경우 커뮤니티에서 가장 먼저 매입할 수 있도록 하는 법률(Land Reform)을 제정했다.

이 법의 영향이자 효과 때문에 영국에서는 '사회적 경제'를 기반으로 공공 자산화된 유휴시설을 지원받아 벌이는 마을공동체 사업이 활발하다. '에셋 매니지먼트(Asset Management)'는 주민 중심의 마을 만들기 조직이 단순한 커뮤니티 조직이 아니라 '비즈니스 모델'이 될 수 있는 가능성을 실증하고 있다. 역시 정부나 지자체, 민간의 자산을 이전 받아 지역공동체를 위한 수익 모델로 활용하는 게 특징이다.

런던의 해크니 협동조합 개발회사(Hackney Cooperative Development)는 통후추 한 알을 주고 구청 소유의 건물을 이전 받아 현재 80여 개의 공간을 임대받아 사용하고 있다. 헐(Hull) 지역의 굿윈 개발신탁(Goodwin Development Trust · DT)은 버려진 요양원 · 슈퍼마켓 · 펍(Pub)을 공동체를 위한 공간으로 재건했다.

또 런던 올드 스트리트(Old Street)에 위치한 로컬리티(Locality)는 헐과 같은 마을만들기 사업체(DT)들의 연합체다. 영국 전역에 750개의 회원단체가 있고, 자산가치는 8억 5,000만 파운드(약 1조 3840억 원), 상근 직원은 50명에 달한다. 2011년 4월에 설립된 '로컬리티(Locality)'의 개발 신탁(Development Trust)은 공동체에 이익이 되는 땅 · 건물 등의 자산을 공동체가 매입 우선권을 갖는다는 것이 가장 큰 특징이다.

구청 땅 · 빌딩 중 안 쓰는 공간을 이용해서 커뮤니티가 이윤을 창출하고 관리할 수만 있다면 구청에서는 이곳을 공짜로 대여해준다. 커뮤니티가 대출을 받거나 지원금을 받아서 직접 매입하는 경우도 있다. '홀리 아일랜드'라는 농촌지역에서는 이 지역에 살지 않으면서 별장을 갖고 있는 사람들이 많은데 한 커뮤니티가 아주 오래된 호텔을 사서 여행객 센터와 주거공간을 만들고 주변에 집들을 건축하기도 했다. 심지어 한 부둣가 지역을 소유하고 있는 부자의 사용하지 않는 부두를

커뮤니티가 통째로 사용하고 있다.[83]

1977년 설립된 커뮤니티 링크스(Community Links)는 동런던(East London)에서 활동하는 지역자산관리 사회적기업이다. 16개 센터, 41개 프로젝트, 16,000명의 자원봉사자가 공간 재생, 청소년 클럽 운영, 학교 및 가정 지원, 연구·개발 활동 등의 사업을 영위하고 있다. 특히 1886년에 런던 웨스트햄(westham)에 지어진 역사적 건물을 의회에서 125년간 무상임대를 받은 후 지역 모금액과 기업 후원금으로 이 건물을 개조해 지역주민 커뮤니티 센터로 활용하고 있다.[84]

우리 농촌에도 쓸만한 유휴시설들이 전국에 산재해 있다. 일단 영국의 '지역주권법' 같은 법을 제정하고 그 법에 따라 '(가칭)유휴시설 지역공유 사회적경제자산은행'의 전담 중간지원조직을 설립해 집행하면 유휴시설들을 보다 합리적이고 효과적으로 활용할 수 있을 것이다. 그 동안 돈도 없고 방법도 몰라 공동체사업에 참여하기 어려웠던 지역주민들이 얼마든지 동참할 수 있을 것이다.

3. '지역시민 공동체조직'을 키우자

오늘날 지방이란 '참을 수 없을 정도로 가벼운' 공간으로 전락하고 쇠락했다. 지방은 아무리 지방자치를 해도 자치도, 자립도, 자조도 잘 이루어지지 않는다. 지방 주민으로서 최소한의 자긍심이나 자존감도 찾아보기 어렵다. 지방이란 변방의 사막에는 중앙에 대한 피해의식,

---

83 오마이뉴스 특별취재팀, 『마을의 귀환』, 오마이북, 2012.

84 임현, 「지역커뮤니티 성장을 위한 자산형성 전략」, 서울시 사회적경제지원센터, 2014. 11.

비굴함, 열등감, 모멸감, 적개심만 가득하다. 강준만 교수의 말대로 '중앙의 식민지' 그 이상도 그 이하도 아니다.

물론 헌법 제11조 1항에 따르면 '지방'이라고 해서 중앙의 '식민지'가 될 수는 없다. "모든 국민은 법 앞에 평등하다. 누구든지 성별 · 종교 또는 사회적 신분에 의하여 정치적 · 경제적 · 사회적 · 문화적 생활의 모든 영역에 있어서 차별을 받지 아니한다"고 헌법에는 분명히 명시돼 있다. 법대로 한다면, 중앙에 살든, 지방에 살든 그 누구도 차별을 받지 않아야 한다. 하지만 현실은 법에 적힌 대로 구현되지 않는다. 법은 법이고 현실은 현실이다.

어차피 법은 중앙의 기획과 의도로 쓰여졌고, 지방의 편에 서서 해석되지 않는다. 강 교수는 "누구나 인정하겠지만, 헌법 제11조 등은 아무도 지키지 않는 빈껍데기, 아니 쓰레기 취급을 받고 있다"면서, "지방은 정치 · 경제 · 문화 · 교육 · 언론 등 전 분야에서 서울에 종속된 '내부 식민지'"라고 정의하면서 개탄하기도 하였다. 그는 그 원인으로 "지방정부의 자율성도 낮을뿐더러 재정 독립성도 약하다"는 점을 든다. 특히 인사와 예산의 종속은 지방정부의 '중앙에 줄 대기' 경향을 키웠다고 고발한다.

그래서 지역 균형 발전 기금 조성, 수도권 규제 철폐의 빅딜 등을 해법으로 제시한다. 그리고 '지역주의'에서 '지방주의'로 전환하자고 제안한다. '지역주의'는 지역 인사가 서울의 중앙권력을 욕망하지만, '지방주의'는 중앙집권 자체를 피한다는 것이다. 곧 '지방주의'를 표방할 때 서울과 지방은 동등한 지위를 갖는다는 것이다. 마땅히 동의하고 지지한다.

"국가는 지역간의 균형있는 발전을 위하여 지역경제를 육성할 의무를 진다." 대한민국 헌법 제123조 제2항이다. 국가의 균형발전은 헌법 가치를 지니고 있는 국가의 중대사다. 지금 수도권은 11.8%의 면적으로 인구의 49.5%, 취업인원의 50.3%, 지역 내 총생산의 48.9%를 끌어안고 있다. 국토가 극도로 불균등하게 이용되고 비효율과 불평등이 심각하다는 경고성 지표나 마찬가지다. 강준만 교수의 '지방 식민지'론으로 함축되는 중앙과 지방, 또 지역과 지역의 불균형 문제는 심각한 사회문제이자 국가문제다.

무엇보다 지역 불균형과 격차는 '지역감정'의 뿌리이자 결과로 나타나기 때문에 심각한 문제가 될 수 있다. 수도권과 비수도권, 대도시와 중소도시, 도시와 농촌, 경부축과 비경부축 사이에 다양한 차원의 격차와 반감이 발생한다. 지역 내에서도, 수도권이나 광역경제권 내에서도 낙후지역의 문제는 상존한다. 동일한 행정구역 안에서도 지역마다 격차는 피할 수 없다. 가령 서울시 같은 경우 강남과 강북의 격차, 도농복합지역의 도시지역과 농촌지역의 격차 같은 양상이다.

이같은 지역 불균형을 해소하고 지역 간의 협력과 통합을 위해서 지방분권, 지방자치는 국가발전의 핵심과제이다. 더욱이 오늘날 지역불균형 또는 차별의 원인이 결국 권력의 중앙집중에 있기 때문에 지방의 자율과 분권은 미룰 수 없는 숙제다. 지금처럼 지역마다 중앙정부의 한정된 재원과 기회를 선점하고 쟁취하기 위한 투쟁을 벌이면서 지역 간의 협력과 통합을 모색한다는 것은 어불성설이다. 위선이고 기만이다.

실천적으로는 분권화된 지방정부에 대한 시민적 견제와 감시 기능이 무엇보다 절실하다. 이른바 참여자치와 시민자치를 통해 시민주의적 자치분권이 실현되어야 한다. 지방분권으로 인한 지역 간 격차 해소를 위해서 교정, 보완장치도 아울러 병행해서 작동해야 한다. 자칫 지역 간 과도한 경쟁으로 기존의 격차와 불균형이 더욱 심화되고 확대될 우려도 없지 않기 때문이다. 지역 간 격차를 해소하는 재정조정 제도, 자치단체 간 수평적 보조, 지역최저기준 등이 필요하다.

그리고 근본적으로 '지방'이란 용어 자체가 부적절하다. '지역'이라고 해야 마땅하다. 지방이란 용어는 '서울'을 중앙으로 보고 그 외의 지역은 변두리 또는 나머지로 보는 시각과 인식이 은근히 깔려있는 것이다. 지방이 아닌 지역을 발전시키는 방법은 다른 곳에 있지 않다.

바로 저마다의 지역 안에 있다. 지역 스스로 방법을 찾아야 한다. 물론 지방재정의 절반 이상을 중앙정부에 의존하는 현실에서 지역 독자적으로, 주체적으로 살 길을 모색하기는 쉽지 않을 것이다. 그렇다 해도 어차피 어느 지역을 가장 잘 아는 주체는, 책임질 당사자는 바로 그 지역이다. 그 안에서 일터와 삶터를 꾸려가는 지역주민들이다.

그동안 우리의 지역 발전 정책은 '장소(place)'에 매달렸다. '시설(hardware)'에 집착했다. SOC(사회간접자본, Social Overhead Capital) 같은 토건사업에 집중했다. 하지만 지역발전의 궁극적 대상이자 성과는 장소나 시설이 아니라 '사람(humanware)'이나 '프로그램, 컨텐츠(software)'라야 한다. 휴먼웨어와 소프트웨어를 위해 하드웨어와 장소가 결정되고 설계되어야 한다. 이제 인적 자원, 사람의 창의력에 의해 창출되고 개발되는 지역 고유의 특성과 자원이 지역발전의 이유와 목적이 되어야 한다.

마땅히 이러한 지역 발전전략과 정책은 그 지역을 가장 잘 아는 그 지역과 지역주민들에 의해 주도되어야 한다. 지방의 '자율'과 '책임'에 기초한 지역 발전 정책으로 제도와 정책의 패러다임과 기조가 혁신되어야 한다. 그렇게 지방분권, 지방주권, 지방책임경영의 기틀을 다져야 한다. 다만 지방분권, 지방주권, 지방책임경영의 주체는 정부나 행정이 떠맡아서는 안 된다. 반드시 '참여하는 시민의 공동체조직'이 나서야 한다. 그래야 우리 시민들이 '민주주의의 학교'인 지방자치의 주인, 민주공화국의 주인이 될 수 있다.

4. '지역공동체형 사회적경제'로 시작하자

농촌이나 도시, 마을공동체나 사회적 경제는 기대한 만큼 사업 성과가 만족스럽지 않은 듯하다. 일부 소수 능력자들은 동의하지 않을 수 있겠으나 대다수 평균 수준의 일반인들은 부인할 수 없는 사실일 것이다. 그래서 그런지 주변에 만족스럽거나 행복한 활동가, 또는 사업가보다 힘들거나 지친 사업현장이 더 많이 목격된다.

물론 두 사업 모두 우리나라에서 역사가 일천하고 기반이 취약한 초기단계라 아직 확진을 내릴 단계는 아니다. 게다가 행정이나 주민이나 당초 품은 기대와 욕심이 커서 그럴 수도 있을 것이다. 하지만 두 사업이 정책적으로 분리되어 따로 추진되고 있는 건 분명히 문제의 주요 원인으로 보인다.

근본적으로 두 사업은 개별화, 파편화된 사회에서 공동체성을 복원하고 재생하려는 사업의 목적과 지향이 크게 다르지 않다. 활동하는 사람도 거의 그 사람이 그 사람이고, 사업현장이라는 공간도 결국 그 공간인데 괜히 서로 격절되거나 겉돌고 있는 경우가 적지 않다. 정책적 역량과 가치도 분산되고 활동력도 소모, 소진될 수 밖에 없다.

그래서 마을공동체와 사회적 경제 통합의 필요성, 타당성에 관한 현장의 요구와 논의가 활발하다. 일단 사업의 주체이자 수혜자인 주민들이 불편하기 때문이다. 가령 공동체사업이 가장 활발한 지자체 가운데 한 곳인 서울시만 해도 협동조합 방식 공동육아는 사회적 경제담당 소관이고 동아리 품앗이 방식 공동육아는 마을공동체 담당 소관으로 나뉜다.

협동조합형이든 동아리형이든 주민 입장에서는 '아이를 키우는 일'로 다를 게 없지만 행정에서는 '부서 칸막이'가 소통과 진입의 장벽처럼 가로막고 있다. 지역의 문제를 지역의 자원을 이용해 주민 주도로 대처하고 해결하는 점에서 사회적 경제와 마을공동체는 크게 다르지 않다. 둘 사이의 경계는 사실상 모호하거나 불필요한 것처럼 느껴지기도 한다.

무엇보다 사회적 경제와 마을공동체가 공히 안고 있는 정책 의존성, 이로 인한 자생적 사업성의 한계는 두 영역의 연계 또는 통합이 미룰 수 없는 숙제임을 말해준다. 사회적 경제가 능히 자립하고 자생하려면 정책의 지원목적에서 벗어나 독자적인 사업성을 확보할 수 있어야 한다. 국가와 정부의 통제와 간섭에서 벗어나 지역사회 공동체에서 자구책을 마련할 수 있어야 한다. 그렇게 마을 · 지역공동체 내부에서 재화와 서비스가 선순환될 수 있어야 한다. 지역공동체의 이웃을 '믿을만한 비빌 언덕이자 최후의 보루'로 삼아 독자적인 시장과 활로를 발굴하고 개척할 수 있어야 한다.

전향적 처방으로는 이른바 '지역공동체형 사회적 경제 전략'이 주효할 듯하다. 사회적 경제와 마을공동체 사업의 연계 · 융합 전략은 사회적 기업, 마을기업, 협동조합, 자활기업, 농어촌공동체 회사 등 '사회적 경제조직'의 사업분야와 마을 만들기, 농촌지역개발 사업 등 '마을공동체' 사업분야를 연계하고 융합해서 'One-Stop 서비스' 지원이 가능하도록 법, 제도, 지원체계를 정비하고 제 · 개정하는 작업부터 시작해야 한다.

이때 소득 및 일자리 창출을 통한 사회적 서비스로 집약되는 기존의 사회적 경제의 정책목적은 1차 목적에 그쳐야 한다. 궁극적 2차 사업목적은 민주적이고 지속발전 가능한 마을 · 지역공동체 구현을 표방해야 할 것이다. 즉, 1차 정책목적은 사업목적의 완성이 아니고 일단 2차 사업목적의 과정이자 수단 정도로만 기능하는 게 더 합리적이고 효과적일 수 있다.

이른바 '마을공동체 기반 사회적경제의 3단계 진화론'도 더불어 모색할 필요가 있다. 1단계 '사회적 자본'으로서 '민주 시민'을 먼저 훈련하고, 2단계 '경제적 수단'으로서 '사회적 경제'의 성과를 어느 정도 실현한 후, 비로소 3단계 '사업적 목적'으로서 '마을 · 지역공동체' 사업으로 이행하자는 제안이다.

즉 먼저 '훈련되고 준비된 민주 시민들'이 모여서 '사회적 경제'라는 사업조직을 구축한 다음, '마을 · 지역공동체'를 '시민들이 모인 조직'을 중심으로 구현하자는 것이다. 거꾸로 '마을 · 지역공동체'를 견인하고 주도하는 '사회적 경제(조직)'를 경영하는 과정에서 '민주 시민'이 발굴되고 육성되는 사회적 경제의 선순환 구조도 구축되고 작동될 수 있다.

결국 마을 · 지역공동체와 사회적 경제의 지속 가능성을 확보하기 위해 두 사업은 연계되고 통합되어 상호 견제와 보완을 통해, 시너지 효과를 발휘해야 한다. 지역사회를 기반으로 하지 않고 지역공동체의 지지를 받을 수 없는 사회적 경제조직은 자생력은커녕 지속 가능성도 보장받지 못하는 취약하고 불안한 사업구조에 매몰될 수밖에 없다.

그래서 기존의 타 지역 선례와 시행착오를 학습하고 출범한 경기도의 따복공동체 사업은 시작부터 '공동체 활성화와 사회적 경제의 선순환 구조'를 지향하고 있다. 공동체 활동을 통해 사회적 경제의 영리성(지속가능성)을 강화하고, 사회적 경제를 통해 공동체 활동의 공동체성과 사회성을 강화하는 선순환 구조를 구축하겠다는 것이다. 따라서 주민참여(공동체 활성화), 협동경제(협동과 연대의 비즈니스), 순환적 호혜경제(지역생태계 조성 및 경제활성화)를 추진전략으로 채택했다.[85]

2015년 9월 창립한 강동구의 사회적협동조합 '함께강동'은 민간 차원에서 마을공동체와 사회적 경제의 통합의 필요성과 가능성을 보여준다. 사회적 기업 3개소, 협동조합 8개소, 마을기업 2개소, 법인사업자-인큐베이팅 4개소, 시민단체 4개소, 마을공동체 2개소, 중간지원조직 2개소가 참여한 강동구 지역공동체의 사회적 경제와 지역시민단체, 마을공동체 조직들의 협력 · 연대 네트워크다.[86]

5. '지자체형 협동경영체'를 꾸리자

기존에 마을단위 또는 권역단위로 주로 이루어지는 농촌지역개발사업을 비롯한 농림사업은근본적인 한계와 구조적인 취약점을 안고 출발한다. 바로 주민 역량의 한계, 적정 사업조직 구성의 역부족, 규모경제의 부적합 등 실패 요인이 내재, 상존한다. 마을, 권역 단위로는 적재적소에 배치할만한 기본적인 업무인력이나 역량 있는 경영자, 기획자, 관리자조차 구하기 쉽지 않다.

---

85 최준규, 「공동체와 사회적경제의 융합, 따복공동체의 비전과 과제」, 경기연구원, 2015. 4. 22.

86 이희동, 「사회적경제와 마을공동체는 함께 할 수 있을까?」, 오마이뉴스, 2015. 11. 20.

다행히 최근 귀농 인구 증가 추세에 따라 귀농인의 농촌창업, 원주민과 결합한 마을공동체 사업 등의 사례도 속출하고 있다. 이에 따라 소득 증대, 일자리 창출을 목적으로 하는 지속 가능하고 실질적인 농촌창업 및 정주 지원 대책 요구도 점증하고 있다. 기존 원주민의 자산과 기술을 바탕으로 귀농인의 여러 가지 경험과 역량을 결합해 '적정한 규모의 경제'를 통해 '지속 가능한 사업성'을 담보할 수 있는 농촌공동체 사업의 모델이 필요하다.

가령 '지자체형 협동경영체' 모델을 적용할 수 있다. 이는 기초지자체 등 지역단위로 지역주민들이 자발적이고 주체적으로, 서로를 위해, 그리고 마을과 지역공동체를 위해 설립한 공동사업체다. 참여하는 구성원들이 보유하고 발굴한 농촌의 특화자원(농업, 향토, 문화, 생태 등)을 활용한 소득 제고, 일자리 창출, 사회적 서비스를 사업목적으로 한다.

일종의 '지역단위 네트워크형, 사회적 경제조직 방식의 공동사업체로서 사업목적과 추구하는 가치가 마을과 지역공동체의 공익에 기여해야 한다는 원칙만 지킨다면, 법인격은 협동조합이든, 상법상 회사든, 민법상 단체든 큰 문제가 되지 않을 것이다. 형식이나 조건보다는 내용과 성과가 더 중요하다.

주요 사업내용은 사업의 준비 단계인 연구 · 개발(R&D)에서 1차 생산부터 3차 유통까지를 아우르고 거기에 사회적 서비스 영역까지 자연스레 연결될 수 있다. 일단 해당 지자체 고유의 농업 · 농촌자원을 제품화하는 연구 · 개발(R&D)사업이 중요하다. 그리고 충분한 연구 · 개발 과정을 통해 사업타당성을 검증받은 1차 생산 농산물, 2차 가공 농식품에 한해 본격적인 상품화, 사업화에 나서야 한다. 이 과정에서 해당 지자체와 지역의 대학, 연구소 등의 전문적인 정책적 지원과 협력 관계를 유지하는 게 중요하다.

1차와 2차 단계의 사업화가 안정 단계에 접어들고 시장에서 수요가 발생한다면 유통, 농촌관광 등 3차 사업분야로도 연계, 확장될 수 있을 것이다. 특히 문화, 교육, 의료, 복지, 여성, 아동, 청소년, 노인, 장애인, 다문화가정 등 농촌 정주여건 및 삶의 질 향상을 도모하는 사회적 서비스도 '지자체 단위 협동경영체'가 수행할 수 있는 사업분야로서 적정하다.

전북 진안군의 진안마을 주식회사는 이른바 '지자체형 협동경영체'의 좋은 사례로 들 수 있다. 로컬푸드 사업을 목적으로 진안군 21개 마을과 11개 단체, 농업인 등이 공동출자, 2011년 농업회사법인으로 설립한 '진안군민이 주인인 주식회사'다. 법인의 모태가 된 진안군 마을만들기 협의회를 중심으로 90여 차례의 금요장터 개설, 진안시장 상설매장 운영 등의 3년여의 준비과정을 거쳤다.

이 주식회사는 로컬푸드 사업 등을 통해 진안군의 소농과 가족농을 보호하겠다는 사업목적을 내걸었다. 농산물 꾸러미 배달사업을 시작으로 학교급식 지원센터를 통한 진안군 전 학교 친환경 급식재료 공급도 맡아하고 있다. 2015년에는 마이산 관광단지 안에 로컬푸드 식당, 직매장, 흑돼지 육가공장도 새로 차렸다. 이 '지자체형 협동경영체'에서 많은 진안군민들이 농촌지역에서 생활하기에 충분한 급여 등의 노동조건으로 상근하고 있다.

마을단위 사업의 선도 사례지인 임실 치즈마을도 자연마을과 행정리를 넘어 지역으로 사업의 지평을 넓히고 있다. 2015년 치즈마을의 마을운영위원회가 대주주로 참여하는 '농업회사법인 임실치즈레인보우 주식회사'라는 출자 회사를 새로 설립한 것이다. 전북도에서 추진하는 농식품 6차 산업화 지구 사업으로 지원받은 20억 원의 국비에 마을 자부담 4억 원을 출자했다.

특히 기존에 마을 공동 수익의 50%를 책임졌던 직영 농축산물 판매장, 식당의 운영권을 법인으로 과감히 넘겼다. 매출액의 5%를 마을공동기금으로 기부하는 조건만 달았을 뿐이다. 지역의 공익에 기여하려는 '협동경영체'의 지속 가능성을 우선 고려했기 때문이다. 법인에는 치즈마을 운영위원회와 일반 주민은 물론, 임실축협 등 지역의 협력네트워크, 심지어 지역의 임실군민과 지역 밖의 도시민들도 참여한다. '지역과 외부에 열려 있는 공공기업'이다.

진안마을주식회사나 임실치즈레인보우주식회사나 모두 일개 마을이나 기업이 목표로 하는 사익이나 욕심을 내려놓은 듯하다. 대신 앞으로는 지자체와 군민들과 더불어 공존하고 공생하겠다는 공익의 가치를 확고히 다졌다. 기존의 마을단위 사업이 안고 있던 사업성의 한계를 뛰어넘어, 지역공동체를 기반으로 '적정한 규모와 합리적 범위의 공익경제'를 구현하려는 현실인식과 목표의식이 확고하기 때문이다.

농촌마을 공동체를 살리는 100가지 방법

지은이 정기석, 송정기
펴낸이 김동원
펴낸곳 전북대학교출판문화원

초판 1쇄 인쇄 2016. 5. 25.
초판 2쇄 발행 2022. 8. 20.

전북대학교출판문화원 전라북도 전주시 완산구 어진길 32 (풍남동2가)
전화 (063) 219-5319~22
FAX (063) 219-5323
출판등록 2012년 8월 20일 제465-2012-000021호

값 16,000원

ISBN 978-89-98534-88-2 03330